티베트 꿈과 잠 명상

The Tibetan Yogas
of Dream and Sleep

마음의 본성으로 돌아가는
현대인의 수행법

티베트 꿈과 잠 명상

텐진 왕갈 린포체 지음

홍기령 옮김

정신세계사

일러두기: 이 책은 정신세계사에서 2003년에 출간됐던 《잠과 꿈의 명상》의 새번역판입니다.

티베트 꿈과 잠 명상

텐진 왕걀 린포체가 짓고 홍기령이 옮긴 것을 정신세계사 김우종이 2021년 6월 30일 처음 펴내다. 이현율과 배민경이 다듬고, 변영옥이 꾸미고, 한서지업사에서 종이를, 영신사에서 인쇄와 제본을, 하지혜가 책의 관리를 맡다. 정신세계사의 등록일자는 1978년 4월 25일(제2018-000095호), 주소는 03785 서울시 서대문구 연희로2길 76 한빛빌딩 A동 2층, 전화는 02-733-3134, 팩스는 02-733-3144, 홈페이지는 www.mindbook.co.kr, 인터넷 카페는 cafe.naver.com/mindbooky 이다.

2021년 8월 18일 펴낸 책(초판 제2쇄)

ISBN   978-89-357-0448-4 03220

차 례

PART 5
잠 요가 수행법

PART 6
상세 설명

머리말

티베트에는 이런 말이 있다. "가르침과 전수의 진정성을 의심하지 못하게 하려거든 당신의 계보와 이력을 밝히라." 따라서 나는 내 삶에 대한 짧은 이야기로 이 책을 시작해보려고 한다.

나의 부모님은 중국의 티베트 탄압을 피하여 피난을 가셨고 얼마 되지 않아 내가 태어났다. 상황이 좋지 않았으므로, 부모님은 내가 좀더 양호한 환경에서 클 수 있기를 바라며 나를 기독교 기숙학교에 보내셨다. 나의 아버지는 불교의 라마*셨고 어머니는 뵌교**의 전수자셨다. 얼마간의 시간이 지난 후 아버지께서 돌아가시자 어머니는 뵌교의 라마와 재혼하셨다. 두 분은 내가 고국의 문화 안에서 성장하기를 바라셨고 내가 열 살이 되었을 때 나를 인도 돌

★ lama: 라마는 '가장 높은 어머니'라는 뜻을 지닌, 영적 스승을 일컫는 단어이다. 수행자에게 있어 라마는 그 무엇과도 비교할 수 없는 중요한 인물이다. 티베트 전통에서 라마는 수행자의 삶에 가르침을 전해주는 역할을 하므로 부처보다 더 중요하게 여겨진다. 궁극적 차원에서 라마는 그 자신의 불성을 의미하며 상대적 차원에서는 개인적인 스승을 의미한다. (이하 '역주' 표기가 덧붙지 않은 각주들은 원서의 용어 설명을 그대로 옮긴 것이다.)

★★ Bön: 뵌교는 인도에서 불교가 전래되기 이전부터 존재하던 티베트의 영적 전통이다. 그 기원에 대해서는 학자마다 의견이 다르지만, 뵌교에서는 그 법맥이 17,000년간 끊어진 적이 없다고 전해진다. 티베트 불교 종파와 비슷하며 특히 닝마파Nyingmapa와 유사하다. 뵌교는 독특한 도해, 풍부한 샤머니즘적 전통, 그리고 석가모니보다 앞서 출현한 부처인 셴랍 미우체Shenrab Miwoche의 계보를 따른다는 점에서 구분된다.
뵌교의 아홉 가지 방편은 문법, 점성술, 의학, 예언, 영적 정화 등의 실천적 가르침뿐 아니라 논리학, 인식론, 형이상학, 각기 다른 수준의 탄트라, 위대한 완성(족첸)의 모든 계보를 총망라하고 있다.

란지^{Dolanji}에 있는 뵌교 사원에 보내셨다. 나는 그곳에서 승려가 되었다.

승려 생활을 시작하고 얼마 후, 로퐁^{Lopon}(수도원장) 상계 텐진^{Sangye Tenzin} 린포체께서 내가 경툴^{Khyungtul} 린포체의 환생임을 알려주셨다. 경툴 린포체는 저명한 학자이자 스승, 저술가였으며 명상과 점성술의 대가였다. 티베트 서부와 인도 북부에서는 사나운 영들을 잘 다스리는 사람으로 유명했으며 수많은 이들이 신비한 능력의 치유가인 그에게 도움을 청하였다. 그의 후원자 중에는 북인도 히마찰^{Himachal}의 왕도 있었는데, 왕과 왕비는 불임 때문에 고민 중이었다. 그들은 경툴 린포체에게 도움을 청해 치유를 받고 아들을 낳아 기를 수 있었다. 그 아들이 지금의 히마찰프라데시^{Himachal Pradesh}주의 총리, 비르바드라^{Virbhadra}이다.

나의 은사이신 상계 스승님은 위대한 지식과 깨달음을 지닌 분이었다. 스승님은 내가 열세 살이 되던 해 그간 구전으로만 전수되어오던 샹숭난규[★]를 가르칠 계획을 세우셨다. 샹숭난규는 '위대한 완성', 즉 족첸^{★★} 중 가장 중요한 비전秘傳의 가르침이다. 나의 양아버지는 스승님을 직접 만나, 내가 아직 어리긴 하더라도 가르침

★ Zhang Zhung Nyan Gyud: 샹숭난규는 뵌교의 족첸 전통에서 가장 중요한 갈래들 중 하나다.

★★ Dzogchen: 위대한 완전함 혹은 위대한 완성. 티베트 불교의 닝마파와 뵌교에서는 족첸을 가장 높은 가르침과 수행으로 간주한다. 족첸의 기본적인 교의는, 개체를 포함한 모든 실체는 이미 완전하고 완성되어 있다는 것이다. 따라서 탄트라와 같이 변화를 꾀하거나, 수트라와 같이 무언가를 단념해야 할 필요가 없다. 단지 있는 그대로의 진실을 알아보는 것만이 필요하다. 족첸 수행의 핵심은 '자기해방'에 있다. 이것은 개념적 마음에 의한 설명이나 집착, 혐오 없이 그저 경험 속에서 일어나는 모든 것을 있는 그대로 두는 것이다.

을 전수해달라고 간청했다. 그 가르침은 3년간 매일 수업에 참여해야 하는 과정이었다. 스승님은 이를 자비롭게 허락해주셨으나 조건이 있었다. 다른 예비 학생들과 마찬가지로 수업이 시작되기 전까지 밤에 꾼 꿈을 그에게 알려줘야 한다는 조건이었는데, 이것으로 스승님은 우리가 가르침을 받을 준비가 되었는지 결정하실 터였다.

어떤 학생들은 꿈을 전혀 기억하지 못했는데, 이는 장애의 신호로 간주되었다. 그래서 스승님은 그들에게 적절한 정화 수행을 하도록 하셨고, 모든 학생들이 꿈을 기억할 수 있을 때까지 가르침을 연기하셨다. 또 다른 학생들의 꿈은 그들이 가르침을 받기 전에 특정 수행이 필요하다는 신호로 받아들여졌는데, 예컨대 뵌교 수호존들***과의 관계를 강화하는 수행 같은 것들이었다.

나는 버스를 타고 스승님의 집 주변을 도는 꿈을 꾸었는데, 실제 스승님의 집 주변에는 도로가 없었다. 꿈속 버스 안내원은 나의 친구였고 나는 그 옆에 서서 승객들에게 승차권을 나눠주고 있었다. 그 승차권은 티베트 음절 '아' 자가 적힌 종잇조각이었다. 그때 나는 열세 살이었고 돌란지 사원에서 교육받은 지 2~3년밖에 되지 않았으므로 '아' 음절이 족첸의 가르침에서 중요한 의미가 있다는 것을 알지 못했다. 스승님은 나의 꿈에 대하여 아무 말씀도 하지 않

*** guardians: 수호존들은 남성, 여성 모두 존재하며 가르침과 그 가르침을 따르는 수행자들을 보호하기로 맹세한 존재들이다. 이들은 실제 세상에서의 수호자일 수도 있고 깨달은 존재의 세찬 기운의 현현일 수도 있다. 탄트라 수행자들은 대개 그들의 법맥과 관련된 수호존을 모시고 그에 의지한다.

으셨다. 스승님은 원래 그런 분이었다. 잘한 일에 대해서도 특별한 칭찬을 하신 적이 없다. 하지만 수업에 계속 참여할 수 있도록 해주셨기에 나는 기쁜 마음이었다.

티베트의 영적 전통에서는 스승이 제자에게 특정한 가르침을 전수하는 것이 적절할지 판단하기 위해 제자의 꿈을 활용하는 일이 자주 있다. 당시의 나는 꿈 요가를 공부하거나 수행하지는 않았지만 그 경험을 통해 꿈에 관심을 갖게 되었다. 이것은 티베트 문화와 뵌교에서 꿈이 지대한 영향력을 지녔다는 점, 그리고 종종 의식적 마음이 제공하는 정보보다 무의식이 주는 정보가 더 큰 가치가 있다는 점에 대해 강렬한 인상을 남겼다.

나는 3년간의 교육 동안 수많은 명상 안거를 행했다. 때로는 동기들과, 또 때로는 혼자 하기도 했다. 3년의 교육이 끝나고 나서는 사원 부속의 변증법 학교에 입학했다. 그곳의 교육 프로그램은 전통적 학제를 따르며 9년에서 13년이 걸려 완성된다. 우리는 그곳에서 일반적인 과목들을 배웠는데 문법, 산스크리트어, 시학, 점성술, 예술 같은 것들이었다. 또한 우리는 인식론, 우주론, 수트라★, 탄트라★★, 족첸 같은 일반적이지 않은 과목도 배웠다. 나는 사원에서 교육받는 동안 꿈과 관련된 다양한 수업과 법문을 전수받았다.

★ sutra: 수트라는 역사적 인물인 부처로부터 직접 유래한 가르침을 담은 문헌들로, 그 가르침은 수도승의 삶에 기초한 금욕적인 방편과 형식을 기반으로 한다.

★★ tantra: 탄트라는 수트라와 달리 여러 부처들의 가르침을 포괄하며, 그중 많은 문헌들은 뗄마[terma] 전통의 요기들에 의해 발견되었다. 그 가르침은 변성의 방편에 기초해 있으며 몸의 에너지 작업, 의식전이, 꿈과 잠 요가 같은 수행들을 포함한다. 급진적인 변성의 길을 추구하는 일부 탄트라들은 족첸의 가르침까지 포함하기도 한다.

샹숭난규, 마더 탄트라$^{Mother\ Tantra}$, 샤르자^{Shardza} 린포체의 저술들에 기초한 교육이었다.

이 모든 교육과정에서 나는 두각을 나타내었고 열아홉 살 때 스승의 지위를 인가받았다. 이때쯤 나는 뵌교의 창시자이며 위대한 스승인 셴랍 미우체***의 일대기를 요약하여 출판하였다. 이후에는 변증법 학교의 교장에 임명되어 4년간 학교를 재정비하고 발전시키는 일에 전념하였다. 그리고 1986년에는 티베트 전통에서 가장 높은 학위에 해당하는 게셰^{Geshe} 칭호를 받았다.

1989년, 이탈리아에 있는 남카이 노르부$^{Namkhai\ Norbu}$ 린포체의 족첸 협회에 초청받았을 당시, 나는 서양을 여행하고 있었다. 그 당시 나는 뭔가를 가르칠 계획이 전혀 없었지만, 협회 회원들이 수업을 요청하여 그들을 가르치게 되었다. 어느 날, 나는 집중력에 관한 명상에 쓸 작은 종잇조각을 학생들에게 나눠주었다. 티베트 철자 '아' 자가 적힌 종잇조각이었다. 그 순간 15년 전 꾸었던, 버스 승객들에게 '아' 자가 적힌 종이를 나눠준 꿈이 떠올랐다. 머리를 세게 얻어맞은 느낌이었다.

그 이후 나는 줄곧 서양에 머물렀고 1991년에는 록펠러 연구기금을 받아 미국 라이스^{Rice} 대학에서 연구를 했다. 1993년에는 서양에서의 첫 저서인 《마음의 본성, 그 놀라움》(The Wonders of the Natural Mind)을 출간하게 되었다. '위대한 완성'(족첸)의 가르침을 명

*** Shenrab Miwoche: 17,000년 전의 인물로 알려진, 석가모니 이전의 부처. 뵌교에는 셴랍 미우체의 일대기를 담은 열다섯 권의 문헌이 있다.

확하고 간결하게 나타내고자 노력한 책이었다. 1994년에는 미국의 국립 인문재단에서 연구기금을 받았다. 그리하여 나는 당시 라이스 대학교 종교대학 학장인 앤 클라인^{Anne Klein} 교수와 함께 뵌 전통의 철학적이고 논리적인 측면을 연구할 수 있었다.

이렇듯 나의 학자적인 면모는 계속되어왔다. 하지만, 언제나 더 중요한 것은 수행이다. 이 모든 시기 내내, 나는 꿈과 꿈 수행에 관심을 두고 있었다. 나의 관심은 그저 이론적인 것에 그치지 않았다. 나는 유년 시절에 전해 들었던 내 스승님과 어머니의 꿈 경험, 그리고 뵌 전통에서의 꿈 활용에 영향을 받아 내 꿈이 주는 지혜를 믿었으며, 지난 10년간 꿈 수행을 집중적으로 연습했다. 잠자리에 드는 매일 밤마다 나는 자유로움을 경험한다. 정신없는 하루는 그렇게 마무리된다. 어떤 밤은 꿈 수행이 잘 되기도 하고, 어떤 밤은 잘 안 될 때도 있다. 이는 아주 자연스러운 일이므로 수행이 안정적으로 진전될 때까지는 당연하게 받아들여야 한다. 나는 거의 매일 밤 꿈 수행을 완성하겠다는 강한 원^願을 세우고 잠자리에 든다. 원을 세우는 것은 나 자신의 수행 경험에서 나온 것이기도 하지만 내가 앞에서 언급한, 이 책의 근간이 된 세 교재(상승난규, 마더 탄트라, 샤르자 린포체의 저술들)를 따르는 것이기도 하다.

《티베트 꿈과 잠 명상》은 내가 미국 캘리포니아^{California}와 뉴멕시코^{New Mexico}에서 몇 해에 걸쳐 진행한 강의 내용을 바탕으로 쓴 책이다. 따라서 그때그때 상황에 따라 가르친 내용도 고스란히 담겨 있다.

꿈 수행은 나의 수행을 진전하는 데 있어 중요한 기반이 되어 주었고, 티베트의 수많은 스승들과 요기*들에게도 마찬가지였다. 예를 들어 나는 항상 샤르자 린포체의 이야기에 깊은 감명을 느껴 왔는데, 그분은 1934년에 완전한 깨달음의 징표인 쟈루**, 즉 빛의 몸을 성취하시고 열반에 드신 위대한 티베트의 스승이었다. 샤르자 린포체는 살아 계신 동안 셀 수 없이 많은 중요한 저술을 남기셨고, 수많은 제자들이 깨달음을 성취하도록 이끄셨다. 그뿐 아니라 자신이 살던 고장의 발전을 위해서도 많은 노력을 하셨다. 단지 외적으로 드러난 그분의 삶만 보아도 어떻게 그렇게 많은 일을 이루어낼 수 있었는지 상상하기조차 힘이 든다. 그분은 여러 책무들을 훌륭히 완수하셨고 다른 이들을 돕기 위한 장기적 계획들을 이루어내셨다. 그리고 이와 동시에 영적인 수행을 통해 그토록 위대한 성취를 달성하신 것이다. 그분이 그렇게 사실 수 있었던 것은 자신의 존재를 스승이나 저술가, 수행자로 구분하지 않으셨기 때문이다. 명상을 하기 위해 앉아 있을 때, 집필할 때, 가르칠 때, 잠에 들 때를 모두 포함한 그분의 삶 전체가 수행이었던 것이다. 샤르자 린포체는 꿈 수행이 자신의 영적 여정과 완전한 성취의 중추였다는 글을 남기셨다. 이는 우리에게 해당하는 말이기도 하다.

---

* yogi: 꿈과 잠 요가 같은, 명상요가를 행하는 남성 수행자. 여성 수행자는 요기니yogini라고 한다.

** jalus: 무지개 몸. 무지개 몸의 성취는 족첸 전통에서 완전한 깨달음의 징표로 여겨진다. 깨달음을 얻은 족첸 수행자는 겉으로 보여지는 경계나 마음과 물질 등의 이원론에 현혹되지 않는다. 그 결과 죽음의 순간 육신을 구성하는 물질적 요소들을 에너지로 방출하여 머리카락과 손톱만을 남기고 몸 자체가 사라진다. 그리고 수행자는 의식을 유지한 상태에서 죽음에 들어간다.

우리는 인생의 3분의 1을 잠을 자며 보낸다. 깨어 있을 때 무슨 일을 하든 상관없이, 덕망이 높은 사람이든 도덕관념이 희박한 사람이든, 살인자이든 성인이든, 수도자이든 쾌락을 탐닉하는 난봉꾼이든 하루는 동일하게 끝이 난다. 두 눈을 감고 깊은 어둠으로 용해되는 것이다. 우리가 '나'라고 알고 있는 모든 것이 사라져도 일말의 두려움조차 느끼지 않고서 말이다. 그렇게 잠이 들고 얼마간의 시간이 흐르면, 이미지들이 일어나면서 '나'의 느낌도 같이 떠오른다. 그 어떤 한계도 없는 꿈의 세계에서 '나'의 느낌이 다시 존재하게 되는 것이다. 우리는 매일 밤 경험의 한 차원에서 다른 차원으로 옮겨가고, '나'의 감각을 잃어버렸다가 다시 찾는, 이러한 가장 심오한 신비 속으로 빠져들면서도 그것을 당연하게 받아들인다. 그러고는 아침에 일어나서 '진짜' 삶을 이어나간다. 그러나 어떻게 보면 우리는 계속 잠들어 있으며 꿈꾸는 중이라고도 할 수 있다. 가르침에 따르자면 우리는 깨어 있는 낮이나 잠이 드는 밤 모두를 꿈꾸는 듯한 상태에서 착각하며 살아갈 수도 있고, 진실을 깨달음으로써 깨어날 수도 있다.

꿈과 잠 요가를 수행한다는 것은 오랜 기간 지속되어온 법맥을 따르는 것이다. 수 세기 동안 남녀노소를 불문한 많은 이들이 이 수행을 해왔다. 그들도 우리와 다를 바 없이 회의적일 때도 있었고 장애를 마주할 때도 있었다. 그러나 그들은 우리가 이 수행을 통해 얻을 이점들 또한 누릴 수 있었다. 위대한 성취를 이룬 라마들과 요기들에게 꿈과 잠 요가는 아주 중요한 수행이었으며 그들은 이를 통해 깨달음을 얻을 수 있었다. 꿈과 잠 요가의 역사를 되새기면, 또한 자신의 삶을 가르침에 헌신하여 이 수행을 널리 알리신 역대 스승들을 생각하면, 이 전통에 대한 깊은 신뢰와 감사의 마음이 저절로 넘쳐흐른다.

어떤 티베트 스승들은 예비수행을 거치지 않은, 혹은 수행에 대한 이해가 부족한 서양인들을 가르치는 나를 이상하게 여기기도 한다. 실제로 이 가르침은 오랫동안 비밀로 지켜졌다. 그 이유는 먼저 가르침 자체에 대한 존중 때문이었다. 또한 가르침을 제대로 이해하지 못한, 준비가 덜 된 수행자들이 그 본래 뜻을 변질시키는 것을 방지하려는 이유도 있었다. 꿈과 잠 요가는 절대 공공연하게 가르쳐지지 않았으며 가볍게 주어지는 가르침도 아니었다. 이 가르침은 오직 그것을 받을 준비가 된 개별 수행자들에게만 주어졌던 것이다.

수행의 효과, 가치 모두 예전과 다름없다. 그러나 세상이 많이 바뀌었기에 나는 색다른 시도를 하게 되었다. 나는 전통적인 가르침에 효율성, 개방성, 단순성을 더함으로써 전통도 지키면서 많은 이들이 이 가르침의의 이점을 누릴 수 있을 것이라고 기대하고 있다. 하지만 가르침의 전통을 존중하는 것 또한 중요한데, 이렇게 함으로써 가르침을 보호하고 우리 자신의 수행을 더 개진시킬 수 있기 때문이다. 나는 당신이 이러한 가르침들을 자격 있는 스승에게 직접 전수받기를 바란다. 수행에 관한 책을 읽는 것도 도움이 되지만 법맥과의 강한 연결을 형성할 수 있도록 스승에게 구두 전승을 받는 것이 더 좋기 때문이다. 또한 우리는 수행 중 장애를 마주치기 쉬운데, 이러한 장애는 우리 스스로의 힘만으로는 극복하기 힘들다. 이러한 장애를 극복할 수 있게끔 우리를 돕는 것이 바로 경험 있는 스승이다. 위의 사실들은 매우 중요한 것들이므로 절대 잊어서는 안 된다.

인간으로서의 삶은 아주 귀중하다. 우리는 온전한 몸과 마음, 그리고 완전무결한 잠재력을 가지고 있다. 우리는 스승을 만나 가르침을 받거나 영적 여정에 따른 자유를 즐기며 살아갈 수 있다. 우리는 영적 여정을 위해서는 물론이고, 남을 도우려는 우리의 염원을 위해서도 수행이 필수적임을 알고 있다. 우리는 또한 삶이 얼마나 짧은지, 죽음이 얼마나 확실한지를 잘 알고 있다. 이 모두를 알고 있음에도, 우리의 삶은 바쁜 일정으로 돌아가기에 수행을 위한 시간을 마련하기가 어렵다. 어쩌면 매일 한두 시간 정도를 명상에 투자할 수도 있겠지만, 결국 나머지 스물두 시간은 육도윤회의 파도에 떠밀려 산란한 마음으로 지내게 된다. 그러나 우리 모두는 잠을 자는 데 시간을 쓸 수밖에 없으므로 인생의 3분의 1을 수행의 시간으로 사용할 수 있다.

이 책의 중요한 주제는 삶의 그 어떤 순간도 큰 깨달음을 얻을 수 있는 시간으로 활용할 수 있다는 것이다. 그러면 우리는 자유로워지고 융통성이 생겨서 습관적인 집착이나 산만함에 지배받는 일이 줄어들 것이다. 우리가 안정적이고 생생한 현존으로서 살아갈 수 있게 되면 어떤 일이 일어나더라도 더 능숙하게 긍정적 반응을 선택할 수 있다. 이러한 긍정적 반응은 우리 자신의 영적 여정뿐 아니라 다른 이들에게도 굉장히 이롭다. 궁극적으로, 우리는 깨어 있는 삶뿐만 아니라 꿈에서도 완전한 자각을 유지할 수 있는 인식의 연속성을 계발하는 것이다. 이 수준에 이르면 꿈 현상에 대해 창의적이고 긍정적으로 반응할 수 있으며 꿈속에서 다양한 수행을 성취할 수 있다. 또한 이 능력이 완성되면 꿈꿀 때나 깨어 있을 때 모두 더 큰 안락함, 편안함, 명료함, 감사함을 느끼는 자신을 발견하게 될 것이다. 이것은 사후의 중음中陰, 즉 바르도*에서 해방을 성취하기 위한 준비이기도 하다.

가르침은 매일매일 삶을 긍정적으로 변화시킬 수 있는 다양한 방법들을 우리에게 제시한다. 매일의 삶을 변화시키는 작업은 이번 생에도 중요하며 유용하다. 그러나 꿈과 잠 요가의 궁극적 목표는 해탈에 있다는 것을 상기하라. 이 책은 이러한 궁극적 목표를 달성하기 위한 수행지침서인 동시에 뵌 불교의 꿈과 잠 요가를 위한 안내서가 될 수 있다. 뵌 불교는 환영 같은 일상의 삶에서 해방되기 위해 꿈을, 무지로부터 깨어나기 위해 잠을 활용하기 때문이

★ bardo: 바르도는 중간상태를 의미하며 삶, 명상, 꿈, 죽음과 같은 존재의 모든 과도기를 뜻한다. 그러나 보편적으로 죽음과 환생 사이를 일컫는다.

다. 이 책의 목적에 알맞게 수행하길 원한다면 자격 있는 스승을 만나 지도를 받도록 하라. 그런 후 마음을 안정시키기 위해 3장에 설명되어 있는 고요함에 머무르는 수행, 즉 시녜** 수행을 하라. 준비가 되었다는 생각이 들면 예비수행을 시작하고 어느 정도의 시간을 들여 그것이 자연스럽게 삶과 통합되도록 하라. 그러고 나서 주요수행을 시작하라.

급할 것이 없다. 우리는 이미 육도윤회에서 셀 수 없이 많은 삶을 반복하였다. 단순히 영성에 관한 어떤 책을 읽고 금방 잊어버리는 것은 우리 삶을 변화시키지 못한다. 하지만 꿈과 잠 요가를 철저하게 수행한다면 우리는 깨달음 그 자체인 마음의 본성으로 깨어나게 될 것이다.

만일 잠 속에서 깨어 있지 못한다면, 그리고 매일 밤 우리 자신을 상실한다면 과연 우리가 죽음을 맞이할 때 깨어 있을 가능성이 얼마나 있을까? 만일 우리가 꿈에서 마음의 투영에 불과한 그것이 마치 현실인 것처럼 반응한다면 죽음 후의 상태에서도 자유를 기대할 수 없을 것이다. 꿈속에서의 경험을 잘 살펴보면 죽음을 어떻게 맞이할지 알 수 있다. 또, 잠의 경험을 잘 살펴보면 스스로 진정 깨어 있다고 말할 수 있는지 알 수 있다.

** zhiné: 고요함에 머무름 혹은 평온함. 고요함에 머무는 수행은 의식의 안정과 집중을 위해 내적 혹은 외적 대상에 집중하는 것이다. 이것은 기본수행에 속하며 모든 상급 명상수행의 기초가 된다. 또, 꿈 요가와 잠 요가에 있어서 반드시 필요한 수행이기도 하다.

가르침의 전수

영적 지도를 받는 가장 좋은 방법은 '귀로 듣기, 깊이 사유하기, 수행에 적용하기'이다. 이는 귀로 들은 것을 지적으로 이해하고, 깊이 사유하여 그 의미가 무엇인지 꿰뚫고, 그것을 수행에 적용해보라는 뜻이다. 배움이 이런 식으로 진행된다면 배움의 과정은 계속되어 끊김이 없을 것이다. 그러나 지적인 이해에서 멈추게 되면 그것은 수행에 걸림돌이 된다.

가르침을 귀로 듣고 전수받는 과정에서 훌륭한 자질을 지닌 학생은 접착제가 칠해진 벽과 같다. 그 벽에 풀잎을 던진다면 풀잎이 벽에 달라붙는다. 반면 자질이 없는 학생은 메마른 벽과 같다. 그 벽에 무엇을 던지든 그것은 바닥으로 떨어질 것이다. 전수된 가르침은 버려지거나 낭비되어서는 안 된다. 학생은 자신의 마음속에 가르침을 간직하고 실천해야 한다. 이해되어 꿰뚫어지지 못한 가르침은 마른 벽에 던져진 풀잎과 같다. 그것은 바닥에 떨어져 잊혀진다.

가르침의 핵심을 꿰뚫는 일은 어두운 방에 불을 켜는 것과 같다. 그동안 가려져 있던 것이 명확해진다. 가르침의 여러 조각들이 딱 맞아떨어져 분명히 이해될 때 일어나는 '아하' 경험이다. 이는 단순한 개념적 이해와는 구분된다. 가르침을 듣는 데서 그치는 것이 아니라, 그것이 진정한 앎의 영역으로 들어가기 때문이다. 예를 들어 어떤 방에 노란색과 빨간색 방석이 있다는 말을 듣는 것은 지적 이해를 얻는 것과 같다. 하지만 방이 어두울 때 방에 들어간다면 우리는 어떤 방석이 어떤 색깔인지 말할 수 없을 것이다. 가르침의 핵심을 꿰뚫는 것은 불을 켜는 것과 같고, 우리는 그 즉시 노란색과 빨간색 방석을 분간할 수 있다. 이 경우 가르침은 더 이상 앵무새 같은 반복이 아닌, 우리 자신의 일부가 된다.

'수행에 적용한다'는 것은 개념적으로 이해되어온 것, 즉 받아들이고, 숙고하고, 의미 있게 만든 것을 직접적인 경험으로 바꾸는 것을 의미한다. 이는 소금을 맛보는 것과 유사하다. 소금은 그것의 화학적 구조나 기타 정보들로써 논해질 수도 있겠지만, 소금의 직접경험은 그것을 맛볼 때 일어난다. 이 경험은 지적으로 파악할 수도, 언어로 전달될 수도 없다. 만일 우리가 한 번도 소금을 맛본 적 없는 사람에게 소금을 열심히 설명한다고 해도 그들은 우리가 경험한 것이 무엇인지를 온전하게 이해할 수 없을 것이다. 그러나 이미 소금을 맛본 사람과 소금에 관해 이야기한다면 서로 무엇을 말하고 있는지 알 수 있다. 가르침은 이 같은 것이며 배움의 과정도 이와 동일하다. 먼저 귀로 듣거나 읽고, 그것에 대해 사고해본 후 의미를 꿰뚫어 본다. 그리고 그것을 직접 경험한다.

티베트에서는 새로운 가죽을 부드럽게 만들기 위해 그것을 햇빛에 말리고 버터로 문질러준다. 초보 수행자는 이러한 새 가죽과 같다. 좁은 관점과 융통성 없는 개념 때문에 딱딱하고 거칠기 때문이다. 가르침*은 수행 중 발라줘야 하는 버터이며 햇빛은 직접경험이다. 가르침과 직접경험은 수행자를 부드럽고 융통성 있게 변화시켜준다.

알고 보면 버터 자체도 가죽 주머니 안에 보관된다. 버터를 아주 오랫동안 사용하지 않고 가죽 주머니 안에 두면 가죽이 나무토막같이 딱딱해져서 아무리 버터로 문질러주어도 부드러워지지 않는다. 수년간 공부한 가르침을 수행 경험 없이 지적으로만 방대하게 이해한 사람은 딱딱한 가죽과 같다. 가르침은 무지와 조건화로 인해 딱딱해진 가죽을 부드럽게 한다. 그러나 가르침이 오랜 기간 지성 안에만 보관된 채로 수행자에게 문질러지지 않는다면, 그리고 직접경험의 따뜻한 햇볕, 즉 수행이 겸해지지 않는다면 그는 지적 이해에 갇혀 딱딱하고 융통성 없는 이가 될 것이다. 새로운 가르침은 그를 부드럽게 할 수도, 변화시킬 수도 없다. 그는 가르침의 핵심을 꿰뚫을 수 없을 것이다. 우리는 가르침을 개념적 이해로만 남겨두지 않아야 한다는 점을 반드시 유의해야 한다. 개념적 이해는 지혜를 막는 방해물이 될 것이다. 가르침은 수집해야 할 개념이 아니라 따라가야 하는 길이다.

---

* dharma: 다르마는 많은 의미를 가진 단어로 광범위하게 쓰인다. 이 책에서는 부처로부터 전해지는 영적 가르침과 영적 여정 모두를 일컫는다. 또한, 다르마는 실재를 의미하기도 한다.

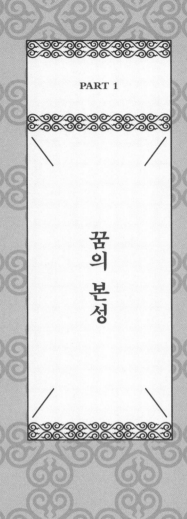

PART 1

꿈의 본성

꿈과 현실

　　꿈을 기억하든 그렇지 못하든 우리 모두는 꿈을 꾸며, 아기 때부터 죽을 때까지 계속 꿈을 꾼다. 우리는 매일 밤 미지의 세계로 들어간다. 꿈에서의 우리 자신은 일상적인 자신으로 보일 수도, 혹은 완전히 다른 사람처럼 보일 수도 있다. 꿈에서 우리는 알고 있는 사람이나 모르는 사람, 살아 있는 사람이나 이미 죽은 사람들을 만난다. 인간이 아닌 존재와의 조우나 웃음, 울음, 두려움, 환희, 변신, 비행, 지복을 경험하기도 한다. 그러나 우리는 대개 이와 같은 비범한 경험들을 별로 신경 쓰지 않는다. 꿈에 관심을 보이는 서양인 대다수는 심리학 이론에 근거한 꿈 분석에 집중한다. 그리고 좀더 나아가 그들이 영적인 관점에서 꿈을 공부하게 되면, 대개 꿈의 내용과 의미에 초점을 맞추기 시작한다. 말하자면 꿈의 본질 자체를 연구하는 경우가 흔치 않다. 꿈의 본질을 연구하게 되면 그것은 환영 같은 우리 삶뿐 아니라 우리 존재의 전체 기저를 이루는 신비로운 과정으로 우리를 인도한다.

　　꿈을 수행으로 전환하는 첫 단계는 매우 간단하다. 바로 꿈이 우리를 영적 여정으로 인도하는 위대한 잠재력이 있다는 점을 인식하는 것이다. 일반적으로 꿈은 깨어 있을 때의 삶인 '현실'과는 달리 '비현실적인 것'으로 여겨진다. 그러나 꿈보다 더 현실적인 것은 없다. 이 말은 평범한 우리의 삶이 꿈만큼이나 비현실적이며 그 둘은 정확히 같은 방식으로 생겨난다는 것을 깨달은 후여야만 이해할 수 있다. 이렇게 되면 밤의 꿈뿐만 아니라 깨어서 꾸는 꿈에도 꿈 요가를 적용할 수 있음을 이해하게 된다.

경험은 어떻게 생겨나는가

무지

꿈을 포함한 모든 경험은 무지에서 생겨난다. 아마도 이 말은 서양인들을 무척 놀라게 할 것이다. 그래서 먼저 무지*가 무엇인지 이해하는 것이 중요하다. 티베트 전통에서는 무지를 두 가지로 구분한다. 선천적인 무지와 문화적인 무지가 바로 그것이다. 먼저, 선천적인 무지는 윤회의 이유이며 일반적인 사람들의 특징이다. 선천적인 무지는 인간과 세상의 진정한 본질에 대한 무지이며, 우리를 이원론적 마음의 망상과 얽히게 만든다.

이원론은 통일된 하나의 경험을 이것과 저것, 옳은 것과 잘못된 것, 당신과 나로 분리하여 양극화와 이분법의 논리를 강화한다. 이러한 개념적 분별을 바탕으로, 우리는 욕망이나 혐오 같은 선호도를 만들어냈다. 그리고 이 선호도에 따른 습관적 반응이 우리의 자기규정을 만들어낸다. 우리는 이것은 원하지만 저것은 원하지 않으며, 이것은 믿지만 저것은 믿지 못한다. 이것은 존중하지만 저

★ ma-rigpa: 진리에 대한, 혹은 존재의 바탕에 대한 앎의 부족.

것은 업신여긴다. 우리는 기쁨, 안락함, 부, 명성을 원하지만 고통, 가난, 수치심, 불편함에서는 벗어나려 한다. 우리 자신과 사랑하는 사람들을 위해서는 좋은 것을 바라지만 모르는 사람들은 안중에도 두지 않는다. 우리는 색다른 경험을 원하거나, 반대로 자신의 경험에 집착하여 피할 수 없는 변화조차도 피하려고 한다.

두 번째 종류의 무지는 문화적으로 조건화된 무지이다. 이는 욕망과 혐오가 문화 안에서 제도화되고 가치 체계로 자리 잡으면서 생긴다. 예를 들어 인도에서는 힌두교도가 소고기를 먹는 것은 잘못이지만 돼지고기를 먹는 것은 괜찮다고 생각한다. 이슬람교에서는 소고기를 먹는 것은 괜찮지만 돼지고기를 먹는 것은 금지되어 있다. 티베트인은 둘 다 먹는다. 과연 누가 옳을까? 힌두교도는 힌두교도가, 이슬람교도는 이슬람교도가 옳다고 생각한다. 그리고 티베트인은 티베트인이 옳다고 생각한다. 이렇게 서로 충돌하는 각기 다른 신념은 근본적인 지혜로부터 생겨난 것이 아니라 편견 및 문화적인 신념에서 비롯된 것이다.

또 다른 예는 철학에서의 내부 분쟁이다. 다양한 철학적 체계는 미세한 점에서 서로 의견이 달라서 생겨나는 것이다. 그 체계 자체가 존재를 지혜로 인도하려는 의도로 개발되었다 할지라도, 추종자들이 현실을 이원론적으로 이해하고 그것에 집착하므로 체계 내에서 무지가 만들어진다. 이것은 어떠한 개념적 체계 안에서도 피할 수 없는 것이다. 개념적 마음은 그 자체로 무지의 징표이기 때문이다.

문화적 무지는 전통을 통해 강화되고 보존된다. 그 결과 문화적 무지는 모든 관습, 의견, 가치 체계, 지식 체계 안에 만연하다. 개인과 문화는 모두 이러한 기본 설정을 당연하게 여기며 이것을 상식이나 신성한 법처럼 받아들인다. 우리는 다양한 신념, 정당, 의료 시스템, 종교, 무엇이 어떠해야 하는지에 대한 의견과 우리 자신을 동일시하며 자라왔다. 우리는 초등학교, 고등학교, 어쩌면 대학도 거치며 졸업장을 받았지만 어떤 의미에서 이 졸업장들은 집단적 무지를 더 정교하게 발전시킨 대가로 받는 상일지도 모른다. 교육은 특정한 렌즈를 통해 세상을 보는 습관을 강화한다. 우리는 잘못된 견해의 전문가가 될 수 있고, 이 잘못된 이해를 더 정교하게 만들며 다른 전문가들과 교류를 시도할 수도 있다. 이것은 철학에서도 마찬가지다. 철학을 공부하는 사람은 지적 체계를 상세하게 배우고, 그 연구의 예리한 도구로 쓰일 수 있도록 자신의 마음을 계발한다. 그러나 선천적 무지가 깊게 박혀 있는 한 그는 근원적 지혜가 아닌, 편견을 습득하는 것에 힘쓰고 있을 뿐이다.

우리는 특정 브랜드의 비누나 특정한 머리 모양 같은 매우 사소한 것, 그리고 좀더 확대하자면 종교, 정치 시스템, 철학, 심리학, 과학 등에도 집착한다. 그러나 소고기나 돼지고기를 먹는 것이 잘못되었다거나, 이 철학 체계는 옳고 저 철학 체계는 그르다거나, 이 종교는 사실이며 저 종교는 거짓이라는 믿음을 갖고 태어난 사람은 아무도 없다. 이것들은 분명 학습된 것이다. 특정한 가치관에 대한 충성이 문화적 무지의 결과라면, 제한된 견해를 받아들이는 성향은 타고난 무지의 특질인 이원론에서 나오게 된다.

그런 것들이 나쁘다는 말은 아니다. 그것은 단지 그런 것일 뿐이다. 집착하는 마음은 전쟁을 일으킬 수도 있고, 세상에 큰 도움이 되는 기술과 다양한 예술로 나타날 수도 있다. 우리의 의식이 깨어나지 않는 한, 우리는 이원론에 빠져 있을 것이다. 그래도 괜찮다.

티베트에는 "당나귀의 몸을 입고 있는 한, 뜯고 있는 풀의 맛을 즐기라"는 속담이 있다. 다시 말해, 이것이 우리가 살아가는 삶이므로, 그리고 이 삶 자체에 큰 의미와 가치가 있으므로 감사한 마음으로 이를 즐겨야 한다는 것이다.

우리가 주의를 기울이지 않으면, 어떤 가르침이라도 결국 우리의 무지를 견고히 하는 데 사용될 수 있다. 누군가는 높은 학위를 얻는 것이 나쁘다거나 어떤 고기를 먹는 것이 잘못되었다고 할 수도 있다. 그러나 이런 것들은 전혀 중요한 게 아니다. 또, 누군가는 무지가 나쁘다거나 인생은 그저 어리석은 윤회일 뿐이라고 말할 수도 있겠다. 하지만 무지는 단순히 의식이 어두워진 상태일 뿐이다. 어떤 것에 집착하거나 혐오감을 느끼는 것은 똑같이 이원론의 낡은 게임이며, 이는 무지의 영역에서만 펼쳐진다. 우리는 이러한 것들이 얼마나 만연해 있는지 볼 수 있다. 심지어 영적인 가르침들조차도 이원론을 적용한다. 예를 들어, 미덕에 대한 애착을 고무시킴으로써 악덕을 혐오하게 만든다든지 하는 식으로 말이다. 역설적이게도, 무지의 이원론은 무지를 극복하는 데 쓰인다. 우리의 이해는 얼마나 섬세해야만 하는 것일까! 또, 길을 잃기는 어찌나 쉬운지! 이러한 이유로, 또 다른 개념적 체계를 발전시키기 위한 방어적 노력보다는 직접적인 경험을 위한 수행이 필요하다. 더 높은 관점에서 사물을 보면 모두 평등하게 보인다. 비이원적 지혜의 관점에서 보면 특별히 중요한 것도, 중요하지 않은 것도 없다.

행위와 결과: 업과 업의 흔적들

우리가 속한 문화권은 우리를 조건화한다. 그러나 한편으로 우리는 우리가 어디를 가든 우리를 조건화할 씨앗을 품고 다닌다. 우리를 괴롭히는 모든 것은, 실제로는 우리 마음속에 있다. 우리는 환경과 상황 때문에 불행하다고 생각하며, 상황을 바꿀 수 있다면 행복해질 거라고 믿는다. 그러나 우리가 처해 있는 상황은 그저 우리 고통의 이차적 원인일 뿐이다. 고통의 근원적인 원인은 선천적인 무지와 그로 인한, 자신이 아닌 다른 무엇이 되고자 하는 욕망이다.

우리는 도시의 스트레스를 피해 바다나 산으로 떠난다. 아니면 시골 생활의 고립과 고단함을 떠나 도시의 흥분을 느껴보기도 한다. 변화는 좋은 것일 수 있다. 이차적 원인이 바뀌면 그에 따른 만족감이 생기니 말이다. 그러나 그것도 잠시다. 불만의 근원은 우리를 따라 새집으로 옮겨왔고, 또다시 새로운 불만이 자라난다. 얼마 지나지 않아 우리는 다시 한번 희망과 두려움이 뒤섞인 혼란에 빠지고 만다.

어쩌면 우리는 더 많은 돈, 더 멋진 파트너, 더 좋은 몸이나 직업, 학력을 가진다면 행복할 거라고 생각할 수도 있다. 그러나 우리는 이것이 진실이 아님을 알고 있다. 부자라고 해서 고난에서 벗어날 수 없고, 멋진 새 파트너에게는 어떤 식으로든 불만을 느끼게 될 것이며, 몸은 노화될 것이고, 새로운 직업에 대한 흥미는 줄어들 것이다. 불행에 대한 해결책을 외부 세계에서 발견할 수 있다고 생각할 때, 우리의 욕구는 일시적으로만 채워진다. 이것을 이해하지 못하면 욕망의 바람에 의해 마음이 산란해져 불안과 불만에서 벗어날 수 없다. 우리는 업[*]의 지배를 받고 있으며 미래에 수확할 업의 씨앗을 계속 심고 있다. 이러한 행동 방식은 우리를 영적인 여정에서 멀어지게 할 뿐만 아니라 일상생활에서의 만족과 행복을 찾지 못하도록 막는다.

움직이는 마음의 집착과 혐오에 동일시되어 있는 한, 우리는 현재 가지고 있는 것과 원하는 것이 다름을 느끼므로 부정적인 감정을 만들어낸다. 우리가 일상에서 행한 거의 모든 행동은 이러한 감정에서 나온 것이며, 이 행동들은 업의 흔적[**]을 남긴다.

업은 행동을 의미하며, 업의 흔적은 행동의 결과다. 업의 흔적은 우리의 정신의식(mental consciousness)에 남아 우리의 미래에 영향

---

[*] karma: 카르마는 '행동'을 일컫는 말이지만 좀더 포괄적으로는 원인과 결과의 법칙을 뜻한다. 육체적, 언어적, 정신적으로 지은 행동은 '씨앗'이 되어 미래에 그것이 나타나기 좋은 여건일 때 결과의 '열매'를 맺는다. 긍정적인 행동은 행복과 같은 긍정적인 결과를 가져오고, 부정적인 행동은 불행과 같은 부정적인 결과를 가져온다. 카르마는 현재의 상태가 과거의 행동에서 비롯되었다는 의미이지, 삶이 정해져 있다는 의미는 아니다.

[**] karmic trace: 육체적, 언어적, 정신적인 것을 포함한 개인의 모든 행동이 어떤 의도를 가지고 행해졌거나 아주 미미한 혐오 또는 욕망으로 인해 행해졌다면 그 사람의 심상속心相續(mindstream)에 흔적을 남기게 된다. 이렇게 누적된 업의 흔적은 긍정적 혹은 부정적으로 개인이 경험하는 모든 순간의 상황을 만들어낸다.

력을 행사한다. 업의 흔적을 서양의 '무의식적 경향'으로 생각해본 다면 이것을 부분적으로나마 이해할 수 있을 것이다. 업의 흔적은 성향, 생각과 행동의 패턴, 무의식적 반응, 습관적인 개념화라고 할 수 있다. 이것은 상황에 대한 우리의 감정적 반응과 지적 이해뿐만 아니라 특유의 감정적 습관과 지적 경직도에도 영향을 미친다. 업의 흔적은 우리 경험의 모든 요소들에 대한 우리의 일반적인 반응을 창조하고 조건화한다.

여기에 업의 흔적을 뚜렷하게 보여주는 한 예가 있는데, 미세하고 사소한 경험의 수준에서도 이런 작용은 동일하게 일어난다. 싸움이 그치지 않는 집에서 자란 한 남자가 있다. 그가 성장하여 독립한 지 3~40년쯤 되었을 때, 그는 길을 걷다 언쟁하고 있는 사람들의 집을 지나친다. 그날 밤 그는 아내와 싸우는 꿈을 꾼다. 그는 꿈에서 깨고 나서 분개했으며 현실의 아내에게 꽁한 기분을 느낀다. 아내는 그의 그런 기분을 알아채고 반응함으로써 그를 더욱 자극한다.

이러한 일련의 경험들은 업의 흔적에 대한 좋은 예다. 남자가 어렸을 때, 그는 집에서 일어나는 싸움에 대해 두려움과 분노로 반응했고 상처를 입었다. 그는 불화에 대한 혐오감을 느꼈고 이 혐오감은 그의 마음속에 흔적을 남겼다. 수십 년 후, 그는 어떤 집을 지나다가 싸우는 소리를 듣게 된다. 이러한 상황은 오래된 업의 흔적이 재현된, 이차적 조건이다. 그리고 이 오래된 업의 흔적은 그날 밤 꿈으로 나타난다.

꿈에서, 남자는 분노와 상처의 느낌으로 아내의 도발에 반응한다. 이 반응은 그가 아이였을 당시 의식에 쌓였던 업의 흔적에 의해 지배된 것이다. 그리고 어쩌면 이 업의 흔적은 지금까지 여러 번 강화되어왔을 수도 있다. 꿈속 아내, 즉 남자의 마음이 완전히 투사된 인물이 그를 자극할 때, 그는 어렸을 적과 마찬가지로 혐오 반응을 보인다. 그가 꿈에서 느끼는 혐오감은 새로운 씨앗을 만드는 새로운 행동이다. 꿈에서 깨어났을 때 그는 이전 카르마의 열매인 부정적인 감정에 휩싸인다. 그는 현실의 아내에게 꽁한 기분을 느끼고 그녀와 소원해진 기분이 든다. 이 복잡한 상황은 더 나아가, 아내는 다혈질적인 반응이나 꽁한 반응, 아니면 사과하거나 굽신거리는 반응을 보이며 자신의 업에 의해 결정된 습관적 경향대로 반응한다. 그리고 남자는 다시 부정적으로 반응함으로써 또 다른 업의 씨앗을 뿌린다.

외적이든 내적이든, 깨어 있을 때든 꿈에서든, 어떠한 상황에 대한 반응은 집착과 혐오에 기반하는 것이며 이는 마음에 흔적을 남긴다. 업이 명령한 반응은 더 많은 업의 씨앗을 뿌린다. 그리고 이 씨앗은 다시 반응을 명령한다. 그렇게 계속 이어진다. 이것은 업이 또 다른 업으로 우리를 이끄는 방법이자 윤회의 바퀴이며, 행동과 그것에 대한 반응의 끝임없는 사이클이다.

이 예는 업의 심리적 차원에 초점을 두고 있지만, 사실 업은 존재의 모든 차원을 결정짓는다. 업은 개체적 삶에서의 감정적, 정신적 현상을 형성할 뿐 아니라 존재의 지각과 해석, 몸의 기능, 외부 세계의 원인과 결과까지도 형성한다. 이렇게 크고 작은 경험의 모든 측면은 업의 지배를 받는다.

마음속에 남겨진 업의 흔적은 씨앗과 같아서, 이것이 나타나려면 특정한 환경이 요구된다. 씨앗이 싹을 틔워 자라나려면 수분, 빛, 영양소, 온도의 올바른 조합이 필요한 것처럼, 업의 흔적도 적절한 상황이 갖춰졌을 때 드러난다. 앞서 말했듯이, 업이 드러나게끔 자극하는 상황적 요소들이 바로 이차적 원인과 환경이다.

업을 원인과 결과의 과정으로 생각하는 것도 도움이 된다. 이런 생각은 내적으로든 외적으로든 어떤 상황에서의 반응으로 일어난 선택이 반드시 결과를 초래한다는 것을 인식하게끔 도와주기 때문이다.

업의 흔적이 그보다 더 큰 업의 지배를 받는 행동의 씨앗이 된다는 사실을 진정으로 이해하게 되면, 이를 활용해 삶의 부정성을 창조하는 것을 피하고 우리 삶에 긍정적인 영향을 줄 상황들을 창조할 수 있다. 아니면, 우리는 감정이 생겨날 때와 마찬가지로 감정이 스스로 해방되도록 허용할 수도 있다. 그 방법만 안다면 말이다. 이런 경우에는 새로운 카르마가 만들어지지 않는다.

부정적인 업

만약 우리가 어떤 상황에 부정적인 감정으로 반응한다면, 마음속에 흔적이 남는다. 그리고 그 흔적은 마침내 무르익어 삶의 상황에 부정적인 영향을 준다. 예를 들어 어떤 사람이 우리에게 화를 내고 우리도 그에게 화를 냈다면, 우리는 우리 안에 분노가 일어날 가능성을 높이는 흔적을 남긴 것이다. 그리고 더 나아가, 이 흔적은 우리의 습관적 분노가 일어날 이차적 상황을 더 자주 맞닥뜨리게끔 한다. 만약 우리의 삶에 화낼 일이 많거나 화낼 일이 많이 생기는 누군가를 알고 있다면 이를 쉽게 이해할 수 있을 것이다. 화가 많은 사람은 화를 낼 수밖에 없는 상황을 계속해서 마주하지만 화가 적은 사람은 그렇지 않다. 이들의 외적 상황은 어쩌면 비슷할 수도 있으나 업의 경향성이 다르면 주관적 세계도 다르게 창조된다.

감정이 충동적으로 표현되면 강력한 결과와 반응이 생성된다. 분노는 싸움이나 파괴 같은 것들을 불러온다. 이로 인해 사람들은 신체적, 감정적으로 해를 입을 수 있다. 이는 분노에만 해당하는 것이 아니다. 두려움이 충동적으로 표출되는 것 역시 두려움을 느끼는 이에게 굉장한 스트레스를 줄 수 있고, 그를 다른 사람들과 멀어지게 만들 수도 있다. 미래에 부정적 영향을 미치는 이러한 부정적 흔적들은 어렵지 않게 찾아볼 수 있다.

억압된 감정 역시 부정적인 흔적을 남긴다. 억압은 혐오의 표현이다. 이것은 우리 내면의 무언가를, 즉 우리 경험의 일부를 억누르고, 문 뒤에 숨긴 후 그 문을 잠가버리고, 어둠 속에서 지내도록 강제하고 적대시하는 것이다. 적절한 이차적 원인이 그것을 튀어나오게 하기 전까지 말이다. 예를 들어 우리가 다른 사람에 대한 질투를 억압하면, 그것은 결국 감정의 폭발로 표출된다. 아니면 질투심은 우리가 은밀히 질투하는 그 사람에 대한 냉혹한 판단으로 나타나기도 한다. 우리가 스스로 질투한다는 사실을 부인할지라도 말이다. 정신적 판단 역시도 행동이며, 부정적인 업의 씨앗을 만들어내는 혐오에 기반하는 것이다.

긍정적인 업

우리는 두 가지 부정적 반응, 즉 업의 경향성에 따라 행동하거나 억압으로 인한 행동에 끌려다니는 대신, 잠시 멈추어 스스로와 소통함으로써 부정적 감정에 대한 해독제를 만들 수 있다. 만약 어떤 이가 우리에게 화를 내어 우리도 화가 올라온다면 자비심이 그 해독제가 된다. 자비심을 유도하는 것이 처음에는 억지스럽고 인위적인 느낌일 수도 있다. 그러나 우리를 자극하는 사람이 그 자신의 조건화로 인해 고초를 겪는 존재임을 깨닫는다면, 그리고 더 나아가 그가 자신의 부정적인 업에 갇혀 있기 때문에 의식이 속박되는 고통을 겪고 있음을 깨닫는다면, 우리는 어느 정도 자비심을 느끼게 되며 우리의 부정적인 반응들도 놓아버리게 된다. 이렇게 한다면, 우리는 우리의 미래를 긍정적으로 형성하기 시작한 것이다.

물론 이러한 새로운 반응 역시 욕망에 기초한 것이다. 위의 경우에는 그것이 미덕이나 평화, 영적 성장에 대한 욕망일 것이다. 그러나 우리는 자비의 씨앗을 심은 것이므로 긍정적인 업의 흔적이 만들어진다. 따라서 우리가 다음에 또 분노와 맞닥뜨릴 때, 편협한 자기방어적 분노의 반응보다는 편안하고 관대한 자비심으로 반응할 가능성이 더 커진다. 이런 식으로, 미덕의 수행은 세상에 대한 우리의 반응을 점차 교정해주며, 외적으로나 내적으로나 분노를 마주할 일이 점점 적어지는 우리 자신을 발견하게끔 한다. 이 수행을 꾸준히 하면 마침내 노력하지 않고도 자연스럽게 자비심이 생길 것이다. 업의 이해를 활용하면 우리의 모든 경험, 즉 아주 사소한 것이나 순간적인 공상에 쓰이는 우리의 마음을 영적 수행에 도움이 되는 방향으로 유지할 수 있다.

감정의 해방

부정적인 감정을 대하는 최고의 방법은 집착이나 혐오에서 자유로운 비이원적 인식(non-dual awareness)에 머무름으로써 그것이 스스로 해방되게끔 허용하는 것이다. 우리가 이렇게 할 수 있다면, 감정은 마치 창공을 날아가는 새처럼 우리를 통과해 지나갈 것이다. 지나간 곳에 그 어떤 흔적도 남기지 않고서 말이다. 감정이 일어났다가 자연스럽게 공(emptiness)으로 용해된 것이다.

이 경우에는 감정이나 생각, 신체적 감각이나 특정한 행동에 대한 충동으로 업의 씨앗이 표출되었으나, 집착이나 혐오로 반응하지 않았기 때문에 미래의 업의 씨앗은 생기지 않는다. 예를 들어 시기심을 경험할 때 우리가 그 감정에 휩쓸리거나 그것을 억누르려 하지 않는다면, 그리고 시기심이 생겨나도록, 그것이 인식 속으로 용해되도록 허용하면 업의 경향성은 시기심이 약화되는 쪽으로 작용한다. 여기에는 시기심을 강화하는 어떠한 새로운 행동도 없다. 이런 식으로 감정을 해방하는 것은 업을 뿌리 뽑는 것과 같다.

업의 씨앗이 자라서 우리 삶에 문제를 일으키기 전에 그것들을 불 태우는 것이다.

당신은 어째서 긍정적인 업을 만드는 것보다 감정을 해방하 는 것이 더 낫냐고 물을 수도 있다. 그 답은, 모든 업의 흔적은 우리 를 제약하며 특정한 정체성에 한정되게끔 작용하기 때문이다. 수 행의 목표는 모든 조건화로부터 해방되는 것이다. 그렇다고 한번 해방된 사람에게는 자비 같은 긍정적인 특성들이 나타나지 않는다 는 건 아니다. 그것들은 나타난다. 그러나 우리가 더 이상 업의 경 향성에 휩쓸리지 않게 될 때 우리는 어떤 방향으로 밀고 당겨지기 보다는, 우리의 상황을 보다 명확하게 볼 수 있으며 더 자연스럽고 적절하게 반응할 수 있다. 물론 긍정적 업의 경향성에서 생겨난 상 대적 자비심은 매우 좋은 것이지만, 그보다 더 좋은 것은 업의 조 건화에서 해방된 개인에게서 어떠한 노력 없이도 완전하게 생겨난 절대적 자비심이다. 절대적 자비심은 더 넓고 포괄적이며, 더 효과 적이다. 또한 이원성의 환상에서도 자유롭다.

감정이 스스로 해방되도록 허용하는 것이 최고의 방법이긴 하지만, 우리의 수행이 발전되고 안정되기 전까지는 이것을 실천 하기는 좀 어렵다. 그러나 이제 우리 모두는 감정이 생겨날 때 잠시 멈추어 우리 자신을 점검해보고, 가능한 한 더 명민하게 행동하기 로 결정할 수 있다. 우리는 업에서 오는 습관적인 힘과 충동적인 힘 을 완화하는 방법을 모두 배웠다. 우리는 우리가 경험하는 감정이 그저 과거 업의 흔적에서 생긴 결실임을 스스로 상기하는, 개념적인 과정을 활용해볼 수 있다. 그러면 특정 감정이나 견해로 인한 정체성이 옅어질 것이고 우리의 방어성도 놓아버릴 수 있을 것이다. 감정의 매듭이 느슨해질수록 정체성도 옅어지고 포괄적으로 변한다. 우리는 더 긍정적인 반응을 선택하여 긍정적 업의 씨앗을 심을 수 있다. 다시 말하지만, 중요한 것은 감정을 억누르지 않고 이 과정을 행해야 한다는 것이다. 좋은 생각들을 떠올리려고 노력하는 동안에는, 분노를 몸에 꾹 억누르지 말고 긴장을 푼 상태로 자비심을 내야 한다.

　　영적 여정은 우리의 먼 미래나 다음 생에만 유익한 것이 아니다. 어떤 상황들 속에서 더 긍정적으로 반응하는 훈련을 하면 우리 업의 흔적을 바꿀 수 있게 되며, 우리가 이끌어가고 있는 바로 지금의 삶에도 긍정적인 변화를 가져오는 자질을 계발할 수 있다. 아무리 작고 사소한 경험일지라도 모든 경험에는 결과가 따른다는 것을 보다 명료하게 볼 수 있을 때, 우리는 이러한 이해를 바탕으로 우리의 삶과 꿈을 변화시킬 수 있다.

의식의 장애

　　업의 흔적은 집착이나 혐오로 나타났던 행동의 심리적 잔재로 우리와 함께 남아 있다. 이것들은 개인의 기본의식(base consciousness), 즉 쿤지 남셰[*]에 저장된 어두워진 의식이다. 쿤지 남셰를 어

---

[*]　kunzhi namshe: 쿤지 남셰는 개인의 기본적인 의식이다. 이것은 업의 흔적이 쌓이는 '저장소' 혹은 '창고'라고 할 수 있으며, 미래의 조건화된 경험들이 여기에 쌓인 업의 흔적으로부터 생겨난다.

두워진 의식을 저장하는 보관소라고 말하긴 했지만, 실제로는 어두워진 의식 그 자체와 거의 동일하다고 보면 된다. 어두워진 의식이 없으면 쿤지 남셰도 없기 때문이다. 쿤지 남셰는 어떤 사물이나 장소가 아니며 이원적인 경험의 바탕이자 원인이다. 이것은 세월이 가며 쌓이는 습관처럼 실체가 없으며 강력하다. 습관은 우리로 하여금 언어를 써서 대화하게 하고, 형상을 실체로 대하게 하고, 존재를 무언가 이해와 풀이가 가능한 대상으로 보게 한다.

쿤지 남셰는 흔히 파괴될 수 없는 창고 혹은 저장소로 비유된다. 쿤지 남셰는 행동이나 사고 패턴들을 무더기로 저장한다. 이것은 경험의 근본 원리가 되는데, 경험의 근본 원리는 외적 또는 내적으로, 신체적으로 또는 인지적으로 우리가 선택한 각각의 크고 작은 행동에 영향을 받는다. 습관적 경향성이 개인의 마음속에 존재하는 한, 쿤지 남셰도 존재한다. 사망 후에 육체는 사라지지만 쿤지 남셰는 사라지지 않는다. 업의 흔적은 정화될 때까지 정신의식 안에서 지속된다. 업의 흔적이 완전히 정화되면 더 이상 쿤지 남셰는 존재하지 않고 개인은 부처가 된다.

업의 흔적과 꿈

모든 윤회의 경험은 업의 흔적에 의해 형성된다. 기분, 생각, 감정, 정신적 이미지, 지각, 본능적 반응, '상식', 심지어 우리의 정체감조차도 모두 업의 작용에 의해 지배된다. 예를 들어 당신이 어느 날 아침에 우울한 기분으로 잠에서 깼다고 가정해보자. 평상시처럼 아침 식사를 하고, 모든 것이 괜찮아 보이는데도 설명할 수 없는 우울감을 느낀다. 우리는 이런 경우를 특정한 업이 무르익는 중이라고 한다. 우울감이 표출되는 어떠한 방식으로 원인과 조건이 만난 것이다. 이 우울감이 이 특정한 아침에 발생해야 하는 이유는 수백 가지가 있을 수 있으며, 드러나는 방식 또한 무수히 많을 것이다. 이것은 밤사이의 꿈으로도 드러날 수가 있다.

우리는 감정이나 찰나의 정신적 이미지를 이성적인 마음으로 종종 합리화해버린다. 그러나 꿈에서는 의식이 이성적인 마음에서 해방되고, 이 의식 안에서 업의 흔적들이 표출된다. 이러한 작용을 다음과 같이 생각해볼 수 있다. 낮 동안 의식은 감각들을 조명하고 우리는 세계를 경험하는데, 이러한 감각과 심리적 경험들이 얽이면 삶에 의미가 부여된다. 그리고 밤에는 우리의 의식이 감각에서 물러나 근본 바탕에 머문다. 만약 우리가 공하고 환한 마음의 본성에 대한 많은 경험과 함께 존재의 수행을 견고히 계발해왔다면 이를 순수하고 명쾌한 인식 속에서 자각할 수 있을 것이다. 그러나 우리 대부분의 의식은 어두워진 의식과 업의 흔적들을 조명하고, 이것들이 꿈으로 표출된다.

업의 흔적은 각각의 경험이 사진으로 찍히는 것과 같다. 기억, 감정, 감각 인식 또는 생각과 같은 모든 경험 중 집착이나 혐오에서 비롯된 반응은 사진으로 찍힌다. 그리고 잠이라는 암실에서 이 사진들이 현상된다. 이 이미지들이 어느 날에 현상될지는 최근에 겪었던 이차적 조건들에 따라 결정된다. 어떤 이미지나 흔적은 피상적인 경험으로서 희미한 잔류물만을 남기는 반면, 어떤 것은 강력한 반응을 일으키며 깊이 각인되기도 한다. 우리의 의식은 마치 프로젝터의 빛과 같아서 강한 자극을 받은 흔적들을 비추고, 그 흔적들은 꿈의 이미지와 경험으로 표출된다. 우리는 마치 한 편의 영화처럼 그것들을 엮어내는데, 이것이 바로 우리의 마음이 의미를 만들기 위해 작용하는 방식이다. 그리고 이 영화는 조건화된 경향성과 습관적인 정체성으로부터 구성된 이야기에서 나온 결과물, 즉 꿈이다.

이 같은 과정은 우리가 깨어 있는 동안에도 계속되며 우리가 일반적으로 '우리의 경험'이라고 생각하는 것을 구성한다. 이러한 역학은 꿈속에서 더 쉽게 이해될 수 있는데, 물리적 세계와 이성적 의식의 한계에서 풀려나야 이러한 역학이 관찰되기 때문이다. 우리는 깨어 있는 동안에도 여전히 꿈이 만들어지는 과정과 똑같은 과정을 겪고 있다. 우리는 마음의 내적 활동을 세상에 투사하고, 우리의 경험이 '진짜'라고 생각하면서 그것을 우리 자신의 마음과 무관한 것으로 여긴다.

꿈 요가에서는 이러한 업의 이해를 영적 수행에 더 도움이 되는 꿈을 만들어내는 데 사용한다. 그러면 어떤 경험에 대해 달리 반응하도록 마음을 훈련시킬 수 있고 업의 흔적도 새로이 만들어진다. 이는 무의식 위에 군림하여 그것을 억압하는 의식, 아니면 어떤 강제에 대해 말하는 것이 아니다. 꿈 요가는 인식과 통찰력이 향상되면 삶에서 긍정적인 선택을 내릴 수 있다고 믿는다. 경험의 역동

44

적인 구조를 이해하고 행위의 결과를 이해하면 모든 종류의 경험이 영적 수행의 기회가 된다는 인식이 생긴다.

꿈 수행은 또한 꿈속에서 미래와 관련된 업의 씨앗을 제거하는 방법을 우리에게 알려준다. 우리가 꿈을 꾸는 동안 의식(awareness)에 머무를 수 있다면 업의 흔적이 드러났을 때 그것이 스스로 해방되게끔 허용하여 더 이상 업의 흔적이 우리 삶에서 부정적으로 표출되지 않게끔 할 수 있다. 이는 깨어 있는 삶과 마찬가지로 우리가 마음의 환한 빛인 릭빠[★]의 비이원적 인식에 머물 수 있는 경우에만 가능하다. 이것이 가능하지 않다면 우리는 우리의 기호나 이원성을 모두 넘어설 수 있을 때까지 꿈속에서도 영적으로 긍정적인 행동을 선택하는 경향성을 계발할 수 있다.

궁극적으로, 우리가 아무것도 남지 않을 때까지 어두운 것들을 정화하면 더 이상 현상될 사진도 없고 우리 의식의 빛의 형색에 영향을 주는 숨겨진 업도 없게 된다. 업의 흔적은 꿈의 근원이므로 업의 흔적이 완전히 고갈되면 오로지 의식의 순수한 빛만 남기 때문이다. 따라서 영화도, 이야기도, 꿈꾸는 사람도, 꿈도 모두 사라지고 빛나는 근원적 본성만이 절대적 실제가 된다. 이것이 바로 깨달음이 꿈의 끝이자 '깨어남(awakening)'으로 알려진 이유다.

★ rigpa: '의식(awareness)' 또는 '앎'. 족첸 가르침에서 릭빠는 진리의 의식, 선천적 의식, 개체의 진정한 본성을 의미한다.

돌고 도는 육도윤회의 삶

가르침에 따르면 깨닫지 못한 존재들이 거하는, 존재의 여섯 세계*가 있다고 한다. 그것은 지옥, 아귀, 축생, 인간, 반신, 천신의 세계다. 근본적으로 이 세계들은 의식의 여섯 차원이자 인간이 경험 가능한 여섯 범주를 의미한다. 이것들은 개별적인 여섯 가지 부정적 감정, 즉 분노, 탐욕, 무지, 시기, 자만, 덧없는 기쁨으로 인한 산란(pleasurable distraction)으로 나타난다. ('덧없는 기쁨으로 인한 산란'은 다른 다섯 감정이 균등하게 섞여 있는 상태다.) 이 여섯 세계는 정서적 경험의 범주일 뿐 아니라 우리가 인간계에 태어나거나 사자가 축생계에 태어나는 것과 같은, 존재가 태어나는 실제 세계이기도 하다.

각 세계는 그 안에서 일어나는 경험에 의해 규정된다. 지옥을 예로 들자면, 그러한 실제 세계가 있지만 그 외에 분노와 증오 같은 내적 감정도 지옥에 해당하고, 싸움이나 전쟁 같은 외적 행동도 지옥에 해당한다. 군대와 같은 단체, 인종 혐오와 같은 편견, 배타성과 같은 편협함도 지옥에 해당한다. 즉 '지옥'은 이와 같은 경험이 일어나는 차원 전체 ― 실제 세계부터 개인의 감정에 이르기까지 ― 를 일컫는 말이다.

이 여섯 세계는 꿈과 마찬가지로 업의 흔적이 표현된 것이긴

---

* loka: 보통 '육도六道' 혹은 '여섯 로카'라고 부른다. 로카는 '세계' 혹은 '세계의 시스템'을 일컫는다. 영어에서 로카는 보통 윤회하는 존재의 여섯 세계를 의미하지만 사실은 더 광대한 세계의 시스템들을 일컫는 말이고 여섯 세계는 그것의 일부이다. 육도는 존재의 여섯 수준을 일컫는다. 이것은 천신, 반신, 인간, 축생, 아귀, 지옥의 존재로 나뉜다. 육도에 속하는 존재들은 고통을 경험한다. 육도는 여섯 개의 세계이며 일체중생들이 태어나는 차원으로, 포괄적 의미의 실제 경험과 경험을 일으키는 잠재적 요소들을 포함한다. 여기에는 매일의 삶에서 일체중생의 경험을 형성하고 제재하는 요인이 포함되어 있다.

하지만, 여섯 세계의 업의 흔적은 개인적이기보다 집단적이다. 같은 세계에 사는 존재들은 업을 공유하므로 비슷한 환경에서 비슷한 경험을 하게 된다. 우리가 사람으로 태어나서 다른 사람들과 비슷한 경험을 하듯이 말이다. 집단적 업은 개체가 공동의 잠재력과 경험의 범주에 참여할 수 있게 해주는 몸과 감각적, 정신적 능력을 창조하지만 다른 부류의 경험은 차단한다. 예를 들어, 개는 인간이 들을 수 없는 소리를 집단적으로 들을 수 있고, 인간은 개가 경험할 수 없는 방식으로 언어를 경험한다.

각 세계는 뚜렷하고 견고해 보인다. 우리 세상이 우리에게만 보이는 것처럼 말이다. 그러나 이 세계들은 사실 꿈과 같은 것이며 비실재적이다. 각 세계는 다른 영역에 서로 침투해 있으며 우리는 각각의 세계에 연결되어 있다. 우리는 모두 다른 세계로 환생할 수 있는 씨앗을 지니고 있다. 우리가 다른 감정을 경험할 때 우리는 다른 영역에서 두드러지는 몇 개의 독특한 특질과 고통에 참여하고 있는 것이다. 예를 들어, 우리가 자기중심적인 자만이나 질투로 인한 분노를 느낄 때는 반신의 독특한 특질을 경험하는 것이다.

때로는 개개인이 한 가지 차원의 구성요소를 특히 더 많이 가지기도 한다. 축생계의 구성요소를 더 많이 가지고 있을 수도 있고 아귀계 또는 천상계, 아니면 반신계의 구성요소 중 하나를 더 많이 가지고 있을 수도 있다. 그들의 성격에서 눈에 띌 정도로 지배적인 이런 특성은 그들이 말하는 방식, 걷는 방식, 그들의 인간관계를 통해 드러난다. 어쩌면 우리는 항상 아귀계에 갇혀 있는 것처럼 보이는 사람들을 알고 있을 수도 있다. 그들은 절대 만족하지 못한다. 그들은 항상 굶주린 채로 친구, 환경, 삶 등의 모든 것에서 더 많은 것을 욕망하지만 절대 만족하지 않는다. 아니면 우리는 지옥의 존재처럼 보이는 이들을 알고 있을지도 모른다. 그들은 혼란 속에서 화가 나 있으며, 맹렬하고 폭력적이다. 일반적으로, 사람들은 그들의 개인적 기질 안에 이 모든 차원의 측면들을 전부 가지고 있다.

이러한 의식의 차원들이 감정을 통해 나타날 때, 이것들이 얼마나 보편적인지가 분명해진다. 예를 들어, 모든 문화는 질투라는 감정을 알고 있다. 질투가 나타나는 방식은 문화마다 각기 다를 수 있다. 이는 감정적 표현이 생물학적으로, 그리고 문화에 따라 달라질 수 있는 몸짓과 의사소통으로 표현되기 때문이다. 문화는 가변적이지만 질투의 느낌은 어느 곳에서나 같다. 뵌 불교는 이러한 보편성이 여섯 세계의 현실로 설명될 수 있으며 서로 상관된 것이라고 말한다.

이 여섯 가지 부정적 감정은 명확한 분류 기준으로서 제시된 것이 아니다. 슬픔이나 두려움이 어느 영역에 들어맞는지 논쟁하는 것은 무의미하다. 두려움은 모든 영역에서 나타날 수 있으며 슬픔, 분노, 질투, 사랑도 마찬가지다. 이 여섯 감정은 각 세계의 특징이자 우리 내면의 주된 요소이지만, 동시에 그런 유의 경험 차원 전체를 폭넓게 가리키는 키워드이기도 하다. 그리고 이 여섯 감정 차원은 우리가 복합적인 경험을 할 수 있도록 서로 열리고 포개져 있다.

의식의 이 여섯 가지 속성은 우리를 어딘가로 이끌기 때문에 길(paths)이라고도 불린다. 우리를 다음번 환생처로 이끌 뿐만 아니라, 심지어 이생에서 다른 세계를 경험하게 해주기 때문이다. 어떤 존재가 자신을 부정적 감정들 중 하나와 동일시하거나 그것에 빠져든다면 단연코 그에 따른 결과를 얻게 될 것이다. 이것이 실제로 업이 작동하는 방식이다. 예를 들어, 인간으로 태어나기 위해서는 반드시 그 전생에 충분한 덕을 쌓아야만 한다. 우리도 일상에서 흔히 말하길, 타인에 대한 사랑과 배려가 무르익고 나서야 비로소 "인간이 되었다"고 하지 않는가.

만일 우리가 증오, 분노 등의 부정적 감정들에 의해 특징지어진 삶을 산다면 우리는 그에 따른 결과를 경험하게 될 것이다. 즉, 지옥에서 살게 되는 것이다. 이는 실제로 지옥계에서 환생하게 된다는 뜻도 되고, 심리적으로 지옥을 경험하게 된다는 뜻도 된다. 증오의 차원과 연결된 사람은 그 결과로 바로 이생에서부터 지옥 같은 경험을 하게 된다. 그럼에도 모든 인간이 이러한 경험을 피하려고 노력하지는 않는다. 업은 부정적 감정에 매력을 느끼게끔 하는 경험의 차원으로 사람들을 아주 강하게 이끈다. 증오, 살인, 전쟁으로 가득한 그 모든 '오락거리'들을 떠올려보라. 우리는 그것들에 맛들일 수 있다. 우리는 "전쟁은 곧 지옥"이라고 말하지만, 우리 중 상당수가 전쟁에 매료되어 있다.

하나의 차원, 혹은 다른 차원에 치우쳐진 우리의 성향은 문화에 의해 형성될 수도 있다. 예를 들어, 분노에 찬 전사가 영웅적으로 여겨지는 사회에서는 우리도 그러한 방향으로 이끌릴 수 있다.

이것은 앞에서 설명한 문화적 무지의 예다.

서양인들에게는 여섯 세계가 공상적인 소리로 들릴 수도 있지만, 이 여섯 세계가 나타내는 바는 낮의 일상 경험과 밤의 꿈속 경험을 모두 포함한 우리 자신의 삶과 우리 가까이에 있는 사람들의 삶에서 쉽게 관찰된다. 예를 들어 우리는 가끔 길을 잃은 기분을 느낀다. 우리는 일상을 사는 법은 알고 있으나 거기에서 의미를 발견하지 못한다. 해방되어 의미를 초월한 것이 아니라, 이해의 부족으로 인해 의미를 못 찾는 것이다. 우리는 진흙탕에 빠지거나, 어두운 장소에 있거나, 이정표 없는 거리에 있는 꿈을 꾸곤 한다. 출구가 없는 방에 들어섰거나 어느 방향으로 가야 할지 혼란스러운 기분일 수도 있다. 이것은 무지의 표현, 즉 축생계의 징후일 수 있다. (이 무지는 선천적인 무지와 다르다. 이것은 우둔함이자 지혜의 부족이다.)

기쁨과 행복으로 가득한 몽롱한 시간 동안, 그리고 덧없는 기쁨으로 인한 산란 속에서 길을 잃은 동안, 우리는 천신계의 무언가를 경험하기도 한다. 그러나 이러한 시간은 결국 끝이 나기 마련이다. 그리고 이러한 시간이 유지되는 동안 우리는 우리의 인식을 제약해야만 한다. 우리는 수박 겉핥기 같은 상태에 머물러야 하고, 우리 주변의 상황을 깊이 살펴보거나 주변의 고통을 인식해서는 안 된다. 삶 속에서 유쾌한 시간을 즐기는 것은 좋은 일이지만, 수행을 하지 않는다면 우리는 우리 자신의 제약되고 잘못된 정체성으로부터 자유로워질 수 없다. 결국 즐거운 시간이 끝나고 나면 우리는 준비조차 없이 한층 고달픈 영역, 즉 괴로운 것들 속에서 길을 잃을 공산이 큰 곳으로 떨어지게 될 것이다. 파티가 끝나거나 매우 즐거웠던 하루가 끝나고 집으로 돌아갈 때, 우리는 종종 허탈하거나 우울한 기분이 든다. 행복한 주말을 보낸 후에 직장으로 돌아가면서 낙담하기도 한다.

우리는 모두 삶의 다양한 시점에서 여섯 세계를 경험한다. 휴가를 떠났을 때나 친구와 걸을 때 느끼는 천신계의 행복, 우리가 꼭 가져야 한다고 생각하는 어떤 것을 봤을 때 느껴지는 탐욕의 고통, 자존심이 상했을 때의 수치심, 솟구치는 질투심, 괴로움과 증오의 지옥 같은 느낌, 우둔함과 무지로 인한 혼란. 우리는 한 영역의 경험에서 다른 영역의 경험으로 쉽게, 자주 이동한다. 우리 모두는 천신계와 연결된, 행복한 분위기 속에 있어본 적이 있다. 태양이 떠오르고 사람들이 아름답게 보이며 우리 자신이 꽤 괜찮게 느껴진다. 그러다 나쁜 소식을 듣거나 친구가 우리에게 상처를 주는 말을 한다. 그러면 갑자기 세상이 바뀐 것처럼 보인다. 웃음소리가 공허하게 들리고, 하늘은 차갑고 무정하며, 더 이상 다른 이들에게서 매력을 찾을 수 없고 우리 자신에게서도 즐거움을 찾아볼 수가 없다. 우리 경험의 차원이 바뀌면 세상도 바뀌어 보인다. 같은 맥락으로, 한 세계에 있는 존재는 다른 모든 세계에 연결되어 있다. 고양이와 반신 둘 다 분노, 질투, 정서적 허기 등을 경험할 수 있다.

우리는 꿈속에서도 똑같이 여섯 세계를 경험한다. 여섯 가지 부정적 감정들이 낮 동안의 경험의 질을 결정하듯이, 꿈의 느낌과 내용 또한 그것들에 의해 형성된다. 꿈은 무한한 다양성을 지니고 있지만 모든 업의 꿈은 여섯 개의 차원 중 하나 이상에 연결되어 있다.

　다음은 여섯 세계에 대한 간략한 설명이다. 각 세계마다 그 장소의 구조와 거기에 사는 존재에 대한 전통적인 묘사가 있다. 예를 들어 지옥은 총 열여덟 개로, 아홉 개는 뜨거운 지옥이고 아홉 개는 차가운 지옥이다. 이런 전통적 묘사의 모든 세부사항에는 의미가 있지만, 지금 우리는 바로 이 삶에서의 각 세계의 경험에 초점을 맞출 것이다. 우리는 몸에 있는 에너지 센터, 즉 차크라*를 통해 경험의 각 차원들에 에너지적으로 연결되어 있다. 그 위치는 아래 설명과 같다. 차크라는 수많은 수행 전통에서 중요한 것으로 여겨지며, 꿈 요가에서도 중요한 역할을 한다.

세계	주요 감정	차크라
천신(데바Deva)	덧없는 즐거움으로 인한 산란	정수리
반신(아수라Asura)	시기	목
인간	질투	가슴
축생	무지	배꼽
아귀(프레타Preta)	탐욕	성기
지옥	증오	발바닥

★ chakra: 차크라는 '바퀴', '원'을 뜻하는 말이다. 차크라는 산스크리트 단어이며 신체의 에너지적 중심들을 가리킨다. 차크라는 수많은 에너지 통로(tsa)들이 만나는 곳에 위치해 있다. 각각의 차크라마다 그에 해당하는 명상법이 존재한다.

지옥계

분노는 지옥계의 씨앗이 되는 감정이다. 분노가 업의 흔적으로서 나타날 때, 이것은 혐오, 긴장, 분개, 비판, 논쟁, 폭력 등 다양한 표현으로 나타날 수 있다. 전쟁으로 인한 파괴의 대부분은 분노에 의한 것이며, 이 분노의 결과로 많은 사람들이 매일 죽어간다. 그러나 분노는 어떤 문제도 해결하지 못한다. 분노가 우리를 지배할 때 우리는 통제력과 자기인식을 잃게 된다. 우리가 증오, 폭력, 분노의 덫에 걸려 괴로움을 겪을 때, 우리는 지옥계에 참여하고 있는 것이다.

분노의 에너지적 중심은 발바닥에 있다. 분노에 대한 해독제는 한계 없는 자아(unconditioned self)에서 나오는 순수하고 조건 없는 사랑이다.

전통적으로, 지옥은 아홉 개의 뜨거운 지옥과 아홉 개의 차가운 지옥으로 구성되어 있다고 한다. 그곳에 사는 존재들은 헤아릴 수 없는 고통과 고문을 당해 죽게 되는데, 죽는 즉시 다시 살아나서 고통이 계속 반복된다.

아귀계

탐욕은 아귀(프레타)계의 씨앗이 되는 감정이다. 탐욕은 채워질 수 없는 것을 지나치게 원하는 감정에서 비롯된다. 탐욕을 만족시키려는 시도는 목이 마를 때 소금물을 마시는 것과 같다. 우리가 탐욕에 빠지면 내면보다는 외부로부터 만족을 얻으려 하는데, 우리가 벗어나고자 하는 공허함을 충분히 채울 만한 것은 거기서 절대 찾아지지 않는다. 우리가 진정 갈망하는 것은 바로 우리의 진정한 본성에 대한 앎이다.

탐욕은 성적 욕망과 관련되어 있다. 탐욕의 에너지적 중심은 성기 뒤편의 차크라이다. 다른 사람에게 필요한 것을 열린 마음으로 베푸는 관대함은 단단히 묶여 있던 탐욕의 매듭을 풀어준다.

아귀는 전통적으로 늘 허기진 큰 배, 아주 작은 입과 목구멍을 지닌 존재로 묘사된다. 어떤 아귀들은 수백 년 동안 물의 흔적조차 찾을 수 없는 메마른 땅에 살고 있다. 또, 어떤 아귀들은 주변에서 음식과 음료를 구할 수 있지만, 그 조그만 입으로 무언가를 조금이라도 먹게 되면 그것이 그들의 뱃속에서 불타올라 엄청난 고통을 느끼게 된다. 아귀계에는 많은 종류의 고통이 있지만 이 모든 것은 인색함과 옹졸함에서 나온 결과다.

축생계

무지는 축생계의 씨앗이다. 무지는 길을 잃은 기분, 우둔함, 불확실함, 또는 미망으로 경험된다. 많은 사람들이 이러한 무지에 기반하여 어둠과 슬픔을 경험한다. 그들은 어떤 욕구를 느끼지만 자신이 무엇을 원하는지, 자신을 만족시키려면 무엇을 해야 하는지 알지 못한다. 서양에서는 끊임없이 바쁜 사람이 행복한 사람이라고 여겨질 때가 종종 있는데, 우리의 진정한 본성을 알지 못한다면 그 분주함 속에서 무지에 빠질 수 있다.

무지와 관련된 차크라는 배꼽 높이의 몸 중앙에 위치해 있다. 지혜는 우리가 내면으로 시선을 돌려 우리의 진정한 본성을 알게 되었을 때 찾아지는데, 이것이 무지에 대한 해독제가 된다.

축생계의 존재들은 무지의 어둠에 의해 지배된다. 동물은 다른 동물들과 인간들의 끊임없는 위협 때문에 공포를 느끼며 살아간다. 대형 동물들조차 그들의 피부를 파고 들어가 사는 곤충들 때문에 고통을 받는다. 사육된 동물들은 젖을 빼앗기고 무거운 짐을 실어 날라야 하며, 거세와 코뚜레를 당해 도망갈 수도 없이 인간들에게 지배당한다. 동물도 고통과 즐거움을 느끼지만, 그들은 무지에 지배당했다. 이 무지는 인간들에게 지배받고 있는 스스로의 상황을 알지 못하게 하여 자신의 진정한 본성을 찾을 수 없게 만든다.

인간계

질투는 인간계의 근본 감정이다. 질투에 사로잡히면 생각, 소유, 관계 등 자신이 가진 것을 끌어모아 그것에 매달리게 된다. 행복의 원천이 우리 외부에 있다는 생각은 욕망의 대상에 대한 더 큰 집착을 낳는다.

질투는 가슴 중심과 관련되어 있다. 질투에 대한 해독제는 가슴이 크게 열리는 것인데, 이 열림은 우리가 우리의 진정한 본성과 연결되었을 때 일어난다.

인간계에서 살아가는 우리는 인간계의 고통을 쉽게 관찰할 수 있다. 우리는 생로병사를 경험하며 끊임없는 변화로 인한 상실에 시달린다. 욕망하던 대상을 얻으면 우리는 그것을 유지하기 위해 애써야 하지만, 결국 그것을 잃게 된다는 것은 자명한 사실이다. 우리는 남의 행복을 축하해주기보다는 종종 시기와 질투에 사로잡힌다. 가르침을 듣고 수행할 기회가 있으므로 인간으로 태어나는 것이 가장 큰 행운으로 여겨지긴 하나, 우리 중 아주 극소수만이 이러한 큰 기회를 활용해 깨달음에 이르는 길을 발견한다.

반신계

교만은 반신(아수라)들이 겪는 고통의 주요 원인이다. 교만은 성취와 연결된 느낌이며 종종 권력 다툼으로 이어진다. 전쟁의 원인 중 하나는 자신이 다른 사람들의 문제에 대한 해결책을 알고 있다는 생각에서 비롯된 개인과 국가의 교만이다. 우리가 다른 사람들보다 더 나은 특별한 능력이나 특성이 있다고 믿으면서 부정적인 자기중심주의에 빠져 스스로를 타인보다 우위에 두면, 이러한 교만의 숨겨진 측면이 나타난다.

교만은 목 차크라와 관련되어 있다. 교만은 종종 굉장히 분노한 행동으로 표출되기도 한다. 교만에 대한 해독제는 우리가 우리의 진정한 본성 속에 머물러 있을 때 생기는 큰 평화와 겸손이다.

반신들은 풍요와 즐거움을 누리지만, 시기하고 분노하는 경향을 지니고 있다. 그들은 계속해서 다른 이와 싸우는데, 그들의 가장 큰 고통은 자신들보다 더 큰 풍요를 누리는 천신들에게 전쟁을 선포할 때 나타난다. 천신들은 반신들보다 훨씬 강하며 죽이기도 매우 힘들다. 언제나 전쟁에서 승리하는 것은 천신들이므로. 반신들은 자신들의 떨어진 권위로 인해 자존심에 금이 가고 질투를 느낀다. 이들은 이러한 정서적 충격에 빠져 고통스러워하는데, 결과적으로 이 고통은 그들이 끝없이 헛된 전쟁을 하게끔 몰아간다.

천신계

덧없는 즐거움으로 인한 산란은 천신계의 씨앗이다. 천신계에서는 앞서 말했던 다섯 가지 부정적인 감정이 마치 다섯 음으로 이루어진 합창곡처럼 동등하게 균형을 이루며 나타난다. 천신들은 나태한 만족과 자기중심적인 즐거움의 감각에 취해 그것에 빠지게 된다. 그들은 영겁의 시간 동안 살면서 굉장한 풍요와 안락을 누린다. 모든 필요와 욕구가 충족된 것처럼 보인다. 그러나 이러한 조건에 놓인 개인 및 사회의 경우와 마찬가지로, 천신들도 즐거움과 그것의 추구에 빠지게 된다. 그들은 자신들의 경험보다 못한 현실은 감지할 수 없다. 무의미한 오락거리와 즐거움에 빠진 그들은 산란해졌고 이내 해탈의 길에서 등을 돌린다.

그러나 천신계에 존재할 수 있었던 업의 원인이 고갈됨으로써 결국 상황은 변한다. 마침내 죽음을 맞이할 순간이 오면 천신은 친구들과 동료들에게 버림받는다. 그 자신도 언젠가는 반드시 죽는다는 사실을 마주하고 싶지 않기 때문이다. 완벽했던 신체는 점점 악화된다. 행복한 시간은 끝이 났다. 신성한 두 눈을 통해, 천신은 자신이 환생하게 될 고통스러운 세계의 조건들을 보게 될 뿐만 아니라 그 생이 곧 다가온다는 사실 때문에 죽기 전부터 괴로워한다.

천신계는 정수리의 크라운^{crown} 차크라와 관련이 있다. 천신들의 이기적인 기쁨에 대한 해독제는 모두를 아우르는 자비심이다. 이것은 자아와 세상의 바탕이 되는 진실을 자각함으로써 자연스럽게 생겨난다.

왜 '부정적인' 감정인가?

서양의 많은 사람들은 부정적이라고 생각하는 감정을 만나면 불편해하지만, 감정 그 자체는 부정적인 것이 아니다. 애착, 분노, 교만, 질투 등을 포함한 모든 감정은 생존에 도움이 되며 인간의 경험 폭을 다채롭게 채우는 데 필요한 것이다. 우리는 감정 없이는 다채로운 삶을 살 수 없다.

그러나 우리가 그 감정들에 빠져 우리 자신의 더 깊은 면과 접촉할 수 없다면 그것은 부정적이라고 할 수 있다. 우리가 집착이나 혐오로 어떤 감정에 대해 반응하면 우리의 의식과 정체성이 편협해져 고통을 받기 때문이다. 이는 미래의 부정적 업의 씨앗을 뿌리는 것과 같다. 이로 인해 우리는 현생 또는 후생에 고통받는 세계에 갇히는데, 그렇게 되면 영적 수행을 하기 어려울 수도 있다. 이러한 결과는 더 확장된 정체성, 특히 모든 인위적이고 편협한 정체성에서의 해방에 비하면 부정적인 것이다. 이것이 바로 여섯 세계들을 그저 감정으로서가 아닌, 의식의 여섯 차원 및 경험으로서 생각해야 하는 중요한 이유다.

감정에는 문화적인 차이가 존재한다. 예를 들어, 두려움과 슬픔은 가르침에서 자주 언급되지 않지만 대부분의 윤회는 이 두 가지 모두에 물들어 있다. 자기혐오는 그것을 표현할 단어가 없는 티베트인들에게는 생소한 개념이다. 내가 핀란드에 갔을 때, 많은 사람들이 내게 우울증에 관한 얘기를 했다. 이것은 내가 그 당시 막 다녀왔던 이탈리아와는 아주 대조적이었다. 그곳의 사람들은 우울증에 대해 거의 이야기하지 않는 것처럼 보였기 때문이다. 기후, 종교, 전통 및 영적 신념 체계는 우리를 조건화하며 우리의 경험에 영향을 미친다. 그러나 우리가 갇혀 있는 것들, 즉 집착과 혐오, 투사, 우리가 투사한 것과의 이원적인 상호작용 같은 것들 기저에 깔려 있는 메커니즘은 어느 지역에서나 같다. 이것이 바로 감정적인 경험에서의 부정적인 것들이다.

만일 우리가 진정으로 현실의 본성이 공한 것임을 이해하고 경험한다면, 더 이상 집착도 없을 것이고 다른 감정보다 더 중요한 감정 유형도 존재하지 않을 것이다. 그러나 현상의 진정한 본성에 대한 무지는 우리 마음이 투사한 것들이 실제라고 여기게끔 하며, 우리가 그것에 집착하게 만든다. 우리는 환상과 이원적인 관계를 맺고 있으며 이 관계 속에서 분노나 탐욕, 아니면 다른 감정적 반응을 느낀다. 절대적 현실 속에는 분노의 대상이 되는 분리된 독립체 혹은 어떤 감정에 대한 대상이 존재하지 않는다. 거기에는 분노할 어떤 이유도 존재하지 않는다. 우리는 이야기를 창조해내고, 투사하며 그와 동시에 분노한다.

서양에서는 종종 감정에 대한 이해가 심리학에서 다루어지는데, 이는 윤회하는 사람들의 삶의 질을 개선하기 위한 것이다. 여기에는 문제될 게 없다. 하지만 티베트 체계에는 다른 목표가 있으며, 감정을 이해하여 잘못되고 편협한 관점으로부터 자유를 얻으려는 취지가 더 강하다. 이러한 잘못되고 편협한 관점은 우리의 감정적 애착 때문에 유지된다. 다시 말하지만, 감정은 그 자체로 부정적인 것이 아니라 우리가 그것에 매달리거나 피하려고 할수록 부정적인 것이 된다.

에너지 바디

꿈과 생시를 포함한 모든 경험은 에너지에 기초한 것이다. 이 생명 에너지는 티베트에서 룽*이라고 불리는데, 서양에서는 이것의 산스크리트어 이름인 프라나prana로 더 잘 알려져 있다. 어떤 경험이든 그것의 근본적인 구조는 다양한 환경과 원인의 엄밀한 조합으로 이루어져 있다. 경험이 왜, 그리고 어떻게 일어나는 것인지 알 수 있다면, 또 그것의 정신적, 육체적, 에너지적 역학을 이해한다면 우리는 이러한 경험들을 계속 반복할 수도, 바꿀 수도 있다. 다시 말해, 영적 수행을 돕는 경험을 만들어낼 수도 있고 해로운 경

★ lung: 룽은 생명력을 가진 바람 에너지를 말한다. 룽은 포괄적인 의미를 지니고 있는데, 이 책에서는 몸과 의식이 의존하고 있는 활력, 즉 생명 에너지를 의미한다.

험을 피할 수도 있다는 말이다.

채널과 프라나

일상생활에서 우리는 별생각 없이 다양한 신체적 자세를 취한다. 친구와 편안하게 얘기를 하고 싶을 때 우리는 편안한 의자나 소파가 있는 방으로 간다. 이렇게 하면 차분하고 이완된 경험이 강화되고 수월한 대화가 가능하다. 그러나 우리가 업무적인 회의를 해야 할 때는 좀더 불편하지만 자세를 바르게 잡아주는 의자가 있는 곳으로 간다. 이렇게 하면 업무적 발상에 도움이 된다. 조용히 쉬고 싶을 때, 우리는 테라스로 가서 편한 의자에 앉아 풍경과 바람을 즐긴다. 피곤할 때는 침실로 가서 완전히 다른 자세로 잠을 청한다.

이와 마찬가지로, 우리는 명상에도 다양한 자세가 있음을 추정해볼 수 있다. 이러한 자세들은 몸속 에너지의 도관 역할을 하는 채널**을 조절하여 에너지적 중심점인 차크라를 열어주고 프라나의 흐름을 바꾼다. 이렇게 하는 것은 다른 종류의 경험을 불러온다. 이것이 요가 움직임의 기초라고 할 수 있다. 우리 몸의 에너지를 의식적으로 운용하면 우리가 마음에만 의지할 때보다 더 쉽고 빠른 명상 수행의 발전이 이루어진다. 또, 이를 통해 수행 중 마주치는 장애물들도 극복할 수 있다. 프라나에 대한 앎과 그것이 몸속에서

** channel: 채널은 티베트어로 짜tsa라고 하며 몸에 있는 에너지가 순환하는 '맥'이다. 이것을 따라 생명을 유지하고 그것에 활기를 주는 미묘한 에너지(subtle energy)가 흐른다. 채널은 그 자체로 에너지적인 것이며 물리적 차원에서는 찾아지지 않는다. 그러나 수행이나 타고난 예민함을 통해 경험적으로 채널을 인식할 수 있다.

어떻게 움직이는지에 대한 앎을 활용하지 않으면 마음은 그 자신의 작용 속에서 진창에 빠진다.

채널, 프라나, 차크라는 삶, 그리고 죽음에도 관련이 있다. 죽음 이후 중음 상태에서 일어나는 대부분의 신비한 경험은 에너지 센터들의 열림과 닫힘에서 비롯된다. 임사체험 현상을 보고하는 많은 책에는 사람들이 죽음의 과정을 시작할 때 경험하는 다양한 빛과 환영에 대한 묘사가 나온다. 티베트 전통에 따르면 이러한 현상은 프라나의 움직임과도 관련되어 있다. 각 채널은 오대 원소와 연계되어 있다. 사망하는 과정에서 각각의 원소가 용해되고 그와 연계된 채널이 약화되는 동안, 거기서 풀려난 에너지가 우리에게 빛과 색의 경험으로 나타난다. 가르침에서는 어떤 색의 빛이 몸 어디에 있는 어떤 채널의 용해와 관계되어 있는지, 그리고 그것이 어떤 감정과 연계되어 있는지를 굉장히 자세하게 알려준다.

사람들이 죽을 때 빛이 나타나는 양상은 상당히 다양한데, 이는 인간의 의식이 부정적 감정의 측면과 긍정적 지혜의 측면 모두를 지니고 있기 때문이다. 보통 사람들은 죽는 순간 어떤 감정을 경험하는데, 그때 느껴지는 지배적인 감정이 빛과 색이 어떻게 나타날지를 결정한다. 처음에는 하나의 색이 주가 되는 빛을 경험하지만 몇 가지 색이 주가 되거나 많은 색이 조합된 빛을 경험할 수도 있다. 이 빛은 꿈에서와 마찬가지로 점차 다른 이미지, 즉 집이나 성, 만다라, 사람들, 신 등 다양한 모습들을 형성하기 시작한다. 우리가 죽음을 맞이할 때, 삶의 대상들을 이해했던 방식으로 이러한 환영들을 이해할 수도 있다. 이런 경우에는 다음 생으로 향하는 동안 환영에 대한 우리의 반응이 우리를 지배한다. 아니면 우리는 이러한 환영들을 명상적인 경험으로 이해할 수도 있다. 이렇게 되면 우리는 해방의 기회를 얻을 수도 있고, 적어도 다음 생에 긍정적인 쪽으로 의식적인 영향을 미치는 것이 가능해진다.

채널

몸에는 여러 다른 종류의 채널들이 있다. 우리는 혈관, 림프 순환, 신경망 등에 관한 해부학 연구를 통해 방대한 채널들이 존재한다는 것을 알고 있다. 또한 침술에서 쓰이는 채널도 있는데, 이는 프라나를 운반하는 더 본질적인 도관이다. 꿈 요가는 훨씬 더 미묘한 정신적 에너지와 관련이 있는데, 이것이 지혜와 부정적 감정의 기저를 이룬다. 아주 미묘한 이 에너지를 운반하는 채널은 물리적 차원에는 존재할 수 없다. 그러나 우리는 이것을 인지할 수 있다.

우리에게는 세 가지 뿌리 채널(root channel)이 있다. 여섯 개의 주요 차크라가 이것의 위쪽과 안쪽에 위치해 있다. 그리고 이 여섯 차크라로부터 360개의 작은 채널들이 몸 전체에 퍼져 있다. 세 개의 뿌리 채널은 여성의 경우 신체 오른쪽에 빨간색, 왼쪽에 흰색, 중앙에 파란색 채널로 자리하고 있다. 남성의 경우 오른쪽이 흰색, 왼쪽이 빨간색 채널이다. 세 개의 뿌리 채널은 배꼽 아래 10센티미터 지점에서 서로 연결된다. 척추 앞쪽에 좌우로 위치한 양 채널은 연필 굵기이며, 위로 올라가다가 뇌를 지나 정수리 부근 두개골 아래에서 휘어 내려와 콧구멍으로 연결된다. 중앙의 채널은 척추 앞쪽, 좌우 채널 사이에서 지팡이 굵기로 곧게 올라가는데, 심장 부근부터 약간 더 굵어지며 정수리에서 끝이 난다.

채널들

흰색 채널(남자는 오른쪽, 여자는 왼쪽)은 부정적인 감정 에너지가 움직이는 통로다. 때로는 이 채널을 메소드method 채널(방편의 채널)이라고 한다. 빨간색 채널(남자는 왼쪽, 여자는 오른쪽)은 긍정적인 에너지혹은 지혜 에너지의 통로다. 따라서 꿈 수행에서는 남자는 오른쪽으로, 여자는 왼쪽으로 눕게 한다. 이렇게 하면 흰색 채널에 압력이가해져 약간 닫히는 반면, 지혜의 통로인 빨간색 채널은 열리기 때문이다. 이에 따라 우리는 더 긍정적인 감정 경험과 명확성을 수반하는, 향상된 꿈 경험을 할 수 있다.

파란색 중앙 채널은 비이원적인 채널이다. 이 중앙 채널에서는 원초적인 의식의 에너지(릭빠)가 움직인다. 꿈 수행은 궁극적으로 의식과 프라나를 부정적, 긍정적 경험을 넘어선 중앙 채널로 가져온다. 이렇게 되면 수행자는 이원적으로 보이는 모든 것이 하나

64

임을 깨닫는다. 지복이나 공, 혹은 명확함이나 릭빠의 위대한 경험, 신비한 경험을 체험할 때 그것은 대개 중앙 채널에 기초한 에너지적 경험이다.

프라나

꿈을 꾸는 것은 하나의 역동적인 과정이다. 고정된 이미지 필름과는 달리, 우리는 비유를 사용하며 꿈의 이미지들은 유동적이다. 움직이고, 말하고, 소리가 진동하고, 감각적으로 생생하다. 꿈의 내용은 마음에 의해 형성되지만 꿈의 생기와 활력의 기초는 프라나이다. 프라나의 티베트어 표현인 룽은 글자 그대로 번역하면 '바람'이지만, 더 정확하게 말하자면 '생명을 유지하는 바람의 힘'(vital wind force)이 맞다.

프라나는 모든 경험과 생명의 근본적인 에너지이다. 동양에서는 사람들이 요가 자세와 다양한 호흡 훈련을 한다. 몸과 마음의 균형을 위해 생명을 유지하는 바람의 힘을 정제하고 강화하는 것이다. 일부 고대 티베트 밀교의 가르침은 두 가지 종류의 프라나, 즉 업의 프라나와 지혜의 프라나에 대해 설명한다.

업의 프라나

업의 프라나는 모든 긍정적, 부정적, 중립적 행동의 결과로 생겨나는 업의 흔적의 기초가 되는 에너지다. 업의 흔적이 적절한 이차적 원인에 의해 활성화되면, 업의 프라나는 그것들에 동력을 공급하고 몸, 마음, 꿈에 영향을 미칠 수 있도록 한다. 업의 프라나는 양측 채널의 부정적, 긍정적 에너지 모두의 활력이 된다.

마음이 불안정하고 산란하며 집중되어 있지 않으면 업의 프라나가 움직인다. 예를 들어 어떤 감정이 일어났을 때, 그것을 마음이 제어하지 못하면 업의 프라나가 마음을 끌고 가버린다. 우리의 주의는 여기에서 저기로 옮겨 다니고, 혐오와 욕망에 밀고 당겨진다.

정신적 안정을 강화하는 것은 강한 마음, 현존과 집중이 가능한 마음을 만들어주므로 영적 수행에 꼭 필요하다. 이렇게 되면 부정적인 감정의 힘이 생겨나도 업의 바람에 의해 산란 속으로 빠져들지 않는다. 꿈 요가에 따르면, 자각몽을 꾸는 능력을 계발한 사람은 반드시 현존 안에서 충분히 안정되어 있어야 한다. 이는 업의 프라나가 움직여 만들어진 꿈을 안정시키고 꿈에 대한 통제력을 진전시키기 위해서이다. 수행이 진전되기 전까지, 때로는 꿈꾸는 이가 꿈을 통제할 것이고, 때로는 꿈이 꿈꾸는 이를 통제할 것이다.

일부 서양 심리학자들은 꿈꾸는 이가 꿈을 통제해서는 안 된다고 믿지만, 티베트의 가르침에 따르면 이는 잘못된 견해이다. 꿈을 자각하고 인식하면서 꿈을 통제하는 자가 그저 꿈꾸어지는 자보다 낫다. 이는 생각에 대해서도 마찬가지이다. 생각하는 자가 생각을 통제하는 것은 생각이 생각하는 자를 통제하는 것보다 낫다.

세 가지 업의 프라나

일부 티베트 요가의 가르침에서는 업의 프라나를 세 종류로 구분한다. 부드러운 프라나, 거친 프라나, 중성적 프라나가 바로 그 것이다. 부드러운 프라나는 고결한 지혜의 프라나를 의미하며 빨간색 지혜의 채널을 통해 움직인다. 거친 프라나는 부정적인 감정의 프라나를 의미하며 흰색 채널을 통해 움직인다. 이러한 분류에 따르면, 고결한 지혜의 프라나와 감정적 프라나 두 가지 모두 업의 프라나에 속한다.

중성적 프라나는 그 이름에서도 알 수 있듯이 긍정적인 것도, 부정적인 것도 아니다. 그러나 이것은 여전히 업의 프라나이며 몸에 고르게 퍼져 있다. 중성적 프라나의 경험은 수행자를 원초적 프라나의 경험으로 이끈다. 이러한 원초적 프라나는 업의 프라나가 아니라 중앙 채널에 있는 비이원적인 릭빠 에너지이다.

지혜의 프라나

예룽ye lung, 즉 지혜의 프라나는 업의 프라나가 아니다. 이를 위에서 언급한 고결한 지혜의 프라나와 혼동하면 안 된다.

반응이 일어나기 전, 어떤 경험의 첫 순간에는 순수한 알아차림만이 있다. 이러한 순수한 경험과 관련된 프라나는 원초적 지혜의 프라나이며 경험에 앞서 있는, 집착과 혐오로부터의 자유의 근본이 되는 에너지다. 이 순수한 경험은 흔적을 남기지 않으며 어떤 꿈도 일으키지 않는다. 지혜의 프라나는 중앙 채널로 움직이는데,

이것이 릭빠의 에너지다. 이 순간은 매우 짧아서, 보통 우리가 알아차릴 수 없을 만한 찰나의 순수한 경험이다. 우리가 우리의 경험이라고 여기는 것은 이 순간 직후에 일어난 우리의 집착과 혐오 반응이다.

프라나의 활동

티베트인 스승, 롱첸빠Long-chen-pa는 자신의 저서에서 프라나의 움직임이 하루에 21,600번 일어난다고 설명했다. 이것을 곧이곧대로 받아들이든 아니든, 이 말은 매일매일의 삶 속에서 프라나와 생각의 활동이 엄청나게 일어나고 있다는 것을 나타낸다.

프라나의 균형

프라나의 균형을 잡을 수 있는 간단한 수행이 하나 있다. 남자는 왼손 약지를 사용하여 왼쪽 콧구멍을 닫고 오른쪽 콧구멍으로 숨을 강하게 내뿜어야 한다. 모든 스트레스와 부정적인 감정들이 날숨과 함께 흘러나간다고 상상하라. 그런 다음 오른손 약지로 오른쪽 콧구멍을 닫고 왼쪽 콧구멍을 통해 깊고 부드럽게 숨을 들이쉰다. 숨을 들이쉰 후에는 짧은 시간 동안 들이쉰 숨을 유지하면서 모든 공기와 프라나가 몸 전체 퍼지도록 놔두라. 그런 다음 부드럽게 숨을 내쉬고 평온한 상태에 머무른다.

여자는 남자와 반대로 한다. 먼저 오른손 약지로 오른쪽 콧구멍을 막고 왼쪽 콧구멍으로 숨을 강하게 내뿜어 폐를 비운다. 그다음 왼손 약지로 왼쪽 콧구멍을 막고 오른쪽 콧구멍으로 부드럽고 깊게 숨을 들이쉰다. 평온한 지혜의 프라나를 들이쉬는 것이다. 당신의 몸에 퍼진 평온과 함께 머무르라. 그리고 부드럽게 날숨을 내쉬면서 평온한 상태에 거하라.

이것을 반복하면 에너지가 균형 잡힌다. 흰색 채널을 통해 거친 감정적 프라나를 내뿜고 빨간색 채널을 통해 더없이 행복한 지혜의 프라나를 들이쉬는 것이다. 중성적 프라나가 몸 전체에 퍼지게 하라. 평온함에 머무르라.

프라나와 마음

모든 꿈은 여섯 세계 중 하나, 또는 여럿과 관련이 있다. 마음과 세계 사이의 에너지적 연결은 특정한 신체 부위에서 만들어진다. 어떻게 이럴 수 있는 걸까? 우리는 의식이 모양, 색, 시간, 또는 촉각을 넘어선 것이라고 말하지만 어떻게 마음이 장소에 연결될 수 있는 걸까? 근원적 마음은 어떤 차이도 초월해 있는 것이지만, 의식에서 생겨난 특성은 경험이라는 현상에 영향을 받는다.

우리는 이 질문에 대한 답을 자기 자신에게서 찾을 수 있다. 평화로운 곳, 감미로운 노래와 향내로 가득 찬 아름다운 사원, 작은 폭포가 있는 동굴에 가보라. 이런 장소에 가보면 지복의 느낌을 받을 수 있을 것이다. 물리적 환경은 의식 상태에 영향을 주므로 경험의 질 또한 달라진다. 부정적인 영향력도 마찬가지다. 잔혹한 일이 행해졌던 곳에 방문하면 마음이 불편해진다. 우리는 이런 장소에

'나쁜 에너지'가 있다고 말한다.

　　이것은 내적으로도, 즉 우리의 몸에도 적용된다. 우리가 마음을 차크라에 둔다는 말을 할 때, 예를 들어 가슴 차크라에 마음을 둔다고 한다면 이것이 무슨 뜻이겠는가? 마음을 어딘가에 둔다는 말은 무슨 뜻인가? 마음은 작은 영역에 가둬두거나 감각에 국한할 수 있는 무언가가 아니다. 마음을 어딘가에 '둔다'는 것은 그곳에 주의를 기울인다는 뜻이다. 즉, 마음속에 이미지를 만들거나 어떤 감각 대상에 주의를 집중시키는 것이다. 우리가 어떤 것에 집중할 때 그 집중의 대상은 의식의 질에 영향을 미치고, 우리 몸은 이와 연관된 변화를 경험하게 된다.

　　이 원리는 정신적인 이미지를 사용하는 치유수행의 기초가 된다. 시각화는 우리 몸에 변화를 일으킨다. 서양의 연구는 이 사실을 증명하고 있으며 서양 의학에서는 암과 같은 심각한 질병에도 시각화의 힘을 사용한다. 뵌 전통의 치유에서는 종종 물, 불, 바람 같은 원소의 시각화를 사용한다. 뵌교 신자 대부분은 병의 증상만 다루는 것보다는 마음의 근본적인 조건화, 부정적인 감정, 업의 흔적을 정화하려고 노력한다. 이것들이 병에 더 잘 걸리게 만든다고 믿기 때문이다.

　　예를 들어, 우리는 질병에 대응하는 강렬한 불을 시각화해볼 수 있다. 빨간 삼각형 모양을 시각화하고, 화산에서 올라오는 열기만큼 강력한 열이 마치 화염의 파도처럼 우리 몸속을 움직여 다니는 것을 상상으로 경험해보라. 더 많은 열을 발생시키기 위해 특정한 호흡법을 행할 수도 있다. 이런 식으로 우리는 마음과 마음의 이미지들을 이용해 신체, 감정, 에너지에 영향을 준다. 외부 세계에 별다른 변화가 없더라도 결과는 분명하다. 서양 의학이 암세포를 태우기 위해 방사선 요법을 사용하는 것과 마찬가지로, 우리는 업의 흔적을 태우기 위해 내적인 불을 사용했다. 이 수행이 효과적이려면 의도가 분명해야 한다. 이것은 단순한 기계적 과정이 아니라 카르마, 마음, 프라나에 대한 이해를 치유를 돕는 데 쓰는 것이기 때문이다. 이 수행의 장점은 드러난 증상을 해결하기보다는 질병의 원인을 해결한다는 점과 부작용이 없다는 점이다. 물론 가능한 경우 서양 의학을 이용하는 것도 좋다. 우리 자신을 특정 시스템에 제한시키는 것보다는, 우리에게 이로운 것이라면 무엇이든 활용하는 편이 더 바람직할 것이다.

차크라

꿈 수행에서 우리는 신체의 다른 영역, 즉 목, 이마, 가슴 차크라와 생식기 뒤의 '비밀 차크라'에 주의를 집중한다. 차크라는 에너지의 바퀴이자 연결부이다. 에너지 채널들은 신체 특정 부위에서 만나게 되는데, 이러한 채널들의 합류점이 에너지적 패턴을 형성한 것이 바로 차크라이다. 주요 차크라들은 많은 채널들이 합쳐지는 곳에 위치한다.

차크라는 특정한 색과 꽃잎 수를 가진, 열리고 닫히는 연꽃 그림들로 그려지곤 하는데 사실 차크라는 이와 다른 것이다. 이러한 이미지들은 지도와 같아서, 차크라 위치에 존재하는 에너지의 패턴에 주의를 집중하도록 도와주는 상징일 뿐이다. 차크라는 수행에 의해, 그리고 여러 수행자들의 깨달음에 의해 발견되었다. 이 수행자들이 차크라에 대한 경험을 발전시킨 초기에는 같은 경험을 하지 못한 사람들에게 그들이 발견한 것을 설명할 수 있는 언어가 없었다. 그래서 다른 사람들이 이해할 수 있는 시각적 은유로서의 이미지가 만들어진 것이다. 예를 들어, 연꽃의 다양한 이미지는 차크라 주변의 에너지가 꽃의 개폐작용처럼 팽창 및 수축한다는 것을 시사한다. 그리고 각 차크라는 다른 차크라와는 다르게 느껴지는데, 이 차이는 다른 색깔로 표현되었다. 또, 각기 다른 차크라에서 집결하는 에너지의 경험, 그리고 그 에너지가 복합되는 경험은 꽃잎 수의 차이로 표현되었다. 이러한 시각적 은유는 신체 내 에너지 센터의 경험을 설명하는 데 사용하는 언어가 되었다. 초보 수행자가 올바른 수의 꽃잎과 색을 몸의 올바른 지점에서 심상화하면 마음의 힘은 이 특정 에너지적 지점에 영향을 주고, 마음 역시 그 에너지적 지점에 의해 영향을 받게 된다. 우리는 이것을 마음과 프라나가 차크라에서 통합되었다고 말한다.

눈먼 말과 절름발이 기수

　　일반적으로 밤에 잠이 들면 우리의 감각은 일어나고 있는 일에 대해 거의 알아차리지 못한다. 그저 피곤하니 눈을 감고 강물에 휩쓸려가듯 잠에 빠져들 뿐이다. 우리는 잠과 관련하여 뇌의 혈류

량이나 호르몬 같은 것들을 생각해보기도 한다. 그러나 잠에 빠져드는 실제 과정은 미스터리한 미개척지로 남아 있다.

　티베트 전통에서는 마음과 프라나에 대한 은유를 사용하여 잠드는 과정을 설명한다. 종종 프라나는 눈먼 말에 비유되고, 마음은 걷지 못하는 사람에 비유된다. 이들이 서로 떨어져 있을 때는 무기력하지만 함께할 때는 기능적인 한 쌍이 된다. 눈먼 말과 기수가 함께일 때 그들은 달리기 시작하는데, 일반적으로 그들이 어디로 갈지에 대해서는 거의 통제가 되지 않는다. 우리는 이를 우리 자신의 경험을 통해 알고 있다. 우리는 차크라에 주의를 기울임으로써 마음을 차크라에 '둘' 수는 있다. 그러나 마음을 어느 한 곳에 가만히 유지하기란 쉽지 않은 일이다. 마음은 항상 움직이고, 우리의 관심은 이곳저곳으로 옮겨 가기 때문이다. 보통의 경우 윤회하는 존재의 말과 기수는 의식의 여섯 세계 중 하나, 즉 여섯 개의 부정적 감정 상태로 무턱대고 곧장 달린다.

　예를 들어보자. 우리가 잠에 빠져들 때는 감각 세계에 대한 인식이 상실된다. 그리고 마음은 업의 프라나인 눈먼 말 위에 올라타 의식의 특정 차원에 의해 영향을 받은 특정 차크라에 말의 이목이 쏠릴 때까지 이곳저곳으로 끌려다닌다. 당신이 파트너와 언쟁을 했다고 해보자. 이 상황(이차적 조건)은 가슴 차크라와 관련된 업의 흔적을 활성화시킨다. 그러면 당신의 마음은 가슴 차크라로 끌려간다. 이후, 마음과 프라나의 활동은 꿈의 특정한 이미지와 이야기로서 나타난다.

마음은 하나의 차크라나 어떤 다른 곳을 향해 무작위로 끌려가는 것이 아니다. 마음은 우리의 관심과 치유가 필요한 신체 지점이나 삶의 상황으로 이끌려간다. 위의 예시에서, 가슴 차크라는 도움을 청하기 위해 울부짖고 있다. 불안감을 주는 업의 흔적은 꿈으로 표출되면서 치유될 것이고, 그럼으로써 소멸될 것이다. 그러나 이러한 표출은 꿈꾸는 자가 중심을 잘 잡고 의식적으로 알아차리는 동안 일어나야 한다. 그렇지 않으면 그것에 대해 습관적인 업의 경향성으로 반응할 것이며, 더 많은 업의 씨앗들이 생겨날 것이다.

이것은 컴퓨터로 비유해볼 수 있다. 차크라는 다양한 파일과 같다. '프라나와 마음' 디렉토리를 클릭하고 가슴 차크라 파일을 연다. 파일 안에 들어 있는 정보, 즉 가슴 차크라와 관련된 업의 흔적들은 인식의 화면에 띄워진다. 꿈의 표출은 이와 같은 것이다.

어쩌면 꿈속 상황이 또 다른 감정을 자극하는 반응을 유발할수도 있다. 그러면 그 꿈은 다른 업의 흔적이 나타나도록 하는 이차적 원인이 된다. 이제 마음은 배꼽 중심으로 내려가 경험의 다른 세계에 들어간다. 따라서 꿈의 성격도 바뀐다. 당신은 이제 질투하지 않는 대신에, 간판이 없는 거리 혹은 매우 어두운 어딘가에 있다. 당신은 길을 잃었으므로 어딘가로 가보려고 하지만 길을 찾을 수가 없다. 당신은 무지와 가장 깊이 연관된 차원인 축생계에 있다.

기본적으로 이것이 꿈의 내용이 형성되는 방식이다. 프라나와 마음은 신체의 각 차크라들에 끌려다닌다. 이것은 관련된 업의 흔적과 여러 가지 차원의 경험에 영향을 받기 때문이다. 여기서 여러 가지 차원의 경험이란, 꿈의 내용과 성격이라는 형식으로 마음에 생겨나는 경험이다. 우리는 이러한 이해를 활용하여 우리의 꿈을 다르게 볼 수 있고, 감정 및 세계가 꿈과 연결되어 있음을 알 수 있다. 또 이것은 모든 꿈이 우리에게 영적 수행과 치유의 기회가 된다는 것을 깨닫도록 도움을 준다.

궁극적으로, 우리는 특정 차크라로 마음이 끌려다니는 것보다는 마음과 프라나를 중앙 채널에서 안정시키기를 바란다. 중앙 채널은 릭빠 경험의 에너지적 바탕이 되며, 우리가 꿈 요가에서 하는 수행들은 마음과 프라나를 중앙 채널로 데려온다. 이렇게 되면 우리는 명확한 인식과 강한 현존을 계속 유지할 수 있다. 중앙 채널에서 꿈을 꾸면 부정적인 감정의 강한 영향으로부터 벗어나 자유롭게 꿈을 꾸게 된다. 이는 앎과 명확성이 표현되는 꿈을 꿀 수 있는, 균형 잡힌 상태이다.

요약: 꿈은 어떻게 생겨나는가

깨달음에 앞서, 인간의 진정한 본성은 개념적인 마음을 만든 근원적인 무지에 의해 가려져 있다. 이원적인 시야에서, 개념적인 마음은 경험의 경계가 없던 통합을 개념적인 독립체로 나누고, 이러한 정신적 투사들을 마치 원래부터 분리된 존재 및 사물이었던 것처럼 이해한다. 근원의 이원론은 경험을 자신과 타인으로 구분한다. 그리고 이러한 자기규정으로부터 오직 경험의 한 측면, 즉 자신만을 겪게 되며 선호하는 것이 생긴다. 바로 여기서 신체적, 정신적 행동의 바탕이 되는 혐오와 욕망이 발생한다. 이러한 행동(카르마)들은 개인의 마음에 조건화된 경향성으로서 업의 흔적을 남긴다. 조건화된 경향성은 더 큰 집착과 혐오를 낳아 새로운 업의 흔적으로 이끌고, 이것이 계속 반복된다. 이것이 바로 저절로 계속 돌아가는 업의 사이클이다.

자는 동안, 마음은 감각 세계에서 멀어진다. 이때 업의 흔적은 그것이 나타나는 데 필요한 힘 또는 에너지인 업의 프라나, 즉 이차적 원인에 의해 자극을 받은 상태다. 말과 기수의 비유에서처럼, 마음은 업의 흔적이 활성화되는 신체의 에너지 센터로 가기 위해 업의 프라나에 '올라탄다'. 이렇게 하여 의식이 특정 차크라에 집중된다.

마음, 에너지, 의미, 의식의 조명은 관련된 세계의 속성 및 업의 흔적에 영향을 받아 상호작용한다. 업의 프라나는 마음이 색깔, 빛, 감정, 이미지 같은 특정한 업의 흔적들의 표현을 유의미한 이야기, 즉 꿈으로 엮어내는 동안 꿈에 생명력을 불어넣는 에너지이다. 이것이 바로 윤회하는 세상의 꿈을 만들어내는 과정이다.

마더 탄트라의 이미지들

위대한 완성(족첸)의 가르침에서 주요 주제는 언제나 우리가 우리의 진정한 본성을 알아차리고 있는가, 그리고 이 본성의 반영이 경험으로 나타난다는 것을 이해하고 있는가에 관한 것이다. 꿈은 우리 자신의 마음을 반영한다. 부처가 깨달음 후에 윤회하는 세계의 실체들과 대상들이 환상에 불과한 것임을 알았듯이, 꿈에서 깨어난 뒤에 이것을 알기는 쉽다. 잠들어 있는 동안 꿈의 본질이 환상에 불과한 것임을 알아차리는 연습을 하는 것과 같이, 우리는 깨어 있는 삶의 본질이 환상에 불과한 것임을 깨닫는 연습을 해야 한다. 꿈이 어떻게 생겨나는지에 대한 이해가 있으면 '환상에 불과한 것'과 '본질적 존재의 부재'가 무엇을 뜻하는지 이해하기 쉬워질 것이며 이와 더불어 가장 중요한, 우리의 경험에 이 이해를 적용하는 것이 쉬워질 것이다. 경험이 생겨나는 과정은 우리가 깨어 있을 때나 꿈을 꿀 때나 동일하다. 세상은 꿈이고 스승과 가르침도 꿈이며 우리가 한 수행의 결과 또한 꿈이다. 우리가 순수한 릭빠에 이르러 해탈할 때까지는 꿈 아닌 것이 없다. 이렇게 되기 전까지 우리는 꿈의 차원에서, 그리고 물리적 차원에서 계속해서 자기 자신과 자신의 삶을 꿈꾼다.

생각을 다루는 법을 알지 못하면 그 생각에 지배받는다. 생각을 다루는 법을 안다는 것은 그 생각이 알아차려져서 긍정적인 목적 및 고결한 행위에 쓰인다는 의미이며, 생각이 공의 본질로 해방되었다는 의미이기도 하다. 이것이 바로 영적 여정에서의 생각의 쓰임이다. 이와 같이 우리는 망상, 고통, 어떠한 경험 등 모든 것을 영적 여정에 활용할 수 있다. 그러나 이렇게 하기 위해서 우리는 먼저 모든 것이 공한 것이라는 정수를 이해해야만 한다. 이렇게 되면 삶의 모든 순간이 자유로워지며, 모든 경험이 영적 수행이 된다. 모든 소리는 만트라이며, 모든 형상은 순수한 공이고, 모든 고통은 가르침이다. 이렇게 삶 자체가 깨달음의 '길이 된다.'

마치 꿈처럼, 분노에는 객관적인 근거가 없으며 그것이 오직 마음의 반영일 뿐이라는 것을 깨닫는 즉시, 분노의 매듭은 느슨해지며 더 이상 분노에 속박되지 않게 된다. 뱀인 줄 알고 두려워했던 것이 실은 밧줄이었다는 사실을 깨달을 때, 그것의 형상이 지녔던 힘은 사라진다. 형상이 공함을 이해하는 것은 마음과 경험이 통합된 것임을 알아차리도록 훌륭하게 이끈다.

티베트어에는 룬둡 lhun drub이라는 말이 있는데, 이는 '스스로 완전하다'는 뜻으로 번역할 수 있다. 이 말은 무언가를 생산하는 생산자가 없다는 뜻이다. 모든 것은 있는 그대로이며, 이 모든 것은 공함과 명료함의 완벽한 표현인 근본 바탕에서 자연스럽게 생겨난다. 크리스털은 스스로 빛을 만들지 않는다. 크리스털의 자연적인 기능은 단순히 빛을 반사하는 것이다. 거울은 반사할 얼굴을 선택하지 않는다. 거울의 본질은 모든 것을 비춰주는 것이다. 우리가 평소의 자아감을 비롯한, 이 세상에서 발한 모든 것들이 그저 마음의 투사일 뿐임을 이해한다면 우리는 자유로워질 것이다. 이러한 이해가 없는 것은 마치 신기루를 실제라고 생각하는 것과 같고, 메아리를 우리 자신이 낸 소리가 아닌 것으로 생각하는 것과 같다. 분리의 감각은 강력한 것이다. 그리고 우리는 환상에 불과한 이원론에 갇히게 된다.

마더 탄트라는 뵌 전통에서 가장 중요한 경전 중 하나이다. 이 경전은 우리가 꿈과 깨어 있는 삶 둘 다 본질적으로 환상에 불과하다는 사실을 더 잘 이해할 수 있도록 예시, 직유, 은유를 담고 있다. 따라서 우리는 이것들을 깊이 숙고해볼 수 있을 것이다.

- 반사: 꿈은 우리 마음의 투영이다. 한 줄기의 햇볕이 하늘에 있는 태양의 빛으로부터 나오듯이 꿈도 우리 마음에서 나온다. 이 사실을 알지 못하면 사자가 물에 비친 자신의 모습을 보고 으르렁거리는 모습과 같이, 꿈을 마치 진짜인 것처럼 여기면서 그것에 사로잡히게 된다. 꿈에 나오는 하늘은 우리 마음이고, 산도 우리 마음이다. 꽃, 우리가 먹는 초콜릿, 다른 사람들 등 꿈속 모든 것은 우리의 마음을 우리 자신에게 투영해주고 있다.

- 번개: 밤하늘에 번개가 번쩍인다. 갑자기 빛을 받게 된 산봉우리들은 각각이 분리되어 있는 것처럼 보인다. 그러나 우리가 진정 경험하는 것은 우리 눈에 반영되어 돌아온, 하나의 번갯불일 뿐이다. 마찬가지로, 꿈속에서 분리되어 보이는 물체들도 사실은 우리 마음속에 있는 하나의 빛, 릭빠의 빛일 뿐이다.

- 무지개: 무지개처럼 꿈도 아름답고 매혹적일 수 있다. 그러나 이것들은 실체가 없다. 이것들은 빛의 드러남이자 관찰자의 관점에 의존하는 것들이다. 우리가 이것들을 쫓아가더라도 결코 닿을 수 없다. 거기에는 아무것도 없기 때문이다. 꿈은 무지개와 마찬가지로 환상이 발생하는 다양한 조건의 조합으로 이루어진 환영이다.
- 달: 꿈은 연못, 우물, 바다 등 다양한 물 위에 비친 달과 같다. 또는, 마을의 여러 창문에 비친 달이나 다양한 크리스털에 비친 달과 같다. 달은 여럿일 수 없다. 달은 오직 하나뿐이며, 마찬가지로 꿈속의 많은 대상들도 하나의 본질에서 비롯된다.
- 마법: 마법사는 돌 하나를 처음에는 코끼리로, 그다음에는 뱀으로, 그다음에는 호랑이로 보이게 할 수 있다. 그러나 이러한 대상들은 환상에 불과하며 꿈속의 대상들처럼 모두 마음의 빛으로 만들어지는 것들이다.
- 신기루: 이차적 원인으로 인해 사막, 불빛이 반짝이는 도시 또는 호수에서 신기루가 보일 수 있는데, 그것에 가까이 가보면 아무것도 없음을 알 수 있다. 마찬가지로 꿈의 이미지를 파헤쳐보면 그것이 신기루와 같이 실체가 없는 환영, 즉 빛의 장난인 것을 알 수 있다.
- 메아리: 메아리를 칠 수 있는 곳에서 큰 소리를 내면 그 소리가 우리에게 돌아온다. 조용한 소리는 조용한 소리로 돌

아오고 이상한 외침은 이상한 외침으로 돌아온다. 우리가 듣는 소리는 우리가 만들어낸 소리다. 마찬가지로, 꿈의 내용이 우리와 무관한 것처럼 보이지만 알고 보면 투사되었던 마음이 우리에게 되돌아오는 것일 뿐이다.

이 예들은 본질적 존재의 부재뿐 아니라 경험과 경험하는 사람이 하나임을 강조한다. 이것을 수트라에서는 '공'(emptiness), 탄트라에서는 '환영'(illusion), 족첸에서는 '단일 구'(single sphere)라고 부른다. 자아와 경험의 대상은 하나다. 우리의 내적 세계와 외적 세계는 단지 우리 자신이 드러난 표현이다. 사람들은 집단적인 업을 공유하기 때문에 같은 세상을 공유한다. 우리가 겪는 경험의 종류, 그리고 경험에 어떻게 반응하는지에 따라 경험이라는 현상을 어떻게 보게 되는지가 결정된다. 우리는 분리된 존재와 대상들이 각자 고유한 존재라는, 실체에 대한 우리의 시각을 믿는다. 무언가가 저기에 있다고 믿으면, 그것은 정말 거기 있는 것이다. 이러한 믿음은 우리에게 영향을 준다. 우리는 우리가 반응하는 세상을 스스로 만든다.

우리가 사라지면 다른 사람들이 사는 세상은 그대로 남아 있지만 우리 자신의 세상은 사라진다. 우리의 인식과 모든 것을 보는 방식이 우리와 함께 끝난다. 이원적 사고를 해소하면 본질적인 순수함이 저절로 드러난다. 우리 자신을 포함하여 이 세상에 고유한 존재란 없다는 것을 직접 알게 되면, 무엇을 경험하든 간에 그것은 우리에게 아무런 힘도 행사할 수 없다. 사자가 물에 비친 자신의 모습을 진짜라고 착각하면 깜짝 놀라 으르렁거린다. 그러나 반사된 것이 본질적으로 환영에 불과하다는 것을 이해하면 사자는 두려움으로 반응하지 않게 된다. 진정한 이해가 없으면 우리는 자기 마음의 투영을 실제로 착각하고 혐오 또는 집착으로 반응하여 업을 만들어낸다. 우리가 진정한 본성인 공을 알게 되면 우리는 자유로울 수 있다.

은유적 가르침

마더 탄트라는 일상적으로 반복되는 무지의 잠을 암실에 비유한다. 알아차림은 램프의 불꽃에 해당한다. 램프가 켜지면 어둠이 사라지고 실내가 밝아진다.

은유와 상징을 통한 교육은 언어로 영적 가르침을 전달하는 가장 강력한 방법이다. 하지만 이것들을 제대로 이해하는 데는 요령이 필요하다. 종종 학생들은 은유를 이해하는 데 어려움을 겪는다. 그래서 나는 은유와 상징적인 이미지를 다루는 가장 좋은 방법에 대해 덧붙이고자 한다.

가르침에서는 추상적이고 전문적으로 국한된 설명보다는 감각적인 경험을 불러오는 언어를 사용하는 것이 더 효율적이다. 물론 실제 경험은 어떤 언어로도 쉽게 전달할 수 없긴 하지만, 가르침에서 이미지는 이성적인 마음 이상의 것을 인식할 수 있게 도와준다. 이러한 은유들은 시 속의 심상과 같이 경험되어야 한다. 이것들은 숙고하고, 곰곰이 생각해보고, 실험해보고, 경험으로 통합되어야 한다.

예를 들어, 우리는 '불'이라는 말을 들을 때 거의 관심을 기울이지 않을 수 있다. 그러나 그 단어에 머무르며 말 뒤에 숨겨진 이미지를 떠올려보면 우리는 불을 볼 수 있고, 그 열기도 느껴볼 수 있다. 우리는 모두 불꽃을 보고, 불의 열기를 피부로 느껴본 적이 있기 때문에 불을 추상적 개념 이상으로 잘 알고 있다. 이러한 이유로, 단어는 상상을 통해 감각 경험을 불러온다. 우리의 상상 속에서 불이 타오르는 것이다.

우리가 '레몬'이라고 말한 뒤 그것을 떠올리면 입에 침이 고이고 혀는 신맛으로 인해 움츠러든다. '초콜릿'이라고 하면 대다수는 단맛을 떠올린다. 이렇게 언어는 상징적이다. 언어가 유의미해지려면 기억, 감각, 상상력이 필요하다. 은유와 상징이 가르침에서 사용될 때, 이런 식으로 영향을 주는 것이 가장 좋다. '어두운 곳에서의 불꽃' 또는 '거울의 비춤'이라는 단어만 생각하면 안 된다. 감각, 몸, 그리고 상상력을 동원하여 이해해야 한다. 우리는 이미지를 넘어서야 한다. 그러나 이미지는 우리에게 옳은 방향을 제시해줄 수 있다.

등불이 켜진 집으로 들어갔을 때, 우리는 등잔과 심지와 기름을 조사하지 않는다. 그저 방의 광도를 경험할 뿐이다. 은유적인 가르침도 이처럼 해야 한다. 추상과 논리로 작업하도록 훈련받은 마음은 은유를 붙잡고 분석하려 들며, 너무 많은 것을 물어본다. 우리는 램프를 누가 실내로 가지고 왔는지, 불꽃이 어떻게 켜져 있는지, 바람이 어떻게 시작되는지를 알고 싶어한다. 또, 거울은 어떤 종류

의 거울인지, 무엇으로 만들었는지, 거울에 무엇이 비치는지 알고
싶어한다. 이렇게 하는 대신, 이미지 속에 자신을 그저 머물게 하
라. 단어에 숨겨진 경험을 찾아보라. 어둠이 있고, 램프가 켜진다.
우리 모두는 몸과 감각으로 이게 어떤 경험인지를 알고 있다. 환하
고, 걸림 없고, 즉각 인식되는 빛에 의해 어둠이 사라진다. 바람이
불고 불꽃이 꺼진다. 우리는 어둠에 의해 빛이 사라지는 것이 어떤
느낌인지도 잘 알고 있다.

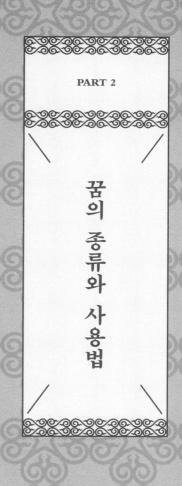

PART 2

꿈의 종류와 사용법

꿈 수행의 목표는 해탈이다. 우리는 꿈 수행의 의도를 꿈 너머에 무엇이 있는지 깨닫는 데 두어야 한다. 그러나 매일의 삶에 유익을 줄 수 있는 꿈의 사용을 아는 것도 이와 관련이 있다. 이는 꿈에서 얻은 정보를 활용하는 것과 꿈속 경험으로부터 직접적인 유익을 얻는 것 모두를 포함한다. 예를 들어, 서양에서는 꿈을 사용한 치료법이 널리 퍼져 있으며 예술가와 과학자들이 그들의 꿈에서 얻은 창의성에 도움을 받아 작업한 이야기도 많이 있다. 티베트인들도 다양한 방식으로 꿈에 의존한다. 이 장에서는 꿈의 사용법에 관하여 설명하겠다.

세 가지 유형의 꿈

비록 정확하게 나누어지는 것은 아니지만, 꿈 수행에는 진전에 따라 형성되는 세 가지 유형의 꿈이 있다. 평범한 육도윤회의 꿈, 명료한 꿈, 청정한 빛의 꿈이 바로 그것이다. 처음 두 가지 유형은 꿈을 일으키는 원인의 차이로 구분할 수 있고, 두 꿈 모두 꿈꾸는 자가 꿈을 자각한 상태거나 자각하지 못한 상태일 수 있다. 청정한 빛의 꿈에는 알아차림은 있되, 주체와 객체의 이분법은 없다. 청정한 빛의 꿈은 비이원적 인식에서 발생한다.

육도윤회의 꿈

우리가 꾸는 꿈의 대부분은 업의 흔적으로 인한 육도윤회의 꿈이다. 이런 꿈에서 발견되는 의미는 우리가 꿈에 투사한 것이다. 이러한 의미는 꿈속에 본래 내재한 것이라기보다는 꿈꾸는 자에 의해 전가된 것이다. 깨어 있는 삶에서도 이와 똑같은 일이 벌어진다. 하지만 그것이 투사된 것이라고 해서 깨어 있는 삶의 의미가 가볍지 않듯이, 이런 꿈의 의미도 하찮은 것은 아니다. 이 과정은 책을 읽는 것과 비슷하다. 책은 종이 위에 기호들이 쓰인 것뿐이지만, 우리가 의미를 부여하기 때문에 의미가 있는 것이다. 그리고 꿈처럼 책의 의미도 해석의 대상이 된다. 어떤 사람은 책에서 발견한 의미로 인해 삶 전체가 바뀌기도 하고, 어떤 사람은 똑같은 책을 그럭저럭 재밌게 읽거나 아니면 그런 재미마저도 못 느낄 수 있다. 책은 바뀌지 않았다. 독자 자신이 그 단어들에 투사한 의미를 스스로 읽어낼 뿐이다.

명료한 꿈

꿈 수행이 진전됨에 따라 꿈은 보다 명확해지고 자세해지며 각각의 꿈이 더 많이 기억나게 된다. 이는 꿈의 상태로 더 큰 인식을 가져온 결과다. 평범한 꿈들 속에서 인식을 향상시키다 보면 명료한 꿈이라 불리는 두 번째 종류의 꿈이 나타난다. 이 꿈은 마음과 프라나가 균형 잡히고 꿈꾸는 자가 비개인적 현존에 거할 수 있는 능력을 계발했을 때 발생한다. 명료한 꿈은 육도윤회의 꿈과는 달리 마음이 업의 프라나에 의해 여기저기 쓸려다니지 않으며 꿈꾸는 자가 안정되어 있다. 명료한 꿈 역시 이미지와 정보가 생겨나긴 하지만, 그것들은 개인적인 업의 흔적에 덜 기반해 있다. 그 대신 인습적인 자아의 수준 아래에 있는 의식으로부터 직접 구할 수 있는 지식을 드러낸다. 부정적인 감정과 연결된 흰색 채널의 거친 업의 프라나, 빨간 채널의 지혜의 프라나는 둘 다 이원적 경험의 에너지이자 업의 프라나지만 둘 중 하나는 더 순수하며 망상적인 면이 덜하다. 이와 마찬가지로, 명료한 꿈은 육도윤회의 꿈보다 더 순수하고 망상적인 면이 덜하다. 육도윤회의 꿈은 꿈꾸는 자가 근본적 경험의 순수성 위에 의미를 투사한다. 반면 명료한 꿈은 꿈꾸는 자에게 주어진 것, 혹은 꿈꾸는 자에 의해 발견된 것처럼 보인다.

명료한 꿈은 누구에게나 일어날 수 있지만 수행이 진전되고 안정될 때까지는 흔히 일어나지 않는다. 우리 대부분이 꾸는 꿈은 모두 일상적 삶과 감정에 기반한 육도윤회의 꿈이다. 우리가 가르침이나 스승님에 관한 꿈을 꾸었더라도, 혹은 수행이나 부처, 다키니★들에 관한 꿈을 꾸었더라도 그 꿈은 여전히 육도윤회의 꿈일 가능성이 있다. 물론 우리가 스승의 지도를 받아 수행한다면 이런 것들에 대한 꿈을 꿀 것이다. 이는 우리가 가르침에 전념하고 있다는

★ dakini: 다키니는 티베트어로 카드로마khadroma, 즉 하늘을 여행해 다니는 여인을 일컫는다. 여기에서 하늘은 공(emptiness)을 나타내며 다키니는 이 공 속을 여행한다. 다시 말해, 다키니는 공과 절대적인 현실을 완전히 깨달은 상태로 행위한다. 자신의 진정한 본성을 깨달은 인간 여성이나 인간이 아닌 여성, 또는 여신이나 깨달은 마음의 직접적인 현현이 다키니가 될 수 있다. 또한 다키니는 다키니의 순수한 세계에서 태어난 존재들을 지칭하는 말이기도 하다.

긍정적인 신호이다. 그러나 전념 자체는 이원적인 것이므로 육도 윤회의 세계에 속한다. 육도윤회에는 좋은 면도, 나쁜 면도 있는데 수행과 가르침에 대한 완전한 전념은 해탈에 이르는 길이므로 좋은 것이다. 그리고 육도윤회의 꿈을 명료한 꿈으로 착각하지 않는 것도 역시 좋은 것이다.

만일 우리가 육도윤회의 꿈이 진정한 지침을 제공한다고 믿는 실수를 범한다면 꿈의 명령을 따르기 위해 종일 매달리느라 일상 생활이 힘들어질 수 있다. 또한 우리의 모든 꿈이 더 영적이고 상위적인 근원에서 오는 메시지라고 믿는다면 개인적인 드라마에 빠져버릴 것이다. 이런 믿음들은 사실이 아니다. 우리는 꿈에 세심한 주의를 기울여야 하며 무엇이 주목할 만한 것인지, 그리고 무엇이 우리의 일상 속 욕망, 두려움, 희망, 환상, 감정들의 표출일 뿐인지에 대한 분별력을 키워야 한다.

청정한 빛의 꿈

꿈 수행의 깊이가 깊어지면 세 번째 종류의 꿈인 청정한 빛의 꿈을 경험하게 된다. 청정한 빛의 꿈은 중앙 채널의 원초적 프라나에서 생겨난다. 청정한 빛은 대개 잠 요가에 관한 가르침에서 언급되는 것으로서 꿈, 생각, 이미지로부터 해방된 상태를 의미하는데, 만약 우리가 마음의 본성에 거하여 꿈을 꾸게 된다면 그것이 곧 청정한 빛의 꿈이다. 청정한 빛의 꿈은 쉽게 성취되는 것이 아니다. 청정한 빛의 꿈을 꾸기 위해서는 수행자가 비이원적 의식에 매우 안정적으로 머물러 있어야 하기 때문이다. 마더 탄트라에 관한 중요한 해설을 저술한 걜셴 미루 삼렉^{Gyalshen Milu Samleg}은 9년 동안 꾸준히 수행하고 나서야 비로소 청정한 빛의 꿈을 꾸게 되었다고 말했다.

청정한 빛의 꿈을 꾸는 능력을 계발하는 것은 낮 동안 릭빠의 비이원적 현존을 지속하는 능력을 계발하는 것과 비슷하다. 릭빠의 경험 속에서는 생각이 없으며, 만약 생각이 떠오르면 우리는 이내 산란해져 릭빠를 잃게 되기 때문에 처음에는 마음에 떠오르는 생각과 릭빠가 다른 것처럼 보인다. 그러나 릭빠에 안정적으로 머물 수 있는 능력이 계발되면 생각은 조금도 릭빠를 방해하지 않은 채로 발생, 소멸한다. 이때 수행자는 비이원적 인식에 머물러 있다. 이러한 상황은 제사 때 북과 종을 함께 연주하는 법을 배우는 것과 유사하다. 처음에는 종을 치면 북의 리듬이 흐트러지고, 북을 연주하면 종의 리듬이 흐트러지기 때문에 한 번에 하나씩만 연주할 수 있다. 그러나 실력이 안정된 후에는 둘 모두를 동시에 다룰 수 있다.

청정한 빛의 꿈은 명료한 꿈과 구분된다. 명료한 꿈은 마음의 비교적 순수하고 깊은 면에서 생겨나며 긍정적 업의 흔적이 생성하는 것이지만 여전히 이원성에서 일어나는 꿈이다. 청정한 빛의 꿈은 과거의 업의 흔적에서 생겨나는 것이긴 하지만 이원론적 경험을 낳지는 않는다. 이때 수행자는 꿈의 주인공도 아니고 꿈과 분리된 관찰자도 아니며, 비이원적 릭빠와 전적으로 통합된 상태를 유지한다.

세 가지 꿈의 차이는 미묘해 보일 수 있다. 꿈의 모든 내용은 업의 흔적과 감정에 의해 형성된다. 육도윤회의 꿈은 개인적 업의 흔적과 감정에서 발생한다. 명료한 꿈은 집단적인 업의 흔적으로부터 떠오른 더 객관적인 지식을 포함한다. 이러한 지식은 의식이 개인적 업의 흔적에 얽히지 않았을 때 활용할 수 있다. 의식이 시공간 및 개인사에 의해 구속되지 않으면 실제 인물들을 만나거나 실제 스승으로부터 가르침을 받을 수 있으며, 자신뿐 아니라 타인에게도 널리 도움이 될 정보를 알아낼 수 있다.

청정한 빛의 꿈은 꿈의 내용에 의해 정의될 수 있는 것은 아니다. 그러나 꿈꾸는 이의 주관이나 꿈속 에고가 없으면, 즉 꿈이나 꿈의 내용과 이원적인 관계를 지닌 어떠한 자아도 없으면 그것은 청정한 빛의 꿈이다. 청정한 빛의 꿈에서 생겨나는 마음의 활동은 수행자가 청정한 빛에 안정적으로 거하는 것을 방해하지 않는다.

평범한(육도윤회의) **꿈** (개인적인 업의 흔적에서 발생)	자각하지 못함
	자각함
명료한 꿈 (집단적인 업의 흔적에서 발생)	자각하지 못함
	자각함
청정한 빛의 꿈 (비이원성)	자각함 (주체와 객체의 이원성을 넘어섬)

꿈의 유형

92

꿈의 사용

꿈의 가장 큰 가치는 영적 여정을 걷다 보면 나타난다. 가장 중요한 점은, 어쩌면 꿈 그 자체가 영적 수행으로 사용될 수 있다는 것이다. 또한 꿈은 꿈꾸는 이가 영적 여정으로 들어서는 동기가 되는 경험을 제공한다. 더 나아가 꿈은 수행이 제대로 되고 있는지, 얼마나 진전되고 있는지, 어떤 것을 주의해야 하는지 알려주는 통로가 될 수 있다.

앞에서 이야기했듯, 스승은 종종 높은 가르침을 주기 전에 학생이 가르침을 받을 준비가 되었음을 나타내는 꿈을 꾸기를 기다린다. 어떤 꿈은 학생이 특정 수행을 완수했다는 것을 보여주기도 하는데, 그 꿈 얘기를 들은 스승은 학생이 다음 수행으로 넘어가야 할 때라고 결정할 수 있다.

같은 방식으로, 우리가 꿈에 주목한다면 자신의 수행이 어느 정도로 진전되었는지를 가늠해볼 수 있다. 깨어 있는 상태에서는 스스로 꽤 잘하고 있다고 생각하지만, 꿈을 꾸는 동안에는 여전히 자신의 일부분이 크게 혼란스럽거나 부정성에 가로막혀 있음을 알게 된다. 그러나 이것에 낙담할 필요는 없다. 마음의 다른 면이 꿈으로 표현되는 것, 그리고 우리가 진전하기 위해 반드시 해야 할 작업이 무엇인지 알게 되는 것은 유익한 일이다. 반면 수행이 매우 탄탄해지면 수행의 결과가 꿈에 나타날 것이며 수행을 위한 우리의 노력에 자신감을 심어줄 것이다.

꿈에서의 경험

꿈속 경험은 매우 융통성이 있다. 따라서 우리를 발전시켜주는 특정 수행을 비롯해, 깨어 있을 때 할 수 없었던 많은 유용한 것들을 꿈속에서 자유롭게 할 수 있다. 우리는 그동안 극복할 수 없었던 정신적, 감정적 상처들을 치유할 수도 있다. 또 신체 에너지의 자유로운 순환을 억제하는, 정체된 에너지를 해소할 수 있다. 그리고 우리는 개념적인 경계와 한계들을 넘어서는 경험을 함으로써 마음속 난관을 뚫고 나갈 수 있다.

일반적으로 이러한 일들은 꿈에서 자각 상태를 유지할 수 있는 능력을 계발한 후에 훨씬 수월하게 일어난다. 여기서는 단지 가능성으로 언급될 뿐이다. 꿈에서 자각 상태를 유지하게 된 다음에 무엇을 해야 하는지는 수행과 관련한 부분에서 자세히 설명할 것이다.

지침과 수행법

영적으로 높은 스승이든 단순히 평범한 사람이든, 대부분의 티베트인은 꿈을 가장 심오한 영적 지식을 전해주며 매일의 삶을 인도하는 잠재적 근원으로 여긴다. 꿈은 정화 수행이 필요한 부분이 어디인지, 신 또는 수호존들과의 관계에서 주의해야 할 것이 무엇인지를 알려주며 병의 진단에도 사용되었다. 이렇게 꿈을 활용하는 것을 미신으로 여길 수도 있다. 그러나 좀더 심오한 수준에서 꿈은 꿈꾸는 이의 상태를 알려주며 꿈꾸는 이와 다른 에너지들과의 관계가 어떤 상태인지 알려준다. 동양의 사람들은 이러한 에너지들을 인지하고 이 에너지로 자신의 육체적, 영적 상태를 가늠할 뿐만 아니라 수호존과 보호령들을 느낄 수도 있다. 꿈에 관한 연구 역사가 짧은 서양에서는 이러한 에너지들이 병의 초기 증상이나 깊이 자리 잡은 콤플렉스 혹은 원형(archetype)으로 이해되곤 한다.

어떤 티베트인들은 평생 꿈 작업을 하며 산다. 그들은 꿈을 자기 자신의 더 깊은 측면 및 다른 세계들과 소통하는 근원적인 방식으로 여긴다. 나의 어머니는 이러한 티베트인들 중 한 분이셨다. 어머니는 수행자이셨고 매우 친절하며 사랑이 많은 분이셨다. 어머니는 가족들이 함께 아침 식사를 하는 중에 종종 자신의 꿈 이야기를 들려주셨는데, 특히 어머니의 수호존이었던 남텔 카르포Namthel Karpo와 관련된 꿈이었을 때는 더 그랬다.

남텔은 어머니가 성장하신 티베트 북부 호르Hor의 수호존이다. 남텔의 수행이 티베트 전역에 알려져 있긴 하지만 그는 주로 어머니가 자라신 마을과 그 인근 지역에서 숭배된다. 어머니는 남텔의 수행을 하셨지만 아버지는 그렇지 않으셨고, 어머니가 자신의 꿈을 이야기하면 그것을 놀리곤 하셨다.

하루는 어머님께서 남텔 꿈을 꾸시고 그 이야기를 우리에게 들려주신 일이 있었는데, 지금도 그날을 생생하게 기억한다. 남텔은 평상시와 같이 하얀 예복에 소라껍데기 귀걸이를 했으며 긴 머리로 나타났다. 그는 아주 화가 나 있었다. 그는 문으로 들어와 바닥에 가방 하나를 거칠게 던지면서 말했다. "나는 항상 너 자신을 돌보라고 말한다. 그러나 너는 그것을 잘 못 하는구나!" 그는 어머니의 눈을 깊이 들여다보다 이내 사라졌다.

아침에 깨어나신 어머니는 꿈의 의미가 무엇인지 확신하지 못하셨다. 그날 오후, 가끔 집에 와서 일을 도와주시던 분이 돈을 훔치는 일이 생겼다. 그녀는 옷 아래에 돈을 넣은 가방을 숨겼는데, 마침 어머니 앞을 지나갈 때 돈이 든 가방이 땅에 떨어졌다. 그것은 꿈에서 남텔이 어머니에게 보여주었던 것과 같은 가방이었다. 어머니께서 그 가방을 집어 들고 안을 들여다보니 집에 있는 돈 전부가 그 안에 있었다. 어머니는 이 사건을 수호존의 가피加被로 여겼으며 남텔이 그 가방을 땅에 떨어트렸다고 믿으셨다.

남텔은 어머니의 일생 동안 항상 같은 형태로 꿈에 나타났다. 그가 어머니께 준 메시지는 다양했지만 대체로 어머니를 보호하고 인도하기 위해 어떤 방식으로든 도움을 주는 것들이었다.

나는 열 살이 될 때까지는 기독교 학교에 있었고, 그 후에 부모님은 나를 멘리Menri 수도원에 들여보냈다. 승려 중 한 명이었던 겐 셍툭Gen Sengtuk은 때때로 내게 자신의 꿈을 말해주었다. 그의 꿈들이 어머니의 꿈과 아주 유사했기 때문에 나는 그중 일부를 꽤 선명하게 기억하고 있다. 그는 종종 깨달음을 얻은 뵌 전통의 수호존들 중 가장 중요하고 오래된 시페 걀모Sippe Gyalmo의 꿈을 꿨다. 시페 걀모의 수행은 다른 티베트 불교 종파에서도 행하는 것이어서 티베트의 포탈라Potala 궁에는 그녀를 모시는 공간이 있다. 겐 셍툭의 꿈에 나타난 시페 걀모는 그의 삶과 수행을 인도해주었다.

그의 꿈에서 시페 갈모는 사원이나 명상실에 그려진 그림처럼 화난 모습으로 나타나지 않았다. 대신 그녀는 허리가 구부러져 지팡이를 짚고 다니는, 아주 나이가 많은 회색 머리의 인간 여성으로 나타났다. 겐 셍툭은 꿈에서 항상 아무도 살지 않는 광대한 사막에 텐트를 친 시페 갈모를 만났다. 꿈에서 그녀를 만날 때면, 그는 그녀의 표정이 행복한지 슬픈지, 아니면 그녀의 행동 방식이 화가 나 보이는지 살피며 그녀의 감정 표현을 알아차리기 위해 애썼다. 그는 이런 식으로 그녀의 표정을 읽으며 수행의 장애들을 치유하기 위해 해야 할 일이 무엇인지, 자신의 삶에서 어떤 것을 더 긍정적인 방향으로 바꾸어야 하는지 알게 되었다. 이것이 그녀가 꿈을 통해 그를 인도한 방법이다. 겐 셍툭은 꿈을 통해 시페 갈모와 긴밀한 관계를 유지했으며, 그녀는 평생 비슷한 방식으로 그에게 나타났다. 그가 겪은 이러한 경험들은 명료한 꿈의 좋은 예이다.

나는 그 당시 어린 소년이었고, 겐 셍툭이 자신의 꿈을 말해주는 것을 듣고 있던 어느 날을 아직도 생생하게 기억하고 있다. 나는 갑자기 그가 미지의 세계에서 친구를 사귀는 것처럼 느껴졌다. 나는 꿈에서라도 함께 놀 수 있는 친구가 있으면 좋겠다는 생각을 했다. 공부의 양도 많고 선생님들도 엄격했기 때문에 낮 동안에는 많이 놀 수가 없었기 때문이다. 그 당시 내 생각은 그랬다. 이렇듯 꿈과 꿈 수행에 대한 우리의 이해, 그리고 수행을 하려는 우리의 동기는 우리가 성장할수록 더 깊고 성숙해진다.

해몽과 예언

명상의 대가들은 명상 수행이 안정화되어 있으므로 명료한 꿈을 사용하여 점을 칠 수 있다. 이것은 꿈꾸는 자가 대부분의 개인적 업의 흔적에서 스스로 자유로워질 수 있기에 가능한 일이다. 반면 업의 흔적이 만들어내는 육도윤회의 꿈에서 얻어지는 정보는 사실 그 꿈에 내재한 것이 아니라 그 꿈으로 투사된 것이다. 뵌 전통에서는 이런 꿈의 활용이 몇 가지 무속적인 점술 방법 중 하나로 여겨지며 티베트인들 사이에서는 꽤 일반적이다. 학생이 자신의 스승에게 어떤 일에 대한 안내나 장애를 극복하기 위한 지침을 요청하면, 스승은 종종 학생에게 말해줄 답을 찾기 위해 꿈을 이용하기도 한다.

한 예로, 나는 티베트에 있을 때 깨달음을 얻은 여인 카쬐 왕모Khachod Wangmo를 만났다. 그녀는 아주 강한 여성이자 숨겨져 있던 많은 가르침들을 재발견해낸 '보물 탐사꾼'(terton)이었다. 나는 그녀에게 내 미래에 대한 지식, 내가 앞으로 마주하게 될 장애물들에 관한 일반적인 질문 같은 것들을 꿈으로 꿔달라고 요청했다.

보통 이런 상황에서는 꿈을 꾸는 사람에게 꿈을 요청한 사람의 소유물이 하나 필요하다. 나는 카쬐 왕모에게 내가 입고 있던 내의를 주었다. 그 옷은 나의 존재를 에너지적으로 대변했고, 그녀는 그 옷에 집중함으로써 나와 연결될 수 있었다. 그날 밤 그녀는 베개 밑에 내 옷을 둔 채로 잠을 잤고, 명료한 꿈을 꾸었다. 아침에 그녀는 내 인생에 닥칠 사건들과 무엇을 피해야 하고 무엇을 해야 하는

지를 길게 설명해주었다. 그것은 명확하면서도 많은 도움이 되는 지침들이었다.

때로 학생들은 미래에 대해 뭔가를 알려주는 꿈이 우리의 미래가 정해져 있음을 의미하는 것이 아닌지 묻는다. 티베트 전통에서, 우리는 그렇지 않다고 믿는다. 일어날 수 있는 모든 일의 원인은 이미 지금 여기에 나타나 있다. 왜냐하면 과거의 결과가 미래의 상황을 만드는 씨앗이 되기 때문이다. 미래에 일어날 어떤 상황에 대한 주요 원인들은 이미 발생한 것들에서 찾을 수 있다. 그러나 업의 씨앗이 발현되는 데 필요한 이차적 원인은 정해져 있지 않고 상황에 달려 있다. 바로 이러한 점 때문에 수행이 효과가 있는 것이며 질병이 치료될 수 있는 것이다. 그렇지 않다면, 즉 아무것도 바뀌지 않는다면 무언가를 시도할 이유가 전혀 없다. 만일 우리가 내일과 관련된 어떤 꿈을 꾸고 다음 날 모든 것이 그 꿈과 똑같이 일어난다면, 그것은 미래가 정해져 있다는 의미가 아니라 우리가 그것을 바꾸지 않았다는 의미다.

강한 감정이 각인된, 강한 업의 흔적을 상상해보라. 그것이 주요 원인이 되어 특정 상황이라는 열매를 맺는데, 그것의 발현에 필요한 이차적 원인은 우리의 삶이 제공한다. 미래를 알려주는 꿈은, 한창 영글고 있는 업의 흔적이 그럼직한 미래상을 펼쳐내는 식으로 스스로를 드러낸 것이다. 이것은 다음과 같은 상황에 비유해볼 수 있다. 부엌에서는 훌륭한 이탈리아 음식이 요리되고 있으며 향신료와 음식 냄새가 난다. 테이블에는 음식 재료들이 펼쳐져 있다.

이때, 우리는 우리에게 차려질 저녁 식사를 미리 상상해볼 수 있으며 펼쳐질 상황이 눈앞에 보이는 듯하다. 꿈도 이와 비슷하다. 완벽하게 맞출 수는 없지만 거의 비슷하게 맞출 수는 있다. 마침내 우리가 완성된 음식을 받았을 때, 그것은 우리의 예상과 얼추 비슷할 것이다. 완전히 똑같지는 않아도 우리가 예상했던 저녁 식사가 될 것이다.

내가 어렸을 때의 한 가지 기억이 이것의 좋은 예가 될 듯하다. 그날은 폭죽으로 축제를 기념하는, 디왈리Diwali라는 인도의 전통적인 행사 날이었다. 내 친구들과 나는 폭죽을 살 돈이 없었기 때문에 점화되었지만 폭발하지 않은 폭죽을 찾으러 다녔다. 우리는 그것들을 모아서 다시 불을 붙이려고 했다. 당시 나는 너덧 살로 아주 어렸다. 폭죽 중에 어떤 하나는 조금 젖어 있었는데, 나는 그것을 불붙은 석탄에 묻었다. 그리고 눈을 감고 묻힌 폭죽을 힘껏 불었다. 당연히 폭죽은 폭발했다. 잠깐 눈앞이 깜깜해지고 별이 보였다. 그리고 바로 그 순간 전날 밤의 꿈이 기억났다. 내가 한 경험이 꿈과 완전히 똑같았다. 물론, 이런 사고가 벌어지기 전에 그 꿈을 기억해냈다면 훨씬 더 도움이 되었을 것이다! 미래에 전개될 일의 원인들이 얽인 꿈을 꾸고서 그것이 실제로도 똑같이 일어나는 이런 일은 드물지 않다. 그러나 반드시 그렇게 전개될 필요는 없음을 알아야 한다.

때로는 꿈을 통해 나 아닌 다른 사람들에게 영향을 미치는 원인과 결과를 알 수 있다. 내가 티베트에 있을 때, 로퐁 텐진 남닥

Lopon Tenzin Namdak 스승님은 어떤 꿈을 꾸시고 나서 내게 수호존 중 어떤 한 분과 관련된 특정 수행을 하는 것이 매우 중요할 것 같다고 말씀하셨다. 나는 여행 중이었지만 스승님이 꿈에서 본 것이 무엇이든, 그것을 변화시키기 위해서 매일 여러 시간 동안 수행하기 시작했다. 그리고 며칠 후, 나는 높은 산의 아주 좁은 길로 다니는 트럭에 승객으로 타고 있었다. 티베트의 그 지역에 있는 운전자들은 대부분 거친 유목민으로, 죽음에 대한 두려움이 없는 사람들이다. 트럭 탑승객은 30명 정도로 상당히 붐볐고, 무거운 짐을 빽빽하게 싣고 있었다. 그런데 갑자기 트럭이 구덩이에 빠지며 뒤집혔다.

나는 나가서 상황을 살펴보았다. 그때는 그다지 두렵지 않았다. 그러나 나는 이내 작은 돌 하나가 트럭을 받치고 있는 것을 보게 되었는데, 바로 그 작은 돌이 트럭이 계곡으로 굴러떨어지는 것을 막아내고 있었다. 그 계곡은 너무 깊어서 거기에 돌 하나를 떨어뜨리면 바닥에 이르기까지 한참의 시간이 걸릴 것 같았다. 그것을 보자 내 가슴이 엄청나게 뛰기 시작했다! 나는 보잘것없는 작은 돌 하나가 우리와 죽음 사이를 갈라놓고 있다는 사실을 알아차리며 두려움을 느꼈다. 그 작은 돌이 아니었다면 나의 삶은 짧게 끝났을 것이다.

상황을 파악하고서 나는 이렇게 생각했다. "바로 이거야. 이것 때문에 내가 수호존과 관련된 수행을 해야만 했어." 이것이 나의 스승님이 꿈에서 본 것이었으며, 또 스승님이 나에게 그 수행을 하라고 말씀하신 이유였다. 꿈은 모든 것을 구체적으로 보여주지는 않는다. 그러나 꿈은 여전히 이미지와 느낌을 통해 무언가 해결해야 할 일이 있다는 것을 알려준다. 이것은 우리가 꿈을 수행으로 삼을 때 얻을 수 있는 혜택 중 하나이다.

꿈에서 전수되는 가르침

티베트 전통에는 꿈에서 가르침을 받은 수행자들의 수많은 예가 있다. 그런 꿈은 연속적으로 나타나곤 한다. 밤마다 전날의 꿈이 끝났던 시점에서 다시 꿈이 시작되는 방식으로 전체적이고 상세한 가르침이 전수된다. 그러다 적절한 시점에 이르면 가르침과 함께 꿈도 멈춘다. 티베트 수행자들이 수 세기 동안 해왔던 많은 수행법을 포함한 다양한 가르침들은 이런 식으로 '발견'되었다. 우리는 이를 공뗄[*], 즉 '마음의 보물'이라고 부른다.

동굴에 들어가 그 안에 숨겨져 있던 많은 가르침들을 찾는 상상을 해보라. 이 보물의 발견은 동굴이라는 물리적인 공간에서 일어난다. 그러나 마음의 보물은 물리적인 세계가 아닌 의식의 세계에서 발견된다. 대사大師들은 명료한 꿈을 꿀 때나 깨어 있을 때 이 보물을 발견하는 것으로 알려져 있다. 꿈에서 이런 종류의 가르침을 받으려면 수행자는 인습적인 자아와의 동일시 없이 의식 안에

---

[*] gong-ter: 티베트에는 뗄마terma라고 불리는 전통이 있다. 뗄마는 먼저 오셨던 스승들이 다가올 세대가 발견하여 유용하게 사용하도록 감추어둔 신성한 물건이나 문서, 가르침을 일컫는 말이다. 뗄마를 발견한 탄트라 스승들을 뗄뜬terton, 즉 보물을 발견한 사람이라고 부른다. 뗄마는 동굴이나 묘지처럼 물리적 장소에서 발견되기도 하고 물, 나무, 땅, 공간 같은 원소들을 통해 드러나기도 한다. 아니면 꿈, 계시적인 경험, 의식의 깊은 곳에서 직접 발견될 때도 있다. 후자의 경우를 공뗄, 즉 마음의 보물이라 일컫는다.

서 안정될 수 있는 능력과 같은, 특정한 능력을 계발해야만 한다. 명료한 의식을 지닌 수행자는 업의 흔적과 육도윤회의 꿈으로 인해 혼탁해지지 않으며 의식 자체에 내재한 지혜에 접근할 수 있다.

꿈에서 발견된 진정한 가르침은 지성에서 나온 것이 아니다. 이는 도서관에 가서 연구한 다음 책을 쓰는 것, 학자처럼 지성을 사용하여 정보를 수집하고 종합하는 것과는 다르다. 지성에서 나온 좋은 가르침도 많긴 하지만, 그것들이 마음의 보물로 간주되지는 않는다. 부처의 지혜는 스스로 생성되는 것, 의식 깊은 곳에서부터 떠오르는 것, 그것 자체로 완성된 것이다. 이는 마음의 보물로서 발견된 가르침들이 기존의 가르침들과는 동떨어져 있다는 뜻이 아니다. 서로 다른 문화, 서로 다른 역사적 시기에 발견된 가르침들이 서로 영향을 주고받지 않았음에도 불구하고 비슷할 수 있다. 역사학자들은 과거에 한 가르침이 그것과 비슷한 다른 가르침으로부터 어떤 영향을 받았는지를 알기 위해 역사적 접점이 있었던 곳에서 그 흔적을 조사한다. 그리고 그들은 종종 어떤 연결점을 발견해낸다. 그러나 근본적인 진실은, 한 인간이 발달의 특정 단계에 이르면 이러한 가르침들이 자연스럽게 드러난다는 것이다. 이러한 가르침들은 기초적인 지혜에 내재해 있으며, 이 지혜는 어떤 문화권에서도 접근이 가능하다. 이 가르침들은 불교나 뵌교의 가르침일 뿐 아니라 모든 인간을 위한 가르침이다.

우리에게 다른 존재를 도와야 하는 업이 있다면, 우리의 꿈에서 나온 가르침은 다른 사람들에게 유익한 것일 수 있다. 그러나 예를 들어 우리에게 법맥과 관련된 업이 있다면, 우리가 꿈에서 발견한 가르침은 바로 우리 자신의 수행을 위한 것, 어쩌면 특정 장애물을 극복할 구체적인 해결책이 될 수 있다.

쾌 수행의 발견

많은 대사들은 꿈을 중요한 지혜의 문으로 사용하였다. 그들은 꿈속에서 가르침을 발견했고 시공간적으로 멀리 떨어진 대사들과 접촉하기도 했으며, 다른 사람들을 도울 수 있는 능력을 계발하기도 했다. 이 모든 것들은 8세기에 살았다고 믿어지는 위대한 뵌교의 대사 통중 투첸Tonjung Thuchen의 이야기에 잘 나타나 있다. 그는 연속되는 꿈속에서 뵌교 수행법인 쾌* 수행을 발견했다. 쾌 수행은 관대함을 키우고 집착을 끊어내는 시각적인 수행이다.

통중 투첸은 여섯 살 무렵부터 이미 이 가르침에 대해 알고 있었다. 그리고 열두 살 때 긴 안거 수행을 하던 중 꿈속에서 어떤 가르침들을 직접 발견하기도 하고 대사들을 만나 그들의 가르침을 받기도 하는 놀라운 경험을 하게 된다. 어느 날 그는 은둔처에서 뵌

---

* chöd: '잘라내다' 혹은 '돌파하다'라는 문자적 의미가 있다. '두려움을 방편으로 사용한다' 또는 '관대함의 자질을 함양한다'는 뜻으로도 알려져 있다. 쾌 수행은 다른 존재들에게 자신의 모든 것을 자비롭게 내어줌으로써 자신의 몸과 에고에 대한 집착을 제거하는 의식(ritual) 수행이다. 이를 위해 수행자는 다양한 부류의 존재들을 정성껏 불러낸 뒤 자신의 몸을 공물로 변성시키고 잘게 잘라 바치는 상상을 한다. 쾌 수행에는 듣기 좋은 노래, 북, 종, 나팔이 사용되며 보통 화장터, 공동묘지, 깊은 산속 등 두려움을 일으키는 장소에서 진행된다.

교의 가장 중요한 탄트라 신 중 하나인 왈사이^{Walsai} 수행을 집중적으로 하고 있다가 스승의 부름을 받았다. 그는 은둔처를 떠나 스승의 후원자들 중 한 사람의 집으로 향했고 거기서 잠이 들어 놀라운 꿈을 꾸게 되었다.

그 꿈에서, 아름다운 여성이 미지의 풍경을 지나 큰 공동묘지에 도착할 때까지 그를 안내했다. 많은 시체가 깔려 있는 바닥 중앙에는 화려한 장식으로 덮여 있고 아름다운 꽃들로 둘러싸인 커다란 흰색 텐트가 있었다. 천막 가운데에는 갈색 여인이 큰 보좌에 앉아 있었다. 그녀는 흰 드레스를 입었고 머리는 청록색과 금색으로 장식되어 있었다. 그녀 주위에는 아름다운 다키니가 많이 모여 있었고, 그들은 수많은 다른 나라 언어들로 말하고 있었다. 그것을 보고 통중 투첸은 그들이 먼 땅에서 왔음을 알아차렸다. 갈색 다키니가 보좌에서 일어나, 피와 살로 가득 찬 두개골을 통중 투첸에게 가져가서 그것을 먹여주었다. 그녀는 깨끗한 공양을 받아들이듯이 이 공양을 받아들이라고 말했고, 그녀와 다키니들은 그에게 중요한 관정^{灌頂}(initiation) 의식을 치러주려 했다.

그녀는 이렇게 말했다. "위대한 어머니의 공간에서 깨달음을 얻으시기를. 나는 뵌교의 가르침을 받은 시페 걀모, 존재의 갈색 여왕입니다. 이 관정과 가르침은 마더 탄트라의 본질적인 뿌리입니다. 나는 당신에게 관정 의식을 치러주었습니다. 그러니 당신도 다른 이들에게 관정 의식을 치러주고 가르침을 펼 수 있습니다." 통중 투첸은 높은 보좌로 인도되었고 시페 걀모는 그에게 관정 의식에 쓰일 모자, 옷, 도구들을 주었다. 그녀는 모여 있는 다키니들의 관정 의식을 그에게 부탁하여 그를 놀라게 했다.

통중 투첸은 말했다. "아뇨, 관정 의식을 할 수 없어요. 관정 의식을 어떻게 하는지도 몰라요. 매우 당황스럽군요."

시페 걀모는 그를 안심시키며 말했다. "걱정하지 마세요. 당신은 위대한 대사입니다. 당신은 티베트와 샹숭^{Zhang Zhung}의 서른 명의 대사들에게 모든 관정 의식을 받았습니다. 그러니 당신은 우리에게 관정 의식을 치러줄 수 있어요."

통중 투첸이 반박했다. "저는 관정 의식에서 부르는 기도 곡을 부를 줄 몰라요."

시페 걀모는 말했다. "내가 당신을 도울게요. 그리고 모든 수호존들이 당신에게 힘을 줄 겁니다. 두려워할 것은 아무것도 없어요. 그러니 부디 관정 의식을 치러주세요."

바로 그때, 텐트 안에 있던 모든 고기와 피가 버터, 설탕 등 다양한 식품들과 의약품, 꽃으로 변했다. 다키니들은 통중 투첸에게 꽃을 던졌다. 갑자기 그는 자신이 마더 탄트라의 관정 의식을 치르는 법을 알고 있다는 사실을 깨닫고는 다키니들에게 관정 의식을 치러주었다.

모든 다키니들이 그에게 감사해했다. 시페 걀모가 말했다. "5년 후에 여덟 묘지*의 다키니들과 많은 대사들을 만나게 될 겁니다.

★ 저명한 탄트라 스승들의 유골이 모셔져 있는 인도의 여덟 장소를 가리킨다. 역주.

당신이 우리를 찾아온다면, 우리는 당신에게 마더 탄트라의 더 많은 가르침을 알려주겠습니다." 그리고 모든 다키니들이 그와 작별 인사를 나누었다. 시페 갈모는 이제 그가 떠나야 한다고 말했다. 빨간색 다키니는 바람 원소를 상징하는 스카프에 '얌^{YAM}' 자를 쓴 후 그것을 공중에 흔들었다. 그리고 그에게 오른발을 스카프에 갖다 대라고 말했다. 오른발을 갖다 댄 순간, 그는 다시 몸으로 돌아왔고 자신이 자고 있었다는 사실을 깨달았다.

그가 너무 오랜 시간 잠을 잤으므로 사람들은 그가 죽었다고 생각했다. 마침내 그가 일어나자 그의 스승은 그에게 왜 그렇게 오래 잤는지 물어보았다. 그는 스승에게 자신의 꿈을 말해주었다. 스승은 그것이 아주 훌륭한 꿈이긴 하지만 자칫하면 장애물이 될 수 있으니 비밀을 유지하라고 당부했다. 스승은 언젠가 통중 투첸도 스승이 될 거라고 말하며 그가 행할 미래의 가르침에 힘을 실어주는 축복을 내려주었다.

다음 해, 통중 투첸이 안거 수행 중이던 어느 날 저녁에 세 다키니가 그를 방문했다. 그들은 초록 스카프를 가지고 있었고, 그것을 그의 발에 가져다 대었다. 그러자 그는 잠시 의식을 잃었고, 정신을 차려 보니 꿈속이었다.

그는 동쪽을 향해 있는 세 개의 동굴을 보았다. 그 동굴들 앞에는 아름다운 호수가 있었다. 그는 중앙에 있는 동굴로 들어갔다. 동굴 안쪽은 꽃으로 멋지게 장식되어 있었다. 그는 거기서 세 명의 대사를 만났는데, 그들은 각각 다른 비전^{秘傳}의 관정 의식용 옷을 입고 있었다. 그들은 사랑스러운 다키니들에게 둘러싸여 있었다. 다키니들은 악기를 연주하고, 춤을 추고, 공양을 바치고, 기도하는 등의 신성한 활동을 하고 있었다.

세 명의 스승은 통중 투첸에게 관정 의식을 치러주었다. 이 의식의 목적은 그가 마음의 본성으로 깨어나는 것, 그의 전생을 기억하는 것, 쬐 수행을 성공적으로 가르치는 것이었다. 가운데에 있던 대사가 일어나 말했다. "너는 모든 신성한 가르침을 받았고, 관정을 받았다. 우리는 너의 가르침의 능력에 힘을 실어주는 축복을 내렸다."

오른편에 앉은 대사가 일어나 말했다. "우리는 너에게 관정 의식을 치러줌으로써 모든 가르침을 주었다. 논리적 철학을 사용하여 에고를 잘라내고, 개념적인 마음을 사용하여 망상으로부터 자유로워지거라. 그리고 쬐 수행을 하거라. 우리가 너에게 축복을 내리니, 너는 이런 수행들을 사람들에게 계속 가르치거라."

왼편에 앉은 대사가 일어나 말했다. "나는 티베트와 샹숭의 모든 대사들의 가슴에 있는 신성한 탄트라 가르침을 너에게 알려주려고 한다. 우리는 이런 가르침들로써 너에게 관정 의식을 치러주고 축복을 내린다. 너는 이제 다른 사람들을 도울 수 있다."

이들 세 명의 대사는 2세기 말쯤, 그러니까 통중 투첸이 태어나기 500년 전부터 살았던 이들로서 뵌교에서 매우 중요한 대사들이었다.

스승이 세상을 떠난 후, 통중 투첸은 스승이 살았던 작은 마을로 돌아갔다. 그곳은 스승이 사람들을 위해 수행하고 의식을 치렀던 곳이었다. 그가 짧은 명상이나 안거 수행을 하고 있을 때면, 그의 의식 속에 생생한 모습으로 여러 대사들이 자주 찾아왔다. 또, 그는 자신의 몸을 투시하는 경험을 하여 채널과 에너지가 맑은 크리스털같이 나타나는 것을 보았다. 그는 걸을 때 발이 땅에 닿지 않았으며, 프라나의 힘을 이용해 아주아주 빠르게 걸을 수 있었다.

4년이 더 흘렀다. 그가 꿈에서 만난 갈색 다키니, 즉 시페 걀모는 그들이 5년 후에 다시 만날 것이라고 말했었고 이제 그 시간이 다가왔다. 어느 날 그는 동굴에서 낮잠을 자는 중에 모든 대사에게 기도했다. 그리고 다시 깨어났을 때, 그는 엄청나게 맑은 하늘을 보았다. 작은 산들바람이 불었고, 두 명의 다키니가 바람을 타고 와서 그에게 같이 가자고 말했다.

그가 그 다키니들을 따라가자 5년 전 꿈에서 만났던, 각기 다른 곳에서 온 다키니들이 다시 모여 있었다. 통중 투첸은 마더 탄트라와 쬐 수행에 대한 설명을 듣고 가르침을 받았다. 다키니들은 미래의 어느 시점에 보살들과 열두 명의 축복받은 대사들이 나타날 것이고 그때가 바로 통중 투첸이 가르침을 펼칠 때라고 예언했다. 각 다키니는 그가 가르침을 펼치는 데 도움이 되어주기로 약속했다. 한 다키니는 가르침의 수호존 역할을 맡겠다고 말했고, 한 다키니는 가르침을 축복하겠다고 말했으며, 또 다른 한 다키니는 오류 섞인 말과 해석들로부터 가르침들을 보호하겠다고 말했다. 그렇게 다키니들의 약속이 이어졌다. 시페 걀모 또한 그 가르침의 수호자 역할을 하겠다고 서약했다. 차례차례로 각각의 다키니는 자신이 그 가르침을 널리 알리는 데 어떤 도움을 줄지 그에게 말했고, 그것을 약속했다. 그들은 그 가르침이 마치 태양의 빛과 같이 열 가지 방향으로 널리 뻗어나가 세계 모든 지역에 닿게 될 것이라고 말했다. 이 예언은 오늘날 이 수행을 배우는 사람들을 고무시키는 중요한 예언이다. 이 가르침은 실제로 전 지구를 향해 뻗어나가고 있기 때문이다.

통중 투첸의 꿈은 명료한 꿈의 좋은 예다. 그는 꿈에서 그가 미래에 꾸게 될 어떤 꿈에 관한 정확한 정보를 받았다. 그는 꿈속에서 다키니들과 대사들의 도움으로 가르침과 관정을 받았다. 그는 생의 초기에 이미 깨달음을 성취한 사람이었다. 그러나 그는 꿈에서 그것이 드러나기 전까지 대사로서의 자신의 모든 잠재력을 알지 못하고 있었다. 그는 꿈에서 받은 축복을 통해 의식의 다른 차원에 눈을 떴으며, 전생에서 배우고 발전시킨 자신의 일부와 다시 연결되었다. 그는 자신의 꿈을 통해 계속 성장했고, 일생 동안 대사와 다키니들을 만나 그들에게 가르침을 받았다.

우리 모두 이렇게 할 수 있다. 우리는 수행자로서, 꿈과 깨어 있는 삶의 연속성이 향상되고 있음을 발견하게 될 것이다. 꿈이 보다 깊은 자아와 다시금 연결되고 영적 성숙을 이루게끔 도와주는 구체적인 과정의 일부가 될 때, 꿈은 우리의 영적 여정에 매우 값진 것이 된다.

수행의 두 종류

몇 년 전 어느 날 밤, 나는 내 입속에 뱀이 있는 꿈을 꾸었다. 그것을 입 밖으로 꺼내 보니 죽어 있었다. 그것은 아주 불쾌한 느낌이었다. 구급차가 우리 집에 도착했고 구급대원들은 뱀에 독이 있어 내가 죽어가고 있다고 말했다. 나는 알겠다고 했고 그들은 나를 병원으로 데려갔다.

나는 두려웠으며 죽기 전에 족첸 대사 타피리차^{Tapihritsa}의 불상을 볼 필요가 있다고 그들에게 말했다. 구급대원은 그가 누구인지는 몰랐지만 찾아올 테니 죽지 말고 기다려야 한다고 했다. 나는 잠시 안심했다. 그러나 그때 그들은 즉시 불상을 가져와서 나를 놀라게 했다. 죽음을 지연시키려던 나의 변명은 오래가지 못했다. 그래서 나는 다시 그들에게 죽음은 없다고 말했다. 궁여지책으로 그 말을 내뱉은 순간 나는 잠에서 깨어났고, 내 심장은 빠르게 뛰고 있었다.

그날은 한 해의 마지막 날이었고, 나는 다음 날 휴스턴에서 로마로 날아갈 예정이었다. 꿈을 꾼 후에 마음이 불편하자, 나는 어쩌면 이것을 진지하게 받아들이고 내 여행 계획을 취소해야 할지도 모른다는 생각을 했다. 나는 스승님의 조언이 필요했으므로 다시 잠에 들었다. 자각몽 속에서, 나는 네팔에 계신 스승님을 찾아가 나의 불안한 꿈을 말씀드렸다.

당시 휴스턴은 홍수로 많은 어려움을 겪고 있었다. 스승님은 이 꿈을 내가 가루다^{Garuda}로 나타난 꿈이라고 해석하셨다. 가루다는 뱀의 모습을 한 물의 영혼 나가^{Nagas}를 제압할 수 있는 신비한 새이다. 스승님은 이 꿈이 홍수를 일으킨 나가를 가루다가 정복했다는 의미로 보셨다. 이 해몽 덕에 내 기분은 한결 나아졌다. 다음 날 나는 계획대로 로마에 갔다. 이것은 자각몽을 활용해 결정을 내리거나 실질적으로 사용하는 좋은 예다.

이 모든 것이 이상하거나 믿을 수 없는 말로 들릴 수도 있지만, 진정한 요지는 마음의 유연성을 키워 마음을 제한하는 경계를 뚫고 나아가는 데 있다. 보다 큰 유연성이 생긴 우리는 기대와 욕구에 영향받지 않으므로 어떤 일이 일어나든 그것을 쉽게 받아들일 수 있다. 우리의 삶이 여전히 집착과 혐오감에 의해 제한을 받고 있다 하더라도, 이러한 종류의 영적 수행은 우리 일상에 도움이 될 것이다.

만약 내가 죽음도 없고 죽을 사람도 없다는 깨달음 속에서 진정으로 살아가고 있었다면 그 꿈이 내게 불안감을 주었어도 해몽을 구하지 않았을 것이다. 해몽에 대한 우리의 열망은 희망과 두려움에 기반한 것이다. 우리는 무엇을 피하고 무엇을 취해야 하는지 알고 싶어한다. 우리는 뭔가를 바꾸기 위해 이해를 얻고자 한다. 그러나 자신의 진정한 본성을 깨닫게 되면 의미를 찾지 않게 된다. 왜 굳이 의미를 찾아야 한단 말인가? 희망과 두려움을 넘어설 때, 꿈의 의미는 중요해지지 않는다. 당신은 지금 이 순간 어떤 일이 일어나든 그것을 충만히 경험하게 되기 때문이다. 그러면 어떤 경험도 불안한 마음을 일으키지 않는다.

꿈 요가는 우리의 삶 전체를 아우르며, 우리 경험의 모든 다양한 차원에 적용될 수 있다. 이래서 혹자는 꿈 요가의 가장 높은 철학적 관점과 몇몇 실천적 설명들이 서로 모순된다는 느낌을 받을 수도 있다. 꿈 요가의 가장 높은 철학적 관점은 무극無極(boundless)의 관점이다. 비이원적, 비인습적 현실에 적용되는 가르침들은 성취할 그 어떤 것도 없다고 단언한다. 또, 무언가를 구하는 것은 곧 잃는 것과 같다고 말하는데, 이는 구하려는 노력이 그 사람의 진정한 본성으로부터 멀어지게 하기 때문이다. 그러나 동시에 오직 이원성의 측면, 희망과 두려움의 측면에서만 타당한 수행과 가르침들이 있다. 꿈 요가에 대한 몇몇 설명은 해몽, 특정 수호존들을 달래는 것, 장수를 위한 수행들을 성취하는 것과 관련이 있다. 또, 학생들은 성실하게 수행하고 마음의 초점을 지키도록 강력히 권고받는다. 우리는 마치 성취할 그 어떤 것도 없지만 열심히 수행해야 한다는 말을 듣는 기분이다.

때로는 이런 점이 다소 혼란스럽기에 수행자는 수행에 관해서도 혼란을 느낄 수 있다. 그리하여 이런 질문을 하게 된다. "궁극적인 현실이 분별조차 없는 비어 있는 상태라면, 그리고 해탈이 이 공한 본성을 깨달음으로써 찾아지는 것이라면, 나는 왜 상대적인 결과가 목적인 수행을 해야 하는가?" 대답은 간단하다. 우리는 이원적이고 상대적인 세계에 살고 있으므로 그러한 세상에서 효과를 발휘하는 수행을 하는 것이다. 육도윤회의 존재에게는 이분법과 양극성이 의미를 지닌다. 그들의 생각과 행동에는 옳고 그름, 좋고 나쁨이 있다. 이것은 각기 다른 종교, 영적 학교, 철학적 체계, 과학, 문화의 가치에 기반한 것이다. 당신을 속박하고 있는 그 상황들을 존중하라. 육도윤회의 삶에서는 관습적인 수행과 해몽이 큰 도움이 될 수 있다.

나는 죽음을 두려워했기에 해몽이 필요했었다. 그러나 나의 그런 요구가 두려움과 이원론에 근거했다는 점, 또 내가 비이원적 현존에 머무른다면 두려움이란 없으며 해몽 또한 필요하지 않다는 점을 깨닫는 것은 내게 중요했다. 우리는 우리 자신을 찾아가는 과정에 유용한 것을 사용하면 된다. 우리가 오직 마음의 진정한 본성 속에서만 살아갈 때, 현실은 진정으로 분별이 없는 공한 것이 되고, 그러면 우리는 상대적인 수행들이 필요하지 않을 것이다. 우리 자신을 되잡을 필요가 없으므로 해몽도 필요치 않다. 되잡을 에고적인 자아가 없기 때문이다. 두려움과 희망이 없으면 미래에 관한 꿈을 자문할 필요도 없다. 우리는 무슨 일이 일어나든 마음의 혐오나 끌림 없이 완벽하게 현존한다. 진리 속에 살고 있으면 꿈의 의미를 찾을 필요가 없어진다.

우리의 관습적인 삶 속에서는 무언가를 선택하고 바꿀 수 있다. 이것이 우리가 가르침을 공부하는 이유이며 수행을 하는 이유이다. 삶에 더 능숙해지고 삶을 더 많이 이해할수록, 우리는 더 유연해진다. 우리는 자각한다는 것이 무엇인지, 우리가 하는 경험에 있어 망상에 불과한 것이 무엇인지, 고통은 어떻게 생기는 것인지, 우리의 진정한 본성은 무엇인지 진정으로 이해하게 된다. 우리가 하는 무언가가 더 큰 고통을 유발하고 있음을 한 번 깨닫기 시작하면, 우리는 다른 선택을 내릴 수 있다. 우리는 불필요한 수많은 고통을 불러오는 편협한 정체성과 반복적인 경향에 신물이 났다. 우리는 부정적인 감정 상태를 놓아버리고, 우리를 산란하게 만드는 것들을 극복할 수 있도록 스스로를 훈련시키고, 순수한 현존에 머무를 수 있다.

이는 꿈을 꾸는 것과 같다. 수행에는 점진적인 진전이 있다. 수행이 발전을 이루면 꿈을 꾸는 다른 방법이 있다는 것을 발견한다. 그러면 우리는 꿈의 줄거리나 해석이 중요하지 않은, 비인습적인 꿈 수행으로 나아간다. 그리하여 꿈 자체보다 꿈의 원인에 대해 더 많은 작업을 하게 된다.

세속적인 목적을 위해 꿈 요가를 사용하지 말라는 법은 없다. 어떤 수행들은 상대적인 관심사들을 다루며 건강, 점괘, 지침, 불건전한 업과 심리적 경향의 정화, 치유 같은 것들을 목적으로 꿈을 활용하도록 한다. 영적인 길은 실용적이며 어디에나 적합한 것이다. 꿈 요가를 활용하여 상대 세계에서 유익을 얻는 것은 좋은 일이다. 그러나 이는 꿈 요가의 잠정적인 사용에 지나지 않는다. 궁극적으로, 우리는 상대적인 상황들을 단순히 개선시키는 것을 넘어, 상대 세계에서 해탈하는 데 꿈을 쓰길 원한다.

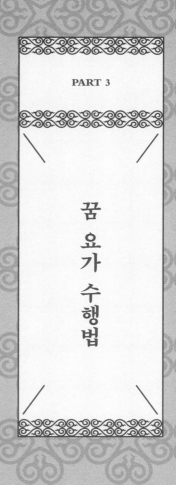

PART 3

꿈 요가 수행법

시각, 행동, 꿈, 죽음

마더 탄트라에서는 시각 경험(vision) 속의 알아차림이 없는 사람은 행동 속의 알아차림도 없을 것이라고 말한다. 행동 속의 알아차림이 없는 사람은 꿈속의 알아차림도 없을 것이다. 꿈속의 알아차림이 없는 사람은 죽은 후 바르도 속의 알아차림도 없을 것이다.

이것이 무슨 뜻일까? 여기서 '시각 경험'이란 단순히 시각적인 현상만이 아니라 깨어 있을 때 우리가 보고 알아차리는(see) 경험 전체를 의미한다. 그것은 우리 외부에 있는 것처럼 보이는 대상들뿐 아니라 우리 안의 지각, 감각과 정신적, 감정적 요소들을 전부 포함한다. '본다'는 것은 결국 그 '보는 이'의 경험이다. 그러니까 '시각 경험 속의 알아차림이 없는 존재'란 자신이 경험하는 바의 진실을 보지 못하는 존재다. 그는 마음의 공상과 투사를 실재라고 믿는 잘못으로 인해, 그리고 이원적인 마음의 오류로 인해 착각 속에 살고 있다.

우리 자신이 속한 상황의 진실에 대한 알아차림이 부족할 때 우리는 내적으로든, 외적으로든 삶에서 마주치는 것들에 능숙하게 대응하기가 어렵다. 따라서 우리는 불행과 허황한 희망에 의해 운용되는, 집착과 혐오라는 업의 습관에 따라 반응하게 된다. 이처럼 혼란에 기반한 행동을 하는 사람을 가리켜 '행동 속의 알아차림이 없는 존재'라고 말한다. 이런 행동들은 애착, 증오, 무지를 강화시키고 이전보다 더 부정적인 업의 흔적을 창조하는 결과를 낳는다.

꿈 역시 깨어 있을 때의 경험을 지배하는 업의 흔적들로부터 생겨난다. 만약 낮 동안에 우리가 이리저리 움직이는 마음의 공상과 망상에 젖어 지나치게 산란해져 있다면, 우리는 필시 꿈속에서도 똑같은 제한에 얽매여 있을 것이다. 이것이 바로 '꿈속의 알아차림이 없는 존재'이다. 우리가 마주하는 꿈의 현상은 깨어 있을 때 미처 알아차리지 못한, 똑같은 감정과 이원적인 반응들을 떠오르게 할 것이다. 그러면 자각의 수준을 높이고 수행을 진전시키는 것이 어려워진다.

잠든 후 꿈속에 들어가는 것처럼, 우리는 죽은 후에 바르도, 즉 중음中陰으로 들어간다. 만약 꿈의 경험에 명료함이 결핍되어 있고, 감정적 상태와 습관적인 반응성으로 인한 혼란이 존재한다면 우리는 죽음의 과정을 그와 똑같은 방식으로 경험하도록 스스로를 훈련시키는 꼴이 될 것이다. 우리는 중음에서의 광경에 이원적으로 반응하여 더 강한 업의 속박에 끌려다니게 될 것이다. 더 나아가, 우리의 환생은 이번 생에 구축해왔던 업의 경향성에 의해 결정될 것이다. 이것이 바로 '바르도 속의 알아차림이 없는 존재'의 의미다.

반면, 우리가 매 순간의 경험 속으로 알아차림을 가져올(bring) 수 있다면, 이 능력은 얼마 지나지 않아 꿈속에서도 드러날 것이다. 꿈속에서 현존을 연습하는 것은 죽음에 대비하는 것과 같다. 꿈 수행은 죽음의 과정과 밀접한 연관이 있기 때문이다.

수행의 진전을 위해서는 반드시 마음의 안정성을 키워야 한다. 그러면 시각 경험에 대해 더 깊은 알아차림을 유지할 수 있으며 더 능숙하게 대응하는 능력을 계발할 수 있다. 이를 위한 첫 수행이 시녜zhiné, 곧 '고요함에 머무르기'이다. 우리는 이를 통해 마음의 안정, 집중, 기민함을 훈련할 수 있다.

경험 속으로 더 깊은 알아차림을 가져올 때, 우리는 인습적인 마음의 망상에 기초한 습관적인 반응을 극복할 수 있다. 앞으로 소개할 네 가지 기본수행은 깨어 있는 동안 경험하는 모든 것을 명료한 자각과 현존을 향상시키는 요인으로서 활용하게끔 마음을 훈련시켜 유연성을 더욱 강화한다. 업에서 기인한 반응이 적어지면 긍정적 행동을 선택하기가 쉬워진다. 이것이 바로 행동 속으로 알아차림을 가져오는 것이다.

우리가 깨어 있는 동안 알아차림을 경험 속에서 안정시키고 행동 속에서 강화시킨다면, 그것은 자연스럽게 꿈속에서도 작용하기 시작한다. 주요수행은 이러한 꿈속의 알아차림을 강화하기 위해 프라나, 차크라, 마음에 대한 이해를 활용한다. 주요수행은 잠들기 전, 그리고 잠에서 깨어나는 세 번의 주기 중에 이루어진다. 일단 명료한 자각이 발달하면 꿈꾸는 것 자체와 연관된 수행으로 나아가게 된다. 이는 마음의 유연성을 계발하기 위한 것이자 우리를 육도윤회 속에 잡아두는 제한과 오해들로부터 벗어나기 위한 것이다.

깨어 있을 때 함양되었던 명료한 자각과 현존이 꿈속으로 옮겨가듯이, 꿈속에서 함양된 명료한 자각과 현존은 죽음으로 옮겨간다. 만일 꿈 요가를 온전히 성취한 사람이 있다면, 그는 죽은 후의 중음 상태에 들어갈 준비가 된 것이다. 그는 올바른 관점을 지니고 있으며 비이원적 현존에 안정되어 있다. 이는 해탈을 이루기 위해 꼭 필요한 것이다.

경험 속의 즉각적인 알아차림, 반응(행동) 속의 알아차림, 꿈속의 알아차림, 그리고 죽음 이후의 알아차림. 이것이 수행의 바른 순서이다. 앞의 순서를 건너뛰고 바로 끝의 순서로 갈 수는 없다. 당신의 수행이 얼마나 원숙해질 수 있을지는 당신 자신에게 달려 있다. 이런저런 현상들을 경험하게 될 때, 그것에 대한 당신의 감정과 그 감정에 대한 당신의 반응을 살펴보라. 당신은 경험 대상들과의 상호작용에 끌려다니고 있는가, 아니면 그것들에 대한 반응을 통제하고 있는가? 당신은 끌림과 혐오에 의한 감정적 반응에 빠져 있는가, 아니면 다양한 상황 속에서도 흔들리지 않는 현존에 거할 수 있는가? 전자의 경우라면 수행으로 업의 조건화와 반응에서 벗어나는 데 필요한 현존을 함양해야 할 것이다. 후자의 경우라면 갈수록 알아차림으로 인한 안정성이 더욱 커질 것이며 당신의 꿈은 비범한 방식들로 바뀔 것이다.

고요함에 머무르기: 시네 수행

성공적인 꿈 수행자는 업이 일으키는 감정의 바람에 휩쓸리거나 꿈에서 길을 잃는 것을 피하기 위해 반드시 현존 안에서 충분히 안정되어 있어야 한다. 마음이 안정될수록 꿈은 더 길어지고 덜 파편적이게 되며, 꿈을 기억하는 일이 쉬워지고 명료하게 자각하는 능력도 향상된다. 우리를 산란하게 하고 불행하게 만드는, 습관적이고 감정적인 반응들에 점점 더 끌려다니지 않으면 않을수록 깨어 있는 삶도 그만큼 동등하게 향상된다. 이렇게 되면 우리를 행복으로 이끄는 긍정적인 특성들을 계발할 수 있으며, 이 긍정적인 특성들은 우리의 영적 여정에 도움이 된다.

모든 요가의 수행과 영적 수행에는 집중력을 키우고 마음을 고요하게 하는 방법이 포함되어 있다. 티베트 전통에서는 이것을 고요함에 머무르기(시네)라고 부른다. 우리는 이 안정성의 발달을 세 단계로 나눈다. 강제적인 시네, 자연스러운 시네, 궁극적인 시네가 바로 그것이다. 시네는 어떤 대상에 정신을 고정하는 것으로 시작하는데, 그 집중이 충분히 강해지면 대상 없이 집중하는 것을 연습하게 된다.

다음의 다섯 가지를 유의한 명상 자세로 앉아 수행을 시작하라. 1) 다리를 교차하라. 2) 손바닥을 위로 향하게 한 뒤 양손을 겹쳐서 다리 위에 올려두라. 3) 척추를 너무 뻣뻣하지 않을 정도로만 곧게 펴라. 4) 머리를 아래쪽으로 살짝 기울여 목을 곧게 펴라. 5) 눈을 뜨고 있으라.

눈은 너무 크게 뜨거나 꼭 감고 있지 말고 편안히 떠야 한다. 집중의 대상은 너무 높지도 낮지도 않은, 눈앞에 바로 보이는 곳에 놔두어야 한다. 수행 중에는 움직이지 않도록 해야 한다. 침을 삼키거나 눈을 깜빡이는 것마저도 최대한 삼가야 한다. 오로지 대상 하나에만 마음을 집중하라. 눈물이 얼굴에 흐를지라도 움직이지 않아야 한다. 자연스럽게 호흡하라.

명상 자세

　보통, 어떤 대상을 두고 수행을 할 때 우리는 티베트 음절 '아' 자를 집중의 대상으로 삼는다. 이 글자에는 많은 상징적 의미가 있지만 여기서는 그저 집중을 강화하는 용도로만 사용하겠다. 다른 대상도 사용할 수 있다. 영어의 알파벳 'A', 어떤 이미지나 만트라의 소리, 호흡 등 거의 모든 것이 그 대상이 될 수 있다. 하지만 당신에게 영감을 주는, 무언가 신성한 것과 연결된 대상을 사용하는 편이 좋다. 또한, 수행할 때마다 대상을 자주 바꾸는 것보다는 동일한 대상을 사용하는 편이 좋다. 대상의 연속성이 수행에 도움이 되기 때문이다. 그리고 외부에 있는 물질적 대상에 집중하는 편이 더 좋을 수 있다. 외적 대상들, 더 나아가 꿈속 대상들을 인식할 때의 안정성을 계발하려는 목적에서다.

티베트 음절 '아'

티베트어 '아' 자를 사용하고자 한다면 한 변이 2.5센티미터인 사각형 종이에 글자를 적으라. (전통을 그대로 따르자면 '아' 자는 흰색이며, 그 주위를 다섯 개의 동심원이 둘러싸게 된다. '아' 자의 배경이 되는 중심의 원은 남색이다. 그리고 그 주위에 파란색, 초록색, 빨간색, 노란색, 흰색 원이 있다.)[★] 앉았을 때의 눈높이에 맞출 수 있을 만큼 긴 막대에 종이를 붙여두고 그것이 똑바로 서 있을 수 있도록 단단히 고정하라. 그리고 '아' 자가 눈앞에 약 45센티미터 거리에 있게 하라.

[★] 책 뒷날개의 그림을 참고하라. 역주.

이 수행 중에 많은 진전의 징후가 나타날 수 있다. 집중력이 강화되고 수행 시간이 점차 길어짐에 따라 몸에 이상한 감각이 느껴지고 많은 시각적 현상이 나타난다. 또한 당신의 마음이 뭔가 이상한 짓을 하는 것을 발견할 수도 있다! 그래도 괜찮다. 이러한 경험은 집중력 계발의 자연스러운 일부다. 마음이 자리를 잡을 때 발생하는 일들이므로 이것들에 방해를 받지도, 흥분하지도 말라.

강제적인 시네

수행의 첫 단계에는 노력이 필요하므로 '강제적'이라고 불린다. 마음은 쉽고 빠르게 산란해지기 때문에 단 1분 동안 대상에 집중하는 것조차도 불가능해 보일 수 있다. 그래서 시작 단계에서는 짧은 수행을 휴식과 번갈아 여러 번 하는 것이 도움이 된다. 하지만 휴식하는 동안에도 마음을 딴 길로 새게 하지 말고 만트라를 외거나, 시각화 작업을 하거나, 자비행과 같은 다른 수행을 번갈아 하라. 그리고 휴식이 끝나면 다시 시네 수행으로 돌아가라. 만약 시네 수행을 할 준비는 됐지만 집중할 대상을 가지고 있지 않다면, 빛의 공이 이마에 있다고 시각화하고 그곳에 주의를 집중한다. 시네 수행을 위한 연습은 적어도 매일 한두 번씩 해야 하며 시간이 있다면 더 자주 할수록 좋다. 집중력을 키우는 것은 몸의 근육을 강화하는 것과 같다. 운동처럼 규칙적으로 반복하고, 더 강해지기 위해서 한계치를 점점 늘려가야 한다.

마음을 대상에 두고 그것을 유지하라. 과거나 미래에 관한 생각을 따라가지 말라. 공상, 소리, 육체적 감각 등 당신을 산란하게 만드는 것들이 당신의 주의를 끌지 못하게 하라. 현재 순간의 감각에 머무르라. 그리고 모든 힘과 명료함을 동원하여 눈을 통해 마음을 대상에 집중시키라. 단 1초라도 대상에 대한 알아차림을 잃지 않도록 하라. 호흡이 느껴지지 않을 정도가 될 때까지 숨을 점점 더 부드럽게 들이쉬고 내쉬라. 천천히, 당신 자신이 고요하고 평온한 곳으로 더 깊이 들어갈 수 있게 하라. 몸이 편안하게 유지되고 있는지 확인하라. 집중으로 인해 긴장하지 않도록 하라. 몽롱해지거나 둔해지거나, 또는 트랜스^{trance} 상태에 빠지지 않도록 하라.

집중의 대상에 대해 생각하지 말고 그저 알아차림 속에 그것을 놔두라. 여기에는 중요한 차이가 있다. 대상에 대해 생각하는 것은 우리가 계발하고 있는 집중력과는 다르다. 중요한 것은 대상과 대상을 인식하는 감각에 마음을 고정한 후 산란함 없이 대상의 현존을 계속 알아차리는 것이다. 수행 초기에 흔히 그렇듯이 마음이 산란해지면 부드럽게 다시 마음을 대상에다 되돌려놓고 거기에 머무르라.

자연스러운 시네

안정성이 강화되면 두 번째 단계인 자연스러운 시네로 넘어간다. 첫 번째 단계에서는 지속적으로 대상에 주의를 두도록 하여 집중력을 향상시켰고, 제멋대로인 마음을 통제하는 법도 배웠다. 두 번째 단계에서, 마음은 응시하는 대상에 흡수되며 더 이상 집중을 위한 강제가 필요 없어진다. 편안하고 기분 좋은 평정은 마음이 조용할 때, 생각이 떠오르긴 하지만 그것이 대상에 집중된 마음을 산란시키지는 않을 때 만들어진다. 몸의 요소들이 조화를 이루게 되고 프라나가 몸속에서 고르고 부드럽게 움직일 때, 바로 이때가 대상 없이 주의를 집중하기에 적절한 시기이다.

물리적인 대상을 버리고 그저 공간 속에 초점을 맞추라. 하늘처럼 광대한 공간을 응시하는 것도 도움이 되지만, 몸과 벽 사이의 공간에 집중할 수 있다면 작은 방에서도 수행이 가능하다. 고요하고 진정된 상태에 머물러 있으라. 몸을 편안히 두라. 공간 속에 어떤 상상의 지점을 만들어 집중하기보다는 강한 현존에 머무르면서 마음이 확장되도록 하라. 우리는 이것을 공간 속에서 '마음이 용해된다'고 말하기도 하고, '공간과 마음이 합쳐진다'고 말하기도 한다. 이렇게 되면 안정된 평정이 찾아오면서 시네 수행의 세 번째 단계로 넘어갈 수 있다.

궁극적인 시네

두 번째 단계에서도 대상과의 통합을 이루는 것을 포함한, 어느 정도의 부담감이 여전히 있었다. 그러나 세 번째 단계는 고요하지만 가볍고, 편안하며 유연한 마음이 특징이라고 할 수 있다. 생각이 떠오르면 노력하지 않아도 저절로 사라진다. 마음은 그 자신의 움직임과 온전히 통합된다.

족첸 전통에서는 이때가 스승이 제자를 본연의 마음 상태로 안내할 때이다. 제자가 시녜 수행을 진전시키면 스승은 제자가 반드시 성취해야 할 새로운 상태를 기술하기보다는 이미 경험한 것을 가리켜 보인다. '가리켜 보여주는' 가르침으로 알려진 이러한 설명 방식에는 이미 거기에 있던 그것을 제자가 알아차릴 수 있게 하려는 의도가 담겨 있다. 또, 개념과 생각 속에서 움직이는 마음과 순수하고 비이원적인 마음의 본성을 분별할 수 있게 하려는 의도도 담겨 있다. 이것이 시녜 수행의 궁극적인 단계이며, 비이원적 현존에 머무는 것이자 릭빠 그 자체라고 할 수 있다.

장애물들

시녜 수행이 진전됨에 따라 반드시 극복해야 할 세 가지 장애물이 있다. 동요, 졸음, 해이가 바로 그것이다.

동요

동요는 마음이 쉼 없이 한 생각에서 다른 생각으로 옮겨다니게 만들어 집중을 어렵게 한다. 이를 방지하려면 과도한 신체적, 정신적 활동을 피함으로써 수행하기 전에 스스로를 고요하게 해야 한다. 천천히 스트레칭을 하는 것은 몸을 편안히 하고 마음을 고요히 하는 데 도움이 될 수 있다. 일단 앉은 후에는 몇 번의 깊고 느린 호흡을 하라. 명상 자세를 취하고 앉아 있는 동안, 정신적으로 방황하는 습관이 강화되는 것을 막기 위해 수행을 시작하는 즉시 마음을 집중시키라.

졸음

두 번째 장애물은 졸음인데, 이는 알아차림을 약화시키는 둔중함과 무기력이 마치 안개처럼 마음속으로 들어오는 것과 같다. 이럴 때는 졸음을 물리칠 수 있도록 마음을 대상에 강하게 집중하라. 그러면 당신은 졸음이 사실 강한 집중력으로 멈출 수 있는, 일종의 마음의 움직임이라는 것을 알 수 있을 것이다. 만일 이것이 효과가 없다면 잠시 쉬면서 스트레칭을 해도 되고, 서서 수행을 할 수도 있다.

해이

세 번째 장애물은 해이이다. 이 장애물을 마주했을 때 마음이 고요하다고 느낄 수도 있지만, 사실 이것은 집중력이 강하지 못하여 정신적으로 약하고 수동적인 상태다. 이 상태가 무엇인지를 인식하는 것이 중요하다. 이 기분 좋고 편안한 경험이 올바른 명상이라고 착각한다면 수행자는 이를 함양하느라 의식의 질적 변화 없이 수년을 허비할 수도 있다. 집중이 흐려지고 수행이 해이해졌다면 자세를 바로 하고 마음을 일깨우라. 주의력을 강화하고 현존의 안정성을 유지하라. 수행을 귀중한 것으로 여기라. 그것은 실제로 귀중한 것이다. 그리고 이 수행을 최상의 깨달음을 얻을 수 있게 해주는 수행으로 여기라. 실제로도 그렇다. 의도를 강화하면 마음의 각성도 자동적으로 강화된다.

시녜 수행은 마음이 조용하고 안정될 때까지 매일 해야 한다. 이는 예비수행일 뿐만 아니라 수행자의 삶의 모든 면에서 도움이 된다. 심지어 매우 진보한 수행자들도 시녜 수행을 한다. 시녜 수행을 통해 계발된 마음의 안정성은 꿈 요가와 다른 모든 명상 수행의 기초가 된다. 고요한 현존 속의 강하고 믿을 만한 안정감을 일단 성취하면, 삶의 모든 측면에서도 이것을 발전시켜나갈 수 있다. 안정되어 있을 때, 이 현존이 우리와 함께할 것이며 우리는 더 이상 생각과 감정들에 끌려다니지 않을 것이다. 이렇게 되면 잠에 들었을 때 비록 업의 흔적이 꿈의 이미지들을 계속 생성해내더라도, 우리는 알아차림에 머무를 수 있다. 이때 비로소 꿈과 잠 요가의 진보된 단계가 우리 앞에 열리는 것이다.

네 가지 기본수행

꿈 요가에는 네 가지의 기본수행이 있다. 이를 전통적으로 '네 가지 준비'라고 부르는데, 그렇다고 해서 이것이 덜 중요하다거나 '진짜' 수행 전에 하는 수행이라는 뜻은 아니다. 단지 이 수행이 주요수행의 성공을 좌우하는 기초가 된다는 의미에서 준비라고 부르는 것이다.

꿈 요가는 깨어 있는 동안 마음이 쓰이는 방식을 그 토대로 삼는데, 기본수행이 다루는 것이 바로 그것이다. 마음을 어떻게 쓰느냐에 따라 깨어 있는 삶의 질뿐만 아니라 꿈의 종류도 결정된다. 당신이 깨어 있는 삶에서 사람 혹은 대상들과 맺는 관계를 바꾸면 꿈의 경험도 바뀐다. 사실 깨어 있는 삶 ― 이 또한 꿈이다 ― 속의 '당신'과 잠자는 동안의 꿈속 삶의 '당신'은 동일하다. 만일 당신이 멍하니 있거나 개념적인 마음의 복잡성에 발이 잡혀 하루를 보내버린다면, 당신은 꿈에서도 그렇게 하고 있을 것이다. 만일 당신이 깨어 있을 때 더욱 현존하게 되면, 당신은 꿈에서도 현존을 찾을 수 있을 것이다.

1단계: 업의 흔적들 바꾸기

첫 번째 기본수행의 방식은 서양에서도 상당히 잘 알려져 있다. 꿈에 관심이 있거나 꿈을 연구하는 사람들이 이 첫 번째 기본수행이 자각몽을 꾸는 데 도움이 된다는 사실을 발견했기 때문이다. 첫 번째 기본수행은 다음과 같다. 하루를 보내며 삶의 본질이 꿈과 같다는 것을 알아차리는 연습을 하라. 이 알아차림이 꿈에서도 똑같이 나타날 때까지 말이다.

아침에 일어나면 '나는 깨어 있는 채로 이 꿈을 경험하고 있다'고 생각하라. 부엌에 들어갈 때도 그곳이 꿈속의 부엌이라는 것을 알아차리라. 꿈속의 우유를 꿈속의 커피에 부을 때도 '이것은 모두 꿈이다'라고 생각하라. '이것은 꿈이다'. 종일 이것을 되뇌라.

당신 경험 속의 대상들보다는 꿈꾸는 자인 당신 자신에게 주안점을 둬야 한다. 계속해서 당신의 경험이 꿈속에서 일어나고 있다고 되뇌라. 당신이 느끼는 분노, 행복, 피로, 불안 등 이 모든 것이 꿈의 일부이다. 당신이 인식하는 떡갈나무, 당신이 운전하고 있는 차, 당신이 얘기하고 있는 상대방 역시 꿈의 일부이다. 이렇게 하면 경험을 일시적이고 공허한 것, 즉 마음의 투사와 밀접하게 관계된 것으로 보는 새로운 경향성이 마음에 창조된다. 현상을 일시적이고 비본질적인 것으로 보게 되면 집착이 줄어든다. 모든 감각적 접촉과 정신적 사건은 경험의 본질이 꿈과 같은 것임을 상기시켜준다. 결국 이런 이해는 꿈으로 나타날 것이며, 꿈의 상태를 인식하고 명료한 자각이 발달할 수 있도록 도울 것이다.

모든 것이 꿈임을 선언하는 데에는 두 가지 방법이 있다. 첫 번째는 그러한 선언을 업의 흔적들을 변화시키는 방편으로 간주하는 것이다. 다른 모든 수행과 마찬가지로, 이 수행을 하면 세상과의 관계가 변화된다. 대체로 무의식적이고 습관적이었던, 현상에 대한 반응을 변화시키면 삶과 꿈의 질도 변한다. 우리가 어떤 경험에 대해 '그저 꿈일 뿐'이라고 생각하면 그것이 '진짜'인 것 같은 느낌도 덜해진다. 그러면 경험은 우리에게 힘을 발휘할 수 없다. 우리가 경험에 힘을 부여했을 때만 그것이 힘을 지닐 수 있기 때문이다. 또, 이렇게 되면 경험은 더 이상 우리를 방해할 수도, 우리를 부정적인 정서 상태로 끌고 갈 수도 없다. 대신에 우리는 모든 경험을 향상된 명료성, 보다 큰 평온, 보다 큰 감사로 맞이하기 시작한다. 이런 의미에서 이 수행은 우리가 '진짜'처럼 보이는 것들에 투사해온 의미를 변화시킴으로써 우리의 심리에 영향을 미친다. 경험을 달리 바라보면 그것에 대한 우리의 반응도 변화한다. 그러면 그 반응에 의해 업의 흔적도 달라지고, 꿈의 근원도 달라진다.

두 번째 방법은 깨어 있는 삶이 실제로는 꿈과 같다는 것, 경험 전체가 마음의 투사로 만들어졌다는 것, 모든 의미는 전가된 것이며 우리가 경험하는 모든 것이 업에서 기인한 것임을 깨닫는 것이다. 우리는 미묘하고 만연하게 작용하는 업에 대해 배웠다. 이것은 과거 업의 흔적으로부터 현재를 창조하는 인과관계의 끝없는 사이클이며, 이 사이클은 모든 행동의 결과인 지속적인 조건화를 통해 돌아간다. 이것은 모든 현상은 공하며, 존재와 대상의 고유한 본성처럼 여겨지는 것은 환상이라는 깨달음을 표현하는 한 방법이다. 실제적인 '어떤 것'은 꿈에서와 마찬가지로 깨어 있는 삶 그 어디에도 없으며, 일시적이고 비본질적인 것의 나타남만이 있을 뿐이다. 이것들은 존재의 빛나는 바탕인 공 속에서 생겨났다가 스스로 해방된다. '이것은 꿈'이라는 진술이 담고 있는 진리를 온전히 깨달으면, 우리는 잘못된 신념의 습관들로부터 자유를 얻게 되어 공상을 현실로 착각하는 윤회의 삶에서 자유로워질 수 있다. 이러한 깨달음이 진실로 다가오면 우리는 필연적으로 현존하게 된다. 그곳 말고는 존재할 곳이 없기 때문이다. 명료한 자각을 꿈으로 일관되게 가져오는 방편은 낮 동안 명료한 현존 속에 끊임없이 머무르는 것이며, 이보다 더 효과적인 방편은 없다.

위에서 기술한 이 수행에서 중요한 부분은 당신 자신을 꿈으로서 경험하는 것이다. 당신 자신이 환영이라고, 실체 없는 몸을 가진 꿈속 인물이라고 상상해보라. 당신의 성격과 당신이 지닌 다양한 정체성도 마음의 투사라고 상상해보라. 당신 자신을 오직 빛으로만 만들어진 것으로, 그리고 공허하고 일시적인 것으로 느끼라. 그러는 동안 꿈에서 당신이 함양하려 했던 명료한 자각과 현존을 유지하라. 이러한 연습은 당신 자신과 매우 다른 관계를 맺게 해주는데, 그 관계는 편안하고 유연하며 확장된 것이다.

이 수행을 할 때는 그저 당신이 꿈속에 있다고 반복해서 말하는 것으로는 충분하지 않다. 반드시 이 진술의 진실성을 느껴야 하며, 언어를 넘어서는 경험이 있어야 한다. 상상, 감각, 알아차림을 활용하여 수행을 경험과 통합시키라. 당신이 수행을 잘하고 있다면 스스로 꿈속에 있다고 생각할 때마다 현존이 강화될 것이며 경험은 더 생생해질 것이다. 만일 질적인 변화가 없다면 이 수행을 그저 문장을 기계적으로 암송하듯이 하지는 않았는지 확인해보라. 그렇게 하는 것은 아무 유익이 없다. 단지 수행의 형식만 생각한다면 마법은 일어나지 않는다. 언어는 보다 큰 알아차림과 순간에 머무르는 평온함을 얻기 위해 당신 자신을 상기시키는 데 사용되어야 한다. 알아차림을 수행할 때는 명료함과 현존을 증진함으로써 당신 자신을 반복해서 '깨우라'. '이건 꿈이다'라는 생각을 떠올리는 순간 저절로 알아차림이 뚜렷해지고 밝아질 때까지 말이다.

이렇게 삶의 모든 것을 꿈으로 보는 것이 첫 번째 준비이다. 이것은 뭔가를 인식하는 순간에 적용되어야 하며 어떤 반응이 일어나기 전에 적용되어야 한다. 이것은 그 자체로도 강력한 수행이 되며 수행자에게도 엄청난 영향을 준다. 이 알아차림에 머무르면 당신은 꿈속에서나 깨어 있는 삶에서나 명료한 자각을 경험하게 될 것이다.

이 수행에는 한 가지 주의할 점이 있다. 관습적인 삶의 한계와 논리를 존중하고 책임감을 가지는 것은 중요한 일이다. 당신의 깨어 있는 삶이 꿈이라고 말할 때, 그것은 진실이다. 그러나 당신이 건물에서 뛰어내린다면 당신은 날지 못하고 떨어질 것이다. 당신이 직장에 나가지 않으면 빚이 쌓일 것이며 타오르는 불에 손을 대면 화상을 입을 것이다. 상대적인 세계의 현실에 발을 붙이고 사는 것은 중요한 일이다. '당신'과 '나'가 있는 한, 우리가 사는 상대적인 세계가 있으며 고통받고 있는 다른 지각 있는 존재들도 있는 것이다. 또, 우리가 내린 결정의 결과도 존재한다.

2단계: 집착과 혐오 없애기

두 번째 기본수행은 집착과 혐오를 줄이는 연습이다. 첫 번째 수행은 현상을 마주했을 때의 순간, 그리고 반응이 일어나기 전에 적용되는 것이었지만 두 번째 수행은 반응이 생겨난 후와 관련이 있다. 본질적으로 두 수행은 같은 것이지만 수행이 적용되는 상황이 다르다는 점, 집중의 대상이 다르다는 점에서 구분된다. 첫 번째 수행은 명료한 알아차림을 강조했다. 또 현상을 꿈으로서, 나아가 마주하는 모든 것을 꿈으로서 인지하라고도 했었다. 감각 대상, 내적 사건, 자신의 몸 등 모든 것을 말이다. 두 번째 수행도 그와 똑같은 명료한 알아차림을 강조하긴 하지만, 구체적으로 감정적인 어둠을 지닌 반응들을 알아차리라고 말한다. 이러한 반응은 경험에 대한 대응 속에서 나타난다.

어떤 상황이나 대상에 대한 대응 속에서 집착이나 혐오가 일어나자마자 이 수행을 적용하는 것이 가장 이상적이다. 집착하는 마음은 욕망, 분노, 질투, 자만, 시기, 비탄, 절망, 기쁨, 불안, 우울, 두려움, 지루함 혹은 다른 감정적 반응으로 나타날 수 있다.

반응이 일어나면 당신, 대상, 그리고 대상에 대한 당신의 반응이 모두 꿈이라는 것을 상기하라. 이렇게 생각하라. "이 분노는 꿈이다. 이 욕망은 꿈이다. 이 비탄, 이 충만함도 꿈이다." 당신이 감정 상태를 만들어내는 내적인 과정에 주의를 기울이면 이 말 속에 들어 있는 진실이 보다 분명해진다. 당신은 말 그대로 꿈을 꾸고 있다. 이 꿈은 생각, 이미지, 몸 상태, 감각의 복잡한 상호작용을 거쳐 일어난다. 감정적 반응은 '외부' 대상에서 비롯된 것이 아니다. 그것은 우리 자신 안에서 발생하고, 경험되고, 끝이 난다.

당신의 반응을 자극하는 것들은 무한히 다양하다. 당신은 눈에 들어온 아름다운 남자 혹은 여자에게 매력을 느낄 수도 있고 갑자기 끼어드는 운전자에게 분노할 수도 있다. 파괴된 환경에 대해 슬픔이나 역겨움을 느낄 수도 있고, 어떤 상황이나 사람에 대해 불안과 걱정을 느낄 수도 있다. 모든 상황과 반응을 꿈으로 알아차려야 한다. 이를 당신의 경험 일부에만 적용하지 말라. 당신의 내적 삶이 지닌 꿈과 같은 성질을 느끼려 해보라. 이 주장을 생각으로만 이해하는 것이 아니라 정말로 느끼게 되면 주변 상황과의 관계가 변화한다. 또, 어떤 현상에 감정적으로 단단히 속박되었던 마음도 이완된다. 상황은 더욱더 명료해지고 여유로워지며 집착과 혐오는 즉각 불편한 속박으로 인식된다. 그것이 사실이니까 말이다. 이것은 부정적인 감정 상태가 창조한 강박과 속박 상태에 대한 강력한 해독제가 된다. 이처럼 부정적인 감정으로 묶여 있는 매듭을 풀어내는, 직접적이고 확실한 경험이야말로 진정한 수행의 시작이다. 진정한 수행, 곧 명료한 자각과 유연성을 기르는 수행은 우리를 자유로 이끌어준다. 아무리 강한 분노, 우울 등의 불행한 상태에 있을지라도, 수행을 거듭하면 그것들은 풀어지고, 또 사라진다.

가르침에서는 일반적으로 이 수행을 집착을 내려놓는 방편으로 사용한다. 집착을 내려놓는 방법에는 건전한 방법과 불건전한 방법이 있다. 욕망을 억압하는 일은 그다지 바람직하지 않다. 억압된 욕망은 내적인 혼란 또는 외부에 대한 비난과 편협함으로 변모될 수 있다. 이렇게 되면 영적 발달에 장애가 생긴다. 우리는 때로 고통을 피하려 산란한 삶을 살거나 신체를 긴장시킴으로써 경험이 일어나지 못하게 막는다. 세속적인 생활을 포기하고 스님이 되는 것이 건강한 방식일 수도 있지만, 그것이 힘든 경험을 피하기 위한 억압과 회피라면 불건전한 방식이 될 수도 있다.

꿈 요가는 대상과 상황을 바라보는 인식과 이해를 재구성함으로써, 그리고 관점을 변화시킴으로써 집착을 끊어낸다. 이렇게 하여 수행자는 어떤 대상이 나타나든 그것이 빛의 환영에 불과하다는 것을 간파할 수 있다. 수행이 진전되면 대상과 상황들이 더 명확하고 생생하게 경험될 뿐만 아니라 그것들이 그저 찰나이자 공허한 것이라는 사실을 인지하게 된다. 이것을 통해, 일어나는 현상의 가치가 단지 상대적일 뿐이라는 것이 부각되고 좋고 싫음에 기초한 분별과 혐오가 줄어든다.

3단계: 의도 강화하기

세 번째 준비수행은 잠들기 전에 그날 하루를 돌아보고 밤중의 수행을 위한 의도를 강화하는 것이다. 잠들 준비를 하며 하루 동안의 기억을 떠올려보라. 그때 마음에 인식되는 것이 어떤 것이든 모두 꿈으로 인식한다. 아마도 꿈에 영향을 줄 만큼 충분히 강렬한 경험들만 떠오를 것이다. 이렇게 회상하고 있을 때, 떠오르는 그 기억들을 꿈의 기억으로 여기라. 기억은 실제로 꿈과 매우 비슷하다. 다시 말하지만 이는 계속해서 '이것들은 꿈이다' 하고 기계적으로 되뇌는 것, 어떤 의식을 치르듯 되뇌는 것과는 다르다. 꿈과 같은 당신 경험의 본질, 그리고 그것을 존재하게 하는 투사를 진정으로 이해해보라. 그리고 현실의 경험이 꿈의 경험과 다른 점이 있는지 느껴보라.

그리고 밤중에 꿈을 꿀 때 그것이 정말로 무엇인지 알아차리겠다는 강한 결심을 세우라. 꿈을 꾸는 동안 직접적이고 생생하게 '나는 지금 꿈을 꾸고 있다'는 것을 알아차리겠다는 의도를 세우라. 가능한 한 강하게 세우라. 이 의도는 당신의 의식이 밤중에 따라갈 수 있는 화살과 같다. 즉, 꿈속의 명료한 자각을 겨냥하는 화살이라는 말이다. 티베트인들이 의도를 세울 때 쓰는 표현이 하나 있는데, 그것을 번역하자면 '바람(wish)을 쏘아 올리는 것'이 된다. 우리가 기도하고, 의도를 세우고, 이를 우리의 스승들, 부처님들, 신들에게 올리고, 알아차림을 유지하도록 노력하겠다고 약속하고, 그들의 도움을 요청할 때는 마치 바람을 쏘아 올리듯이 해야 한다. 잠들기 전에 할 수 있는 다른 수행들도 있지만 이 수행은 누구나 할 수 있다.

4단계: 기억력 강화와 기꺼운 노력

네 번째 기본수행은 아침에 일어났을 때 하는 수행이다. 이 수행은 의도를 더욱 강화시켜줄 뿐만 아니라 밤중에 있었던 사건들을 기억하는 능력을 더욱 강화시켜준다.

먼저 꿈을 돌아보는 것으로 시작하라. 이러한 과정을 티베트 말 그대로 풀이하자면 '기억하기'라고 할 수 있겠다. 꿈을 꾸었는가? 꿈속에서 그것이 꿈이라는 것을 알아차렸는가? 만약 꿈을 꾸었지만 명료한 자각 속에 있지는 못했다면, '나는 꿈을 꾸었지만 그것을 꿈으로 알아차리지 못했다. 그러나 그것은 꿈이었다' 하고 되돌아볼 필요가 있다. 다음에 꿈을 꿀 땐 꿈속에서 그것의 진정한 본성을 알아차리게 되리라고 결의를 다지라.

만약 꿈을 기억하기가 어렵다면 낮 동안에, 특히 잠자기 전에 꿈을 기억하겠다는 강한 의도를 세우는 것이 도움이 될 수 있다. 꿈을 공책이나 녹음기에 기록할 수도 있는데, 이렇게 하면 꿈을 어떤 귀중한 것으로 대하는 습관이 강화된다. 밤에 공책이나 녹음기를 준비하는 행동은 잠에서 깼을 때 꿈을 기억하겠다는 의도를 뒷받침해준다. 꿈을 기억하는 것은 전혀 어려운 일이 아니다. 일단 이렇게 하겠다는 의도를 세우고 유지하면 단 며칠 만에 꿈을 기억할 수도 있다.

그러다 자각몽을 꾸었다면 성취의 기쁨을 만끽해도 좋다. 수행에 대한 행복감을 발전시키라. 훗날에도 계속 명료한 자각을 계발하겠다고 다짐하라. 계속 의지를 다져가며 성공과 실패 모두를 수행의 성취를 위한, 더욱 강한 의도를 발전시킬 기회로 활용하라. 그리고 당신의 그 의도마저도 꿈이라는 것을 알아차리라.

마지막으로, 아침에 종일 꾸준히 수행하겠다는 강한 의도를 세우라. 그리고 이것의 성공을 위해 온 마음을 다해 기도하라. 기도는 우리 모두 가지고 있지만 사용하는 것을 잊어버린 마법의 힘과 같다.

이 수행은 모든 경험을 꿈으로 알아차리는 첫 번째 기본수행과 일맥상통한다. 이런 식으로, 수행은 낮이나 밤이나 그치지 않고 진행된다.

일관성

꿈 요가의 다음 과정에 앞서 이 네 단계 준비수행의 중요성은 아무리 강조해도 지나치지 않다. 이 준비수행들은 보기보다 훨씬 강력하다. 더 나아가, 누구나 할 수 있는 것이다. 이 수행들은 다른 수행들에 비해 심리적인 측면을 다루고 있고 그다지 까다롭지도 않다. 단순히 잠들기 전에 수행을 하는 것은 효과가 없을 수도 있다. 그러나 낮 동안에도 꾸준히 수행을 한다면 꿈속에서 명료한 자각을 하기가 더 쉬워질 것이며 다음 수행으로 넘어가기도 더 쉬울 것이다. 이 수행들의 실천은 일어나는 모든 일들이 현존으로 돌아가는 원인이 되도록 만든다. 또, 우리의 꿈 요가를 성공으로 이끌 뿐 아니라 일상에도 큰 유익을 가져다줄 것이다.

당신은 즉각적인 결과를 얻지 못할 수도 있으며 꿈속에서 명료한 자각을 성취하기까지 시간이 좀 걸릴 수도 있다. 그러나 풀 죽을 필요는 없다. 수행이 쓸모없는 것이라든지, 당신이 수행을 성취할 수 없다든지 하는 생각은 하지 말라. 열 살 때 당신이 어떤 생각과 행동을 했는지를 지금과 비교해보고 그 차이를 생각해보라. 거기에는 꾸준한 변화가 있었다. 자기 자신을 막힌 채로 내버려두지 말라. 지금 수행에서 마주한 한계들이 미래에도 여전히 그럴 것이라고 믿지 말라. 변하지 않는 건 없다는 사실을 알라. 지금 나타나는 것들이 앞으로도 계속 똑같으리라고 믿지 말라.

삶을 선명하고 강렬한 꿈과 같은 것으로 경험할수록 당신의 의식은 더 확장되고, 밝아지고, 명확해질 것이다. 꿈속에서, 그리고 깨어 있는 삶에서 명료한 자각이 계발되면 삶을 긍정적으로 형성할 수 있는 훨씬 더 큰 자유가 생긴다. 또, 마침내 좋고 싫음과 이원성을 완전히 내려놓을 수 있게 되고 비이원적 현존에 거할 수 있게 된다.

밤에 하는 준비수행

　　명상의 원리를 알지 못하는 평범한 사람은 낮 동안의 스트레스, 감정, 생각 및 혼란을 밤으로 가져온다. 이런 사람은 특별한 수행을 하지 않는 데다가 하루를 마무리하는 시간을 따로 내거나 잠들기 전 마음을 진정시키는 일도 하지 않는다. 따라서 마음이 산란한 가운데 잠이 찾아오며 밤 동안 마음속에 부정적 성향들이 계속 남아 있다. 꿈이 이런 부정적 성향들로부터 발생하면 현존 속에서의 안정은 찾아볼 수 없으며, 꿈꾸는 자는 이미지들에 끌려다니게 되고 꿈속 세상에서 혼란스러워한다. 몸은 불안으로 긴장되거나 큰 슬픔으로 짓눌리며, 마음이 이곳저곳을 쏘다님에 따라 몸속 프라나는 거칠고 고르지 못하게 된다. 잠은 불안감을 주고, 꿈 역시 스트레스를 주거나 한낱 즐거운 도피가 될 뿐이다. 이 사람은 아침에 피곤하고 쉬지 못한 상태로 깨어나 종종 부정적인 상태로 하루를 보내곤 한다.

　　꿈과 잠 요가를 수행하지 않는 사람이라 할지라도 정성껏 잠잘 준비를 하는 것은 유익한 일이다. 잠들기 전, 마음을 되도록 많이 정화하라. 명상하기 전처럼 말이다. 그리고 더 많은 현존과 긍정적 자질들을 만들어내라. 부정적인 감정들을 밤으로 가져오기보다는, 당신이 아는 기법이 무엇이든, 당신 자신을 이런 감정들로부터 자유롭게 만들어주는 그 기법을 활용하라. 만일 당신이 감정이 저절로 해방되도록 하는 법을 알고 있다면, 즉 그것들이 공 속으로 용해되도록 할 수 있다면 그렇게 하라. 만일 당신이 감정을 변형시키거나 그것에 대한 해독제를 제공할 수 있다면 그 지식을 활용하라. 라마lama, 이담★, 다키니dakini와의 연결을 시도하라. 부처님들과 신들에게 기도하라. 자비심을 내라. 몸의 긴장과 마음의 부정적인 태도에서 벗어나기 위해 할 수 있는 모든 것을 하라. 가볍고 편한 마음으로 소란에서 벗어나면 더 편안하고 치유되는 수면을 경험하게 될 것이다. 나머지 수행을 할 수 없다 하더라도, 이것은 누구나 일상에서 실천할 수 있는 긍정적인 수행이다.

아래는 밤에 하는 몇 가지 일반적인 준비수행인데, 자기 자신을 여기에 한정시키지는 말라. 중요한 점은 지금 당신의 마음이 무엇을 하고 있는지, 그리고 그것이 당신에게 어떤 영향을 미치고 있는지를 알아차리는 것이다. 당신의 지식을 활용해 스스로를 고요히 하고 현존하라. 그리고 밤이 제공하는 모든 가능성에 열려 있으라.

아홉 번의 정화 호흡

아마 당신은 당신의 몸이 얼마나 긴장되어 있는지, 그리고 그 긴장이 호흡에 어떤 영향을 미치는지 알고 있을 것이다. 우리와 관계가 좋지 않은 누군가가 방 안으로 들어오면 몸이 굳어지며 호흡은 짧고 격해진다. 두려움에 사로잡히면 호흡은 빠르고 얕아진다.

★ yidam: 깨달은 마음의 한 측면이 화현한, 수호의 본존 또는 명상의 본존이다. 이담들은 네 가지 범주로 나뉜다. 평화로운 이담, 증식하는 이담, 강력한 이담, 분노한 이담이 바로 그것이다. 이담들은 특정한 부정적 힘을 제압하기 위해 이처럼 여러 모습으로 나타난다.

슬픈 감정에 휩싸이면 간간이 한숨을 쉬며 깊은 호흡을 하게 된다. 만일 우리가 진심으로 좋아하고 위해주고 싶은 사람이 방에 들어오면 몸이 이완되고 숨이 트이면서 숨쉬기가 편해진다.

우리는 우리의 호흡을 편안하게 바꿔줄 경험을 기다리는 대신, 우리의 호흡을 의도적으로 바꿈으로써 경험을 변화시킬 수 있다. 아홉 번의 정화 호흡은 채널을 깨끗이 정화해주고 몸과 마음을 진정시켜주는 짧은 수행이다. 채널에 관한 그림은 64쪽에서 볼 수 있다.

다리를 교차하여 명상 자세로 앉고 양 손바닥을 위쪽으로 향하게 하고 겹쳐 다리 위에 올려두라. 이때 왼손을 오른손 위에 둔다. 고개를 약간 숙여 목을 곧게 편다.

당신 몸의 세 가지 에너지 채널을 시각화하라. 중앙 채널은 파란색이며 몸의 중앙을 통하여 곧게 올라간다. 두께는 지팡이 정도이고 가슴에서부터 머리의 정수리 차크라까지 살짝 넓어진다. 그리고 이 정수리 차크라에서 채널이 열린다. 양옆의 채널들은 연필 정도의 두께이며, 아래로는 배꼽 아래 10센티미터 지점에서 중앙 채널과 연결된다. 위로는 곧게 올라가다가 두개골 아래에서 휘어진다. 그리고 눈 뒤쪽을 지나 내려가서 콧구멍에서 열린다. 여성의 경우 오른쪽 채널은 빨간색이고 왼쪽 채널은 흰색이다. 남성의 경우 오른쪽 채널은 흰색이고 왼쪽 채널은 빨간색이다.

첫 번째 호흡법

남성: 오른손 엄지손가락으로 오른손 약지의 맨 아랫부분을 누른다. 약지로 오른쪽 콧구멍을 막고 왼쪽 콧구멍으로 녹색 빛을 들이쉰다. 그런 다음 약지로 왼쪽 콧구멍을 막고 오른쪽 콧구멍으로 숨을 완전히 내쉰다. 이렇게 호흡을 세 번 반복한다.

여성: 왼쪽 엄지손가락으로 왼손 약지의 맨 아랫부분을 누른다. 약지로 왼쪽 콧구멍을 막고 오른쪽 콧구멍을 통해 녹색 빛을 들이쉰다. 그런 다음 약지로 오른쪽 콧구멍을 막고 왼쪽 콧구멍을 통해 끝까지 내쉰다. 이렇게 호흡을 세 번 반복한다.

각각의 호흡에서 남성적 잠재력과 관련된 모든 장애물이 흰색 채널에서 담청색 기체 형태로 배출된다고 시각화하라. 이 기체는 과거와 연결된 혼돈과 장애물뿐만 아니라 바람(프라나)과 관계된 질병들을 담고 있다.

두 번째 호흡법

손과 콧구멍의 방향을 반대로 바꿔 호흡을 세 번 반복한다. 각각의 호흡에서 여성적 잠재력과 관련된 모든 장애물이 빨간색 채널에서 연분홍색 기체 형태로 배출된다고 시각화하라. 이 기체는 미래와 관련된 혼돈과 장애물뿐만 아니라 담즙과 관계된 질병들을 담고 있다.

세 번째 호흡법

남성과 여성 모두 왼손을 오른손 위에 놓고 손바닥을 위로 하여 다리 위에 올린다. 양쪽 콧구멍으로 녹색 치유의 빛을 들이마신다. 이것이 양쪽 채널들을 타고 내려가 배꼽에서 손가락 네 마디 정도 아래에 있는 중앙 채널과 합쳐지는 것을 심상화하라. 숨을 내쉬면서, 에너지가 중앙 채널을 타고 올라가 머리 꼭대기로 나가는 것을 심상화하라. 이 호흡을 세 번 반복한다. 날숨을 쉴 때마다 적대적인 영들(spirits)과 관련된 질병의 모든 가능성이 머리 꼭대기에서 검은 연기의 형태로 배출된다고 상상하라. 이 연기는 현재와 관련된 혼돈과 장애물뿐만 아니라 가래와 관계된 질병들을 담고 있다.

구루 요가

구루Guru 요가는 티베트 불교 학교와 뵌교에서 필수적인 수행이다. 이것은 수트라, 탄트라 및 족첸 모두에 공통적이다. 구루 요가는 대사(master)와 가슴으로 연결되는 능력을 발전시킨다. 우리의 헌신적 사랑이 지속적으로 강화되면 우리는 우리 안에 있는 순수한 헌신적 사랑의 지점에 도달하게 된다. 이곳은 수행의 강력한 기반이 되는 확고부동한 지점이다. 구루 요가의 핵심은 수행자의 마음과 대사의 마음이 하나되는 것이다.

진정한 대사란 무엇인가? 그것은 형상 없음이자 마음의 근본적인 본성이며, 모든 것의 기초가 되는 태초의 알아차림이다. 그러나 우리는 이원적 세계에 존재하므로 이것을 어떤 형상으로서 심상화하는 것이 도움이 된다. 그리고 이렇게 함으로써 우리는 개념적 마음의 이원성을 능숙하게 활용할 수 있다. 그러면 헌신적 사랑이 보다 강화되고 수행에 계속 정진하도록 도움을 받게 되며, 긍정적 자질들이 생성된다.

뵌 전통에서는 타피리차*를 대사로 심상화하거나 모든 대사들의 연합을 상징하는 센라 온커** 부처님을 심상화하곤 한다. 만약 당신이 이미 수행의 길에 들어선 사람이라면 파드마삼바바나 이담, 다키니 등 다른 신을 심상화해도 된다. 당신과 연결되어 있는 법맥에 따르는 것은 중요한 일이다. 하지만 당신이 심상화한 대사는 당신과 연결된 모든 대사들, 당신이 헌신적으로 사랑한 모든 신들의 화신이라는 사실을 반드시 이해해야만 한다. 구루 요가에서의 대사는 일개 개인이 아니라 깨달음의 정수이며, 당신의 진정한 본성인 태초의 알아차림이다.

★ Tapihritsa: 타피리차는 역사적 인물로 여겨지기도 하지만 도상학적으로는 법신불法身佛, 장식 없는 나체의 몸, 절대적 현실의 화신으로 표현된다. 그는 상승난규의 족첸 계보에서 시초가 되는 두 명의 대사 중 한 명이다.

★★ Shenla Odker: 센라 온커는 뵌교를 창시한 부처님인 센랍 미우체의 보신불報身佛을 말한다.

타피리차

　　대사는 당신에게 가르침을 주는 스승이기도 하다. 티베트 전통에서는 대사가 부처님보다 더 중요하다고 말한다. 왜일까? 마스터는 제자에게 가르침을 직접적으로 전달해주는 자이며 부처님의 지혜를 학생에게 가져다주는 자이기 때문이다. 대사가 없었다면 우리는 부처가 되는 길을 알 수 없었을 것이다. 그러니 우리는 마치 부처님이 갑자기 우리 앞에 나타나셨을 때처럼 대사에게 헌신적인 사랑을 느껴야 한다.

　　구루 요가는 심상화된 이미지를 향한 느낌을 만들어내는 것에 그치지 않는다. 구루 요가는 당신 자신 안에 있는 근본적인 마음을 찾기 위한 것이다. 그 근본적인 마음은 모든 스승들, 지금까지 있었던 모든 부처님들과 깨달은 존재들의 근본적인 마음과 동일한 것이다. 당신이 구루와 하나되면 당신은 진짜 안내자이자 대사인, 자연 그대로의 진정한 본성과 하나가 된다. 구루 요가는 추상적인 수행이 되어서는 안 된다. 구루 요가를 할 때, 강렬하고도 헌신적인 사랑을 느끼려 노력하라. 목덜미의 털이 쭈뼛 서고, 얼굴에 눈물이 흐르고, 가슴이 열리면서 거대한 사랑으로 채워지는, 그런 헌신적인 사랑 말이다. 당신 자신이 구루의 마음과 연합되어 하나가 되도록 하라. 구루의 마음은 곧 당신의 깨달은 불성이다. 이것이 구루 요가를 수행하는 방법이다.

수행

아홉 번의 정화 호흡을 한 뒤, 계속 명상 자세로 앉아서 당신의 앞, 당신의 위에 있는 대사를 심상화하라. 평면적이고 2차원적인 이미지여서는 안 된다. 빛과 순수, 강한 현존으로 만들어진 3차원의 진짜 존재가 거기 있다고 상상하라. 그 존재는 당신의 몸, 에너지, 마음의 느낌에 영향을 준다. 강한 헌신적 사랑을 일으키라. 그리고 당신이 그들과의 연결 속에서 느끼는 즐거움이 가르침의 위대한 선물이자 대단한 행운이라는 것을 알라. 꿈 요가를 성취할 수 있도록, 긍정적인 자질이 계발될 수 있도록 당신의 부정성과 장애물들을 없애달라고 마음을 다해 기도드리라.

대사가 지닌 세 가지 지혜의 문, 즉 그의 몸과 말과 마음에서 세 가지 색깔의 빛으로 된 축복이 당신에게로 흘러들고 있다고 상상하라. 이 빛들은 다음의 순서를 따라 전해져야 한다. 대사의 이마 차크라에서 당신의 이마 차크라로 하얀 빛이 흘러들면서 당신의 몸과 육체적 차원의 모든 것이 정화되고 이완된다. 그다음 대사의 목 차크라에서 당신의 목 차크라로 빨간 빛이 흘러들면서 당신의 에너지적 차원이 정화되고 이완된다. 마지막으로, 대사의 가슴 차크라에서 당신의 가슴 차크라로 파란 빛이 흘러들면서 당신의 마음이 정화되고 이완된다.

당신의 몸으로 빛이 들어갈 때 그것을 느껴보라. 당신의 몸, 에너지, 마음이 이완되도록 하고 거기에 지혜의 빛이 번져들게 하라. 축복이 당신 마음속의 이미지들뿐만 아니라 당신의 모든 경험, 몸, 에너지 속에 실제로 있다고 상상하라.

축복을 받은 후에는 대사가 빛 속에 용해되어 당신의 가슴으로 들어가, 당신의 가장 내적인 본질에 거한다고 상상하라. 그리고 그 빛에 당신도 용해되어 순수한 알아차림, 즉 릭빠에 거하고 있다고 상상하라.

구루 요가에 대한 더 자세한 설명에는 절하기, 공양하기, 제스처, 만트라, 그리고 더 복잡한 심상화 등이 있다. 그러나 수행의 핵심은 당신의 마음을 순수하고 비이원적인 대사의 마음과 어우러지게 하는 것이다. 구루 요가는 하루 중 어느 때라도 할 수 있다. 자주 할수록 좋다. 많은 대사들은 모든 수행이 곧 구루 요가이며 구루 요가가 가장 중요한 것이라고 말한다. 구루 요가는 계보에 따른 축복을 내려준다. 또, 가슴을 부드럽게 열어주며 제멋대로인 마음을 고요히 만들어준다. 구루 요가를 완성하는 것은 곧 수행의 완성이다.

보호

잠에 든다는 것은 미지의 세계로 혼자 여행을 떠나는 것이라는 점에서 죽음과 비슷하다. 보통 우리는 잠드는 데 익숙하기 때문에 잠자는 것에 별다른 어려움을 겪지 않는다. 그러나 잠이 무엇을 수반하고 있는지 생각해보라. 우리는 텅 빈 공간 속에서 얼마간 철저히 우리 자신을 잃는다. 우리 자신이 다시 꿈속에서 생겨날 때까지는 말이다. 이때, 꿈속에서 다시 생겨난 우리는 다른 정체성과 다른 몸을 가지고 있을 때도 있다. 우리는 꿈속에서 이상한 장소에 있을 수도 있고, 모르는 사람들과 있을 수도 있으며 꽤 위험하게 보이는, 이해할 수 없는 행동을 하기도 한다.

낯선 곳에서 잠을 자려고 하면 불안할 수도 있다. 그 장소가 완벽하게 안전하고 편안하더라도 익숙한 환경인 집에서 자는 것보다 잠이 안 올 수도 있는 것이다. 어쩌면 그 장소의 에너지가 잘못되었을 수도 있다. 아니면 우리의 잠을 방해하는 그 불안은 그냥 우리 마음속에 있는 것일지도 모른다. 심지어 익숙한 공간에서도 잠들기를 기다리는 동안 불안을 느끼거나 무슨 꿈을 꿀지 두려워할 수도 있다. 우리가 불안한 상태로 잠자리에 들면 우리의 꿈이 두려움 및 긴장과 합쳐지면서 잠을 자도 개운한 느낌이 덜해진다. 수행하기도 더 어려워진다. 따라서 잠들기 전에 보호받는 느낌을 만들어내고, 침실을 신성한 공간으로 변환시키는 것이 좋다.

이 작업은 침실 모든 곳에 수호 다키니들이 있다고 상상함으로써 이루어진다. 아름다운 여신들을 심상화하라. 그들은 녹색을 띠는 깨달은 여성적 존재들이며 사랑이 넘치고, 강력한 보호의 힘을 지니고 있다. 그들은 당신이 잠든 사이 밤새도록 당신의 주변에 머물러 있다. 마치 어머니가 아이를 지키는 것처럼, 또는 왕이나 여왕의 주변을 지키는 호위병들처럼 말이다. 문과 창문을 지키는 다키니도 있고, 침대 옆에 앉아 있는 다키니도 있고, 마당을 걸어다니는 다키니도 있다. 당신이 완전히 보호받고 있다고 느낄 때까지, 그들이 어디에나 있다고 상상하라.

다시 말하지만, 이 수행은 그저 뭔가를 심상화하는 것 이상의 것이다. 다키니들을 마음의 눈으로 보는 동시에, 당신의 상상력을 활용하여 그들의 현존을 느껴보라. 이런 식으로 보호받는 신성한 환경을 창조하면 마음이 차분하고 편안해지면서 평화롭게 잘 수 있다. 마법을 보는 것, 마음으로 환경을 변화시키는 것, 어떤 활동, 심지어 상상 속의 활동조차도 중요성을 갖도록 허용하는 것. 이것이 바로 신비주의자의 삶을 사는 방법이다.

침실에 신성한 본성을 나타내는 물건들을 두면 잠자리에서 평화로운 기분을 더 많이 느낄 수 있다. 평화와 사랑이 충만한 이미지, 신성하고 종교적인 상징, 아니면 당신의 마음을 깨달음의 길로 향하게 하는 물건들도 좋다.

마더 탄트라에서는 잠잘 준비를 할 때 꿈의 원인, 집중의 대상, 우리의 수호자, 그리고 우리 자신에 대한 알아차림을 유지해야 한다고 말한다. 이를 낱낱의 것들이 아니라 하나의 총체적인 환경으로서 모두 알아차린다면 꿈과 잠에 좋은 영향을 미칠 것이다.

주요수행

꿈 요가를 온전히 닦기 위해서는 성취해야 할 네 가지 과제가 있다. 그 순서는 아래와 같다. 첫 번째, 의식을 중앙 채널로 가져온다. 두 번째, 명확한 시각과 경험을 함양한다. 세 번째, 헤매지 않도록 힘을 기른다. 네 번째, 두려움을 극복하기 위해 세찬 기운(wrathful aspect)을 키운다. 이 네 가지 과제들은 꿈의 네 가지 자질, 즉 평화로움, 즐거움, 강인함, 세찬 기운과 상응하며 수행의 네 부분과도 상응한다.

주요수행 첫 번째: 의식을 중앙 채널로 가져오기

낮 동안의 기본수행들에다 호흡, 구루 요가, 연민과 사랑 일으키기, 수호 다키니들 심상화하기, 의도 세우기 같은 잠들기 전의 준비수행들까지 한 뒤에야 첫 번째 주요수행을 할 수 있다.

사자 자세로 눕기: 남자는 오른쪽으로, 여자는 왼쪽으로 눕는다. 몸을 안정시키기 위해 무릎을 충분히 구부리라. 위쪽 팔은 몸

옆면에 두고 아래쪽 손은 뺨 아래에 두라. 목에 주의를 기울이라. 살짝 높은 베개를 사용하면 얕은 잠을 유지하는 데 도움이 된다. 부드럽게 호흡하고 몸을 이완하라. 숨이 충분히 들어오고 나가면서도 아주 고요하여 숨소리가 거의 들리지 않도록 하라.

목 차크라 안에 네 개의 꽃잎을 가진, 아름답고 붉은 연꽃이 있다고 심상화하라. 목 차크라는 목과 어깨가 만나는 곳 근처인 목의 맨 아랫부분에 위치한다. 네 개의 꽃잎 중심에 빛나는 티베트 음절 '아' 자가 반듯하게 있다. 이 글자는 마치 빛으로 만든 크리스털 같이 맑고 반투명하다. 빨간 천 위에 크리스털을 올려두면 크리스털이 그 색을 투과시켜 빨간색으로 보이듯이, '아' 자도 꽃잎의 붉은 색이 반사되어 붉게 보인다. 각각의 꽃잎에도 음절이 있다. 앞쪽에는 롸(RA), 당신의 왼쪽에는 라(LA), 뒤쪽에는 샤(SHA), 당신의 오른쪽에는 사(SA)이다. 잠이 오면 이완되고 가벼운 상태를 유지하면서 이 '아' 자에 집중하라.

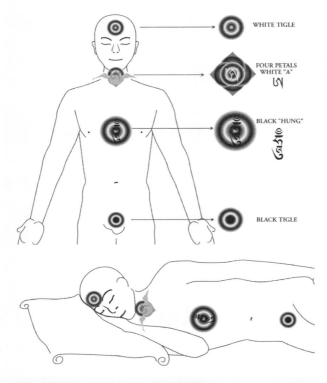

WHITE TIGLE

FOUR PETALS
WHITE "A"

BLACK "HUNG"

BLACK TIGLE

위쪽부터 흰 티글레, 흰색 '아'와 네 개의 꽃잎, 검은색 '훙', 검은 티글레

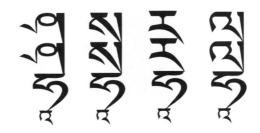

왼쪽부터 샤(SHA), 사(SA), 롸(RA), 라(LA)

이 첫 번째 수행은 마음과 프라나를 중앙 채널로 가져오기 위한 것이자 평화로움의 자질에 관한 것이다. 짙은 빨간색의 '아' 자와 합쳐지면 우리는 우리 자신의 내면에서 평화를 발견하게 된다. 가르침에서는 이 차크라에 집중하면 온화한 꿈이 만들어진다고 한다. 다키니가 꿈꾸는 이에게 다정히 동행을 권하는 꿈이 그 예이다. 그녀는 꿈꾸는 이가 신비한 새(가루다) 혹은 사자 위에 올라타 순수한 땅, 아름답고 신성한 장소로 갈 수 있도록 이끌어준다. 그러나 꿈이 이렇게 독특할 필요는 없다. 이런 꿈들에는 다른 사람의 안내를 받아 아름다운 정원이나 산을 오르는 꿈도 포함된다. 이 시점에서 생성된 꿈은 특정 이미지와 관련된 것이 적어지고 평화의 느낌과 관련된 것이 더 많아진다는 특징이 있다.

주요수행 두 번째: 명료함 키우기

약 두 시간 동안 자고 난 뒤에는 일어나서 두 번째 수행을 시작한다. 전통적으로, 이 수행은 자정쯤에 해야 하지만 요즘은 모두가 다른 일정 속에서 살고 있으니 당신의 삶에 맞춰 수행을 조정하라.

첫 번째 수행에서와 같은 자세를 취한다. 남성은 오른쪽, 여성은 왼쪽으로 누우라. 그리고 다음과 같이 특정 호흡을 해야 한다. 숨을 들이쉬고 그 숨을 아주 부드럽게 참고 있으라. 골반 기저부 근육인 회음을 가볍게 조여서, 참고 있던 숨이 위쪽으로 당겨지는 느낌이 들게 하라. 배꼽 바로 아래에 멈춰 있는 숨이 그보다 더 아래쪽의 압력으로 인해 압축되는 것을 경험해보라. 이런 종류의 호흡은 상상하기가 어렵다. 이 느낌이 어떤 것인지 알아낼 때까지는 약간의 실험이 필요할 수 있다. 더 좋은 방법은 스승에게 자세한 설명을 듣는 것이다.

잠깐 숨을 참은 후에는 부드럽게 숨을 내쉬라. 숨을 내쉬는 동안에는 골반, 가슴, 온몸의 근육들을 이완하라. 완전히 이완하라. 이것을 일곱 번 반복하라.

집중해야 할 지점은 양미간보다 살짝 위의 높이에 머리 안쪽에 있는 차크라다. 차크라 안에서 하얗게 빛을 발하는 빛의 공(티글레*)을 심상화하라. 이것이 명료함의 지점이다. 빈두bindu라고도 알려져 있는 티글레는 많은 뜻을 포함하고 있으며, 다양하게 번역되어왔다. 어떤 맥락에서는 티글레가 몸에 있는 에너지적 특성을 의미하기도 하지만 또 다른 맥락에서는 무한한 전체를 나타내기도 한다. 이 수행에서의 티글레는 작고 미약한, 광채를 발하는 빛의 구(sphere)이다. 티글레들은 여러 색을 지니고 있는데, 색깔마다 각기 다른 의식의 특성을 나타낸다. 티글레들을 심상화하는 것은 그것들의 특성을 경험할 수 있는 문으로 들어가기 위함이다.

티글레를 '심상화'하라는 것은 정적이고 둥근, 흰 빛의 이미지를 마음속에 그리라는 말이 아니라 정말로 거기 있는 어떤 것과 당신 자신이 합쳐지는 것을 상상하라는 말이다. 티글레를 감각으

★ tiglé: 티글레는 상황에 따라 다양한 의미가 있다. 보통 '물방울', '중심점'으로 번역된다. 이 책에서의 티글레는 광채를 발하는 빛의 구라는 뜻이다. 티글레는 의식의 질을 나타내며 명상 수행에서는 집중의 대상으로 사용된다.

로 느껴보라. 그리고 오직 명료함, 광명(luminousity)만이 남을 때까지 그것과 완전히 하나가 되어라. 내면의 시각으로 명확한 빛을 보는 사람도 있을 것이고, 그것을 느낌으로써 인식하는 사람도 있을 것이다. 보는 것보다는 느끼는 것이 훨씬 더 중요하다. 가장 중요한 점은 그것과 완전히 하나가 되는 것이다.

이마 차크라에서 광채를 발하는 흰색 티글레와 연결되면 우리는 마음이 명료해지고 현존에 거하게 된다. 점점 더 강렬해지고 커지는 그 빛과 하나가 되어라. 당신의 마음이 계속 명료해지게 하라. 이 상태에서 잠이 든다면 알아차림이 지속될 것이다. 현존의 지속성과 명료함을 계발하는 것이 이 두 번째 수행의 목적이다. 그리고 이것이 바로 '꿈의 광도가 커진다'(increasing the luminousity of dream)는 말의 의미다. '광도'라는 단어 이면에 있는 감각과 연결되도록, 실제적인 경험을 하도록 하라. 비유는 언어보다, 시각적인 현상보다 깊은 경험을 '가리키는' 수단일 뿐이다.

따라서 '커지다'라는 말도 이 수행을 통해 나타나는 꿈의 자질을 가리키는 단어일 뿐이다. 이것은 완성을 향한 발전과 성장, 발산과 너그러움의 감각과 관련이 있다. 마더 탄트라에는 다키니들이 악기를 연주하고 노래하면서 꽃, 과일, 옷을 꿈꾸는 이에게 가져다주는 꿈이 예시로 나온다. 다시 말하지만 이것은 꿈에 꼭 다키니들이나 다른 독특한 이미지들이 나와야 한다는 말이 아니다. 이 두 번째 수행이 진전될수록 수행자는 다채로운 즐거움이 특징인 꿈을 꾸게 될 것이다.

주요수행 세 번째: 현존감 강화하기

세 번째 수행은 두 번째 수행이 끝나고 대략 두 시간 후에 시작하라. 이때는 처음 잠이 든 때로부터 약 네 시간 정도가 지난 후이다. 전통적으로는 이 시간을 동트기 두 시간 전으로 보고 있다.

세 번째 수행을 위한 자세: 높은 베개에 기대어 누우라. 명상 자세와는 다르게 다리를 느슨하게 교차하라. 어느 쪽 다리가 위에 있는지는 중요하지 않다. 이 자세는 비행기 일등석 좌석에서 자는 것과 유사할 수 있다. 몸을 기대고 있어야 하며 완전히 누우면 안 된다. 높은 베개를 사용하면 얕은 잠을 유지할 수 있고 꿈속 명료함이 더 커진다. 그러나 목이 편안한지 유의하라. 불편한 자세를 지속하지 말라.

기댄 명상 자세

이때 몸의 필요에 주의를 기울이는 것이 중요하다. 나는 어린 시절부터 학교에서 매일 여러 시간 동안 다리를 교차한 자세로 앉아 있었기 때문에 아주 쉽게 이 자세를 취할 수 있다. 그러나 이 자세는 대부분의 서양인에게 어려울 수 있다. 중요한 것은 밤새 고통을 견뎌야 하는 것이 아니라 알아차림의 연속성을 유지하는 것이다. 그러니 이 목표를 기준으로 수행을 조정하라.

세 번째 수행에서는 호흡을 완전히 알아차리면서 스물한 번의 깊고 부드러운 호흡을 하라.

이때 가슴 내부에 검은색으로 빛나는 훙(HUNG) 음절을 시각화하면서 가슴 차크라에 집중하라. '훙' 자는 몸과 같은 방향, 즉 앞을 향하고 있다. '훙' 자와 하나가 되어라. 그러면 모든 것이 검은색 '훙' 자가 된다. 그것이 되어라. 검은색 '훙' 안에서 마음이 가볍게 쉴 수 있도록 놔두고 잠들라.

티베트 음절 '훙'

세 번째 수행에서 계발되는 자질은 힘이다. 당신은 아무것도 할 필요가 없다. 강인함을 느끼기 위한 '시도'를 해보려 자신을 부풀리지 말라. 이것은 당신이 이미 가지고 있는 힘을 재발견하는 것에 관한 수행이다. 힘에 대한 감각은 안전하다는 느낌의 일부이기도 하다. 세 번째 수행에서 생겨나는 꿈은 안정감을 주는 힘과 관계되어 있다. 마더 탄트라에는 강력한 다키니가 꿈꾸는 이에게 왕좌에 앉으라고 하는 꿈, 꿈꾸는 이가 가르침을 받기 위해 안전한 성城 안으로 들어가는 꿈, 혹은 꿈꾸는 이가 어머니나 아버지에게 인정을 받는 꿈이 예시로 나와 있다. 중요한 것은 특정 이미지가 아니라 꿈의 내용이다. 다키니가 나를 왕좌에 앉혀주는 꿈 대신에 상사가 승진을 시켜주는 꿈을 꿀 수도 있고, 어머니가 내 성취를 기념하기 위해 파티를 준비하는 꿈을 꿀 수도 있다. 이 두 꿈 모두 이 세 번째 수행의 특징을 나타내는 꿈일 수 있다. 꼭 성이 아니더라도 꿈꾸는 이가 안전하게 느끼는 상황이 꿈에 나타날 수도 있으며, 꼭 부모님이 아니더라도 꿈꾸는 이에게 안전함, 안도감, 힘의 느낌을 주는 누군가가 꿈에 나올 수도 있다.

주요수행 네 번째: 두려움 극복하기

네 번째 주요수행은 다시 깨어날 필요가 없기 때문에 가장 쉽다. 특정 자세를 취하지 않아도 된다. 그냥 편안하게 있으라. 정해진 호흡법도 없다. 그저 자신의 리듬대로 자연스럽게 호흡하라. 전통적으로 이때는 새벽 동이 트기 바로 전, 즉 마지막으로 깬 이후

두 시간이 지난 시점이다.

성기 뒤쪽의 차크라인 '비밀 차크라'에 의식을 집중하라. 그 차크라 안에는 검게 빛나는 빛의 구, 즉 검은 티글레가 있다. 이것은 상상력의 어두운 측면이다. 가르침에 따르면 이 네 번째 수행에서 만들어진 꿈에는 세찬 기운의 다키니들, 산과 계곡에 난 불, 급류하는 강, 모든 것을 파괴하며 지나가는 바람 등이 나타날 가능성이 크다. 이것은 원소들이 자아의 이미지를 파괴하는 꿈이어서 무서울 수 있다. 이것이 정말 당신을 파괴하는지를 살펴보라. 이 수행에서의 꿈은 무시무시한 양상을 띨 수밖에 없다.

네 번째 수행을 위해 비밀 차크라 내부에 위치한, 검은 빛을 발하는 티글레로 들어가서 그것과 하나가 되어라. 마음을 편히 하고 모든 곳에 있는, 광채를 발하는 검은 빛에 가볍게 집중하라. 이 검은 빛은 당신의 감각과 마음에 스며들어 있다. 이제 잠들라.

네 가지 자질, 즉 평화, 성취, 강인함, 세찬 기운은 매우 다양한 이미지, 느낌, 감정, 경험과 관련이 있다. 위에서 언급했듯이, 전통적인 예시와 같은 특정 종류의 꿈이 반드시 나타나지는 않는다. 중요한 것은 그 꿈의 특성이다. 감정적 결, 꿈에서 느낀 감각, 꿈속 경험에 스며들어 미묘하게 흐르고 있던 어떤 기류. 우리는 이런 것들을 통해 어떤 차크라가 그 꿈과 연결되었는지, 그것이 어떤 차원의 경험이었는지 알아낼 수 있다. 이는 꿈의 내용물들을 해석하려는 시도와는 다르다. 이는 특정 꿈을 만들어내기 위해 프라나와 마음이 몸의 어떤 에너지 시스템에 집중되었는지도 나타내준다. 또한 꿈은 깨어 있을 때 일어난 경험 및 사건들로부터 영향을 받기도 한다. 꿈과 연결된 모든 것을 검토함으로써 우리는 다량의 정보를 알 수 있게 된다.

여기까지 마쳤으면 더 이상 수행을 위해 깨어날 필요는 없다. 물론 새로운 하루를 시작하기 위해 일어나긴 해야겠지만 말이다. 일어날 때도 현존 속에서 깨어나도록 하라. 깨어난다는 것을 스스로 알아차리면서 말이다. 이 수행의 목적은 밤 동안에 알아차림의 지속성을 키워 깨어났을 때와 잠들었을 때, 그리고 종일 그것을 유지하는 것이다.

자세

신체 자세는 특정 에너지 채널을 개방하거나 압박하며 미묘한 에너지의 흐름에 영향을 미친다. 우리는 수행의 특정 과정을 돕기 위해 이러한 지식을 사용한다. 티베트 전통에서는 부정적인 감정이 주요 채널과 더 밀접하게 관련되어 있다고 여긴다. 남자는 몸의 오른쪽, 여자는 몸의 왼쪽에 이 채널이 있다. 남자가 오른쪽으로 자면 대개 부정적인 프라나를 운반하는 채널이 약간 닫히고 왼쪽 채널이 열리게 된다. 또한 신체 기관인 폐도 한쪽이 약간 압박을 받으면서 반대쪽 폐가 호흡을 책임지게 된다. 어쩌면 당신은 자는 방향에 따라 어떤 영향을 받는지 이미 잘 알고 있을 수도 있다. 오른쪽으로 누웠을 때는 왼쪽 콧구멍으로 숨쉬기가 더 쉬워진다. 남성의 경우, 오른쪽으로 누운 자세는 왼쪽 채널에 흐르는, 긍정적인 지혜의 프라나의 움직임에 유익하다. 여성의 경우에는 남성과 반대로, 왼쪽으로 누워 자는 편이 오른쪽에 있는 지혜의 채널에 유익하다. 이러한 자세는 꿈에 긍정적인 영향을 미치며 꿈 수행이 더 쉽게 이루어질 수 있도록 도와준다. 궁극적으로 우리는 균형 잡힌 프라나를 중앙 채널로 옮기길 원하긴 하지만, 지혜의 프라나의 흐름을 여는 것은 임시적인 방편이 될 수 있다.

뿐만 아니라 자세에 주의를 기울임으로써 자는 동안 더 안정적인 알아차림을 유지할 수도 있다. 내 고향에서는 대부분의 사람들이 가로 1미터, 세로 2미터 크기의 티베트 카펫 위에서 잠을 잔다. 자다가 너무 많이 움직이면 침대에서 떨어질 수 있지만 일반적으로 그런 일은 일어나지 않는다. 좁은 곳에서 자는 사람의 수면 자세는 밤새 잠든 마음 속에도 각인되어 유지되기 때문이다. 예를 들어, 만약 어떤 사람이 절벽 끝의 바위에서 자고 있다면 그는 자신이 가장자리로 굴러가지 않도록 충분한 알아차림을 유지할 것이다. 서양에서처럼 큰 침대에서 자는 사람은 시곗바늘처럼 360도 회전하더라도 침대에서 떨어지지 않는다. 그러나 지금 우리에게는 자세를 유지하는 것이 알아차림을 유지하는 데 도움이 될 것이다.

집중이 흐트러질 때 이를 실험해볼 수 있다. 자세를 바꾸고 차분하고 부드럽게 호흡하라. 그러면 아마 집중이 잘 되는 것을 느낄 수 있을 것이다. 호흡, 프라나의 움직임, 몸의 자세, 생각, 마음의 자질 모두가 밀접한 연관이 있다. 이것을 이해하면 수행자가 의식적으로 긍정적인 경험들을 만들어낼 수 있다.

마음에 집중하기

다양한 몸의 자세가 에너지의 흐름을 변화시키고 경험의 질에 영향을 주듯이, 몸에 집중하는 각기 다른 시각화들 또한 이런 변화와 영향을 미칠 수 있다. 주요수행의 네 부분은 각각 네 개의 차크라 중 하나에서 특정 색깔을 띤 빛, 티글레 또는 음절에 집중하는 활동을 포함하고 있다.

우리가 특정 차크라의 지점에서 색을 지닌 연꽃, 티글레, 또는 음절을 심상화할 때, 이것들이 진짜 거기 있는 것은 아니다. 심상화는 그 지점을 통해 움직이는 에너지의 자질들과 패턴들을 나타내는 상징 혹은 그림 같은 것이다. 이러한 이미지들을 사용하여 마음은 몸의 정확한 위치에 있는 특정한 패턴들의 에너지에 더 잘 연결될 수 있으며, 우리의 의식은 이 연결에 영향을 받는다. 우리가 일상적으로 경험하는 바와 같이, 색깔 역시 의식에 영향을 줄 수 있다. 만일 우리가 빨간색으로 칠해져 있는 방에 들어간다면 우리의 경험은 흰색, 초록색, 혹은 검은색 방에 들어간 것과는 사뭇 다를 것이다. 심상화에서 쓰이는 색깔은 의식의 특정 자질을 확립하는 데 도움을 주기 위한 것이다.

명상할 때, 우리는 집중과 산만함을 껐다 켰다 할 수 있는 스위치처럼 생각하는 경향이 있다. 그러나 실제로는 그렇지 않다. 의식은 다양한 수준의 강도로 집중이 가능하다. 예를 들어, 내가 오랜 시간 동안 암흑 속에서 안거 수행을 하다 밖에 나왔을 때는 모든 시각적인 현상이 극도로 강렬하게 느껴졌다. 집과 나무들, 모든 색깔과 모든 사물이 선명했다. 이와 똑같은 이미지들을 이전에도 매일 보긴 했지만 그때는 그다지 특별할 게 없어 보였다. 그러나 암흑 속에서 50일을 보낸 후에는 내 눈앞의 것들에 대한 집중이 너무나 강해져서 모든 것이 놀라울 정도로 선명해졌다. 하지만 시간이 흐르면서 다시 시각적 현상들에 둔감해지게 되었다. 물론 시각적 현상들은 바뀌지 않았다. 그것들에 대한 내 인식이 약화된 것이다. 내 경험은 이례적이긴 해도, 일반적인 원칙을 분명히 보여주고 있다. 우리가 의식의 집중을 더 강하게 한다면 우리의 모든 경험은 더 선명해질 것이다.

수행에서도 집중의 수준이 단계적으로 다른 것은 마찬가지다. 밤에 심상화를 시작하면 티글레에 아주 강한 집중을 할 수 있을 것이다. 몸이 이완되고 잠이 오면 심상화된 대상의 모습도 약화될 수 있다. 감각이 희미해지고 청력, 냄새, 촉감 등이 줄어든다. 이렇게 감각이나 시각화가 희미해지는 것은 의식의 강렬하고 예리한 집중이 약화되었기 때문이다. 이런 다음에는 거의 느낌이 없어질 수도 있는데, 또 다른 집중의 수준으로 넘어갔기 때문이다. 결국에는 아무런 감각 경험도 남지 않게 되고 심상화의 이미지도 없어지게 된다.

이런 미묘한 차이들을 인식하는 것이 어렵긴 하지만, 잠에 빠져드는 과정 속으로 더 많은 알아차림을 가져오게 되면 이 차이들은 분명해질 것이다. 심지어 어떤 이미지나 감각이 완전히 암흑 속으로 빠져든 후일지라도, 현존은 유지될 수 있다. 결국 당신은 '아'

자에 집중한 상태로 잠들 수 있을 것이며, '아' 자가 나타내는 순수한 현존에 밤새 머무를 수 있을 것이다. 이렇게 되면 아침에 막 깨어나는 순간조차도 순수한 현존 속에서 나타나게 될 것이다.

　당신은 아마 밤새 집중을 유지해본 경험이 이미 있을 것이다. 예를 들어 당신이 약속 때문에 이른 시간에 일어나야 할 때, 의식 일부는 잠을 자는 동안에 유지된다. 당신이 5시에 일어나야 한다고 쳐보자. 당신은 잠자리에 들긴 하지만 자주 깨어 시간을 확인한다. 당신은 그것을 강하게 개념화하지도, 생각하지도 않았지만 일찍 일어나야 한다는 의식은 남아 있다. 이런 식의 집중은 굉장히 미세한 것이다. 이것이 수행 속으로 가져와야 할 종류의 집중이다. 강한 집중이 아니라 가볍게 다뤄지는, 부드럽지만 일관된 그런 집중 말이다. 당신의 인생에서 뭔가 멋진 일이 일어나서 자기 전까지도 즐거워했었다면, 깨어날 때도 그 즐거움은 당신과 함께할 것이다. 즐거움은 자는 동안에도 지속되니까 말이다. 당신은 그 즐거움을 무서우리만치 꽉 쥐고 있을 필요가 없다. 당신의 의식은 그저 그 즐거움과 함께 휴식한다. 이것이 바로 티글레와 함께하는 방법이다. 즐거움과 함께 잠이 들 때처럼 티글레와 함께 잠들라.

　현상과 관계를 맺는 방법에는 두 가지가 있다. 하나는 마음이 현상을 붙잡고 있는 것이고, 다른 하나는 현상이 마음에 나타나는 것이다. 이것은 티글레에 집중하는 것과도 관련이 있다. 마음이 현상을 붙잡는 것은 이원적인 상호작용이 보다 뚜렷해진 형태라고 할 수 있다. 이때 대상은 그 자체로 고유한 독립체로 여겨진다. 그리고 마음은 마치 분리되어 있는 별개의 어떤 것 같은 그 대상에 매달린다. 우리가 현상을 붙잡기를 그만둔다고 해서 이원성이 사라지는 것은 아니다. 현상은 여전히 경험 속에서 생겨날 것이고 분리된 독립체로 개념화될 것이다. 그러나 이때의 개념화는 전보다 훨씬 약화되어 있다. 마음이 현상을 붙잡는 것이 더 공격적이고 적극적인 개념화라면, 현상이 마음에 나타나는 것은 수동적이고 약한 개념화라고 말할 수 있다. 개념화가 약해질수록, 비이원 릭빠(non-dual rigpa)에 녹아들기가 더 쉬워진다.

　　우리는 마음이 현상을 붙잡는, 보다 뚜렷한 이원성의 형태로 수행을 시작한다. 대상을 개념화하고 상상의 감각들을 활용하여 그것의 경험이 가능한 한 강해지게 하라. 그리고 이를 명확하게 심상화할 수 있도록 노력하라. 그러나 이보다 더 중요한 것은, 그것을 느끼고 그것이 몸의 감각, 에너지, 마음의 자질에 영향을 미칠 수 있게 하는 것이다. 알아차림 속에 대상을 강하게 정착시킨 후에는 마음의 초점을 느슨하게 하라. 의식 저변에 있는 의도가 마음을 대상에 묶어두는 것처럼 아무 노력 없이도 대상이 나타나도록 하라. 마음이 다음 날의 약속 때문에 일찍 일어나야 한다는 사실에 계속 연결되어 있듯이, 또는 커다란 즐거움과 계속 함께하고 있듯이 말이다. 여기에는 노력이나 집중이 필요하지 않다. 그것은 그냥 거기에 있고, 당신은 그것과 함께 있다. 당신은 더 이상 그것을 창조해내지 않는다. 그것을 허용하고 지켜볼 뿐이다. 이것은 따뜻한 태양 아래 눈을 감고 누워 있는 것과 비슷하다. '저기 바깥에' 있는 태양의 존재에 대해 집중하지 않아도 당신은 빛과 온기를 온전히 느낀다. 당신은 빛과 온기에 대해서 경험하는 것이 아니다. 그것들에 집중을 유지하려 애쓸 필요가 없다. 당신은 그냥 빛과 온기를 경험한다. 당신은 그 경험과 하나다. 이것이 바로 수행 중 심상화를 하는 방법이다.

수행을 시작했을 때 흔히 발생하는 한 가지 공통적인 문제는, 너무 강하게 집중을 유지할 때 발생하는 수면 장애이다. 집중은 가벼워야 한다. 이것은 티글레에 집중하도록 마음을 강요하는 것이라기보다는 티글레와 그저 '함께 있기'에 가깝다. 평범하게 잠들 때에도 우리는 비슷한 경험을 하곤 한다. 잠에 빠지려 할 때 이미지와 생각들이 그저 마음에 떠다니는 경우와 마음이 어떤 대상에 강하게 고정되어 있는 경우, 어떤 차이가 있는가? 직접 경험해보라. 당신에게 효과가 있는 방법과 없는 방법을 찾아 적절히 조정하라. 만일 수행 때문에 잠이 들지 않는다면, 잠들 수 있을 때까지 집중에 대한 압박감을 감소시키라.

티글레나 음절에 집중하는 것은 마음이 그것을 붙잡든, 나타나도록 내버려두든 상관없이 그저 첫걸음에 불과하다. 진정한 의도는 대상과 하나가 되는 것이다. 음절 '아'로 예를 들어보자. '아'는 아직 태어나지 않은 것, 불변의 것, 마음의 중립적 상태를 상징한다. 하나의 대상으로서 '아'에 집중하기보다는 '아'가 나타내는 것들, 즉 '아'에 스며들어 있는 그것의 본질과 하나되는 것이 가장 좋다. 사실 이런 일은 매일 밤마다 일어난다. 잠에 빠져드는 것은 순수한 릭빠 속으로 '빠져드는' 것이기 때문이다. 그러나 어떤 사람이 깊은 잠에서는 작용하지 않는, 뚜렷한 개념적 마음과 자신을 동일시한다면 밤마다 릭빠의 경험보다는 무의식의 경험이 일어날 것이다. 릭빠는 잠 속에서 발견될 수 있다. 릭빠는 이미 거기 있기 때문이다.

대상이 마음에 나타나도록 허용하는 것 너머에는 비이원의 상태가 있다. 마음은 여전히 집중되어 있지만 개념들과 동일시되지 않으며, 생각은 티글레나 '아'를 심상화하는 데 동원되지 않는다. 마음은 주체와 객체로 나눠짐 없이 단순히 인식 속에 나타난다. 집중하는 사람과 집중의 대상 없이 집중된 인식이 존재하게 되면 진정한 비이원적 인식을 갖게 된 것이다. 비이원적 상태에서는 '아'가 '저기' 존재하는 것이 아니며 당신도 '여기' 존재하는 것이 아니게 된다. 이미지가 남아 있을 수도, 남아 있지 않을 수도 있지만 두 경우 모두 경험이 주체와 객체로 나누어져 있지 않다. 오직 '아'만 존재하며 당신이 바로 그 '아'이다. 이것이 꽃잎에 의해 붉은 빛을 띠고 있는 투명한 '아'가 의미하는 바이다. 당신은 '아'에 의해 순수한 비이원적 인식이 된다. 붉은 꽃잎으로 상징되는 경험이 발생하더라도, 그것의 색깔이 '아'를 물들이긴 하지만 비이원적 현존의 광휘는 상실되지 않는다.

수행자들은 시각화를 유지하기가 어렵다거나 그것이 잠을 방해한다고 말하곤 한다. 수행 순서에 대한 이해가 이 문제를 명확히 해줄 것이다. 바른 순서는 보는 것, 느끼는 것, 그리고 그것 자체가 되는 것이다. 당신이 대상과 온전히 하나되면 심상화가 중단될 수 있는데, 그래도 괜찮다.

가르침에서는 또한 죽음의 시점에 이런 종류의 집중이 필요하다고 말한다. 죽음이 찾아왔을 때 현존을 유지할 수 있다면 죽음의 전체 과정은 매우 달라진다. 이 현존을 유지하는 것은 죽음의 시점에서 의식을 이동시키는 수행, 즉 포와phowa의 진정한 정수라고 할 수 있다. 이 수행의 목적은 마음을 순수한 인식의 공간, 즉 다르마카야dharmakaya(법신불)로 곧장 옮기는 것이다. 이것에 성공하면 수행자는 사후에 산란과 격변을 경험하지 않게 되고, 청정한 빛 속으로 곧장 해방된다.

순수한 현존에 머무를 수 있는 능력이 없다면 우리는 산란해지며 꿈, 환상, 윤회, 후생 속에서 헤매게 된다. 그러나 순수한 현존을 유지한다면 우리는 밤 동안에도 청정한 빛 속에서 우리 자신을 찾을 수 있으며, 낮의 일상에서도 마음의 본성에 머무를 것이다. 또, 죽음 이후에도 바르도에서 해방될 것이다.

심상화가 의식에 어떤 영향을 미치는지 경험하고 싶다면 다음과 같은 방법을 시도해보라.

완전한 어둠, 완벽한 암흑 속에 있다고 상상하라. 당신의 주위가 어두울 뿐만 아니라 시야, 피부, 당신의 위와 아래, 신체의 모든 세포 내부까지도 어둡다. 마치 이 어둠을 느끼고, 냄새 맡고, 맛볼 수 있을 정도로 말이다.

이제 그 어둠이 갑자기 청정하고 만연한 빛에 의해 허물어지는 것을 상상하라. 그 빛은 당신의 주위에도, 당신 안에도 있는, 당신 그 자체인 만연한 빛이다.

당신은 이 두 심상화의 차이를 그저 상상의 시각적인 측면으로 '보는' 것이 아니라 당신의 내적 세계를 밝혀주는 미세한 감각을 통해 '느낄' 수 있어야 한다. 어둠 속에서는 약간은 두려움이나 분노 같은 것들이, 빛 속에서는 오직 청정함만이 경험될 것이다.

수행에 필요한 종류의 집중을 경험하기 위한 다른 실험도 있다. 몸을 이완하라. 당신의 목 차크라에서 빛나고 있는 붉은 '아'를 상상하라. 그 붉은 빛은 짙고 그윽하며 감각적이다. 당신의 상상력을 사용하여 그 빛을 느끼고 스스로를 고요히 하며 이완시키라. 당신의 몸과 마음을 가라앉히고 치유하라. 빛이 확장되어 당신의 목 차크라가 가득 채워지고, 당신의 온몸도 가득 채워진다. 이렇게 하면 모든 긴장이 풀어진다. 붉은 빛이 닿은 모든 것들이 녹아버린다. 당신의 온몸이 붉은 빛에 녹아버린다. 당신의 인식에 이 빛이 스며들도록 하여, 당신에게 보이는 것은 오로지 붉은 빛밖에 없도록 하라. 느껴지는 것은 오로지 이 고요한 빛밖에 없고, 들리는 것은 오로지 이 평화로운 빛밖에 없다. 생각하지 말고 그저 경험하라. 당신의 마음이 곧 붉은 빛이 되도록 하여 어떤 대상을 인식하는 당신 존재가 없어지게 하라. 오직 붉은 빛만이 그 자신을 알아차리고 있다. 주체나 객체로 어떤 것이 떠오르면 그것을 붉은 빛 속으로 용해시키라. 몸과 에너지, 세상과 정신적인 사건들을 포함한 모든 것들이 당신이 완벽하게 붉은 빛과 하나가 될 때까지 용해된다. 여기에서는 '안쪽'이나 '바깥쪽'이 없으며 오직 이 빛밖에 없다. 이것이 '아'

와 하나되는 방법이자 밤에 심상화의 대상과 합일하는 방법이다.

수행의 순서

수행은 항상 순서대로 진행되어야 한다. 주요수행의 첫 번째 단계, 즉 목의 '아' 자에 집중하는 것은 처음 잠이 들 때 해야 한다. 그리고 그 두 시간 후에 두 번째 단계를 진행하는 것이 이상적이다. 세 번째 단계와 네 번째 단계 역시 그 전 단계를 끝내고 두 시간 후에 진행한다. 이처럼 수면 중에 규칙적으로 깨어나면 얕은 잠을 유지할 수 있으며 꿈 요가를 성취하기가 쉬워진다. 수면 시간을 정확히 두 시간씩 나눌 필요까진 없지만, 원한다면 알람을 사용해도 된다. 중요한 점은 잠에서 총 세 번 깨어나야 한다는 것이다. 간격을 두 시간으로 말하는 이유는 보통 우리가 여덟 시간 정도 자기 때문이다. 이렇게 계속 깨어나는 것이 명료함을 강화해주긴 하지만 수면을 통해 휴식을 취하는 것도 그만큼 중요하다. 그러니 깨어나는 시간을 놓쳤다고 걱정하지 말고 어쨌든 세 번 일어나면 된다. 만일 세 번을 못 일어나겠다면 한 번만 깨어나라. 자신이 할 수 있는 한에서 최선을 다하면 된다. 자신이 못하는 것에 대해서 걱정하지 말라. 이것이 수행의 중요한 비밀이다! 걱정은 당신의 수행에 도움이 안 된다. 그러나 더 잘해보겠다고 의지를 다잡는 것을 잊지는 말라. 그저 당신이 할 수 있는 한에서 최선을 다하라.

만약 첫 번째 단계를 마치고 잠든 뒤에 동이 틀 시간까지 못 깨어났다면 어떻게 해야 할까? 그러면 수행의 두 번째 부분을 하면 된다. 세 번째, 네 번째 부분으로 넘어가지 말라. 주요수행 네 단계 중 하나라도 절대 건너뛰어서는 안 된다. 각 수행의 결과는 연속성이 있다. 이는 서로 다른 차크라, 색깔, 명상법, 시간, 원소, 에너지, 자세 같은 모든 요소들이 서로 연결되어 있기 때문이다. 수행자의 특정 경험을 만들어내고 확실한 능력들을 계발하려면 이 모든 것들이 함께 작용해야 한다. 수행의 각 단계는 의식의 특정 에너지적 자질을 떠올리게 하여 알아차림과 통합되도록 만든다. 그리고 각각의 자질은 다음 수행 단계가 잘 발전할 수 있도록 도와준다. 네 가지 단계가 순서에 맞게 이루어지는 것이 중요한 이유는 바로 이러한 순차적인 발전 방식 때문이다.

주요수행의 첫 단계에는 꿈의 평화로운 측면이 가득 차 있다. 예를 들어 당신이 수행의 일부만 해야 하는 상황이라면, 세찬 기운의 측면보다는 이 평화로운 측면을 수행하는 것이 더 쉽다. 무서운 상황보다는 평화로운 상황에서 현존에 머무는 것이 더 쉬운 법이다. 숙달하기 쉬운 상황에서 더 자주 수행한 후, 그것이 진전되면 그보다 더 어려운 상황에서 수행을 하는 것이 일반적인 원칙이다. 이 경우에는 현존 속에서의 안정감을 먼저 확보한 후에 더 어려운 경험의 측면들과 함께 수행해야 한다. 명료함을 증진시키고, 강인함을 키운 뒤에 세찬 기운과 관련된 상상으로 넘어간다.

수행의 첫 단계는 무언가를 계발하는 것보다는 평화로운 알아차림을 재발견하는 것과 더 가깝다. 여기서는 무언가 '하는' 것에 대한 노력을 덜 해야 하며, '되는' 것을 더 많이 허용해야 한다. 이것은 마치 종일 뛰어다니다 집으로 돌아와 평화로운 꿈속에서 휴식을 취하는 것과 같다. 푹 쉬고 회복하는 데에는 약간의 시간이 필요하다. 이때 사용되는 차크라가 목 차크라다. 목 차크라는 확장과 수축, 잠재력 등에 에너지적으로 연결되어 있다.

두 시간 후에는 잠에서 깨어나라. 이때의 잠은 당신이 휴식을 취하고 긴장을 풀 만큼 충분히 깊어야 한다. 그래야 마음의 자질과 태도가 변하기 때문이다. 주요수행의 이 첫 번째 단계에서는 안정성과 집중력이 계발된다. 마치 맨몸처럼 말이다. 두 번째 단계에서 당신은 안정화된 현존의 장식물로서 명료함을 계발하여 몸을 치장한다. 그리하여 이마 차크라에 집중하게 된다. 이마 차크라는 명료함의 증가, 열림과 연결되어 있다.

첫 번째 단계에서 안정성, 두 번째 단계에서 명료함이 계발되었다면 세 번째 단계에서는 강인함이 계발된다. 이때의 중심점은 몸의 가장 중심에 위치한 차크라, 즉 가슴 차크라이다. 가슴 차크라는 힘의 근원과 연결되어 있다. 이는 세 번째 단계에서 꿈을 꾸면 꿈속에서 힘을 가지게 된다는 의미가 아니다. 이 힘은 우리의 수행, 즉 앞선 두 단계의 결과로서 계발되는 것이다. 이 힘은 거칠고 공격적인 힘이 아니라 생각과 시각을 넘어선 힘이자 어떤 현상과 마주했을 때 습관적인 반응성에서 자유로워지게 하는 힘이다. 이는 마치 자신의 왕좌에 앉은 왕과 같다. 이때 왕좌는 곧 그가 지닌 힘의 자리이다. 당신은 순수한 인식 속에서 당신이 지닌 힘의 바탕에 앉아 있다.

안정감, 명료함, 강인함에 근거해 있는 네 번째 단계에서는 용맹함이 계발된다. 우리는 무서운 꿈의 원인을 우리 자신 안에 지니고 있다. 지금까지의 세 단계에서 성취를 이룬 후에 우리는 비밀 차크라 속 검정 티글레에 집중함으로써 무서운 꿈의 원인을 꺼내어볼 수 있다. 비밀 차크라는 대부분 세찬 기운과 관련된 업의 흔적들과 연결되어 있다. 이 무서운 꿈들의 등장은 앞선 수행들에 의한 것이다. 수행자가 이런 종류의 꿈을 계속 꾸는 것은 권장되는 일이다. 이 단계의 수행을 통해 제아무리 무서운 업의 흔적이라도 바른 길로 전환시킬 수 있기 때문이다. 우리는 이런 식으로 우리의 수행이 얼마나 진전되었는지 점검할 수 있으며, 우리가 키워온 안정성, 명료함, 강인함을 더 강화시킬 수 있다. 무서운 이미지들은 더 이상 두려운 감정을 만들어내지 않으며 오히려 수행을 진전시킬 기회로서 환영받는다.

또 다른 방법도 있다. 당신이 원한다면 적절한 결과를 얻을 때까지 오직 수행의 한 지점에만 집중할 수도 있다. 여전히 수행 순서는 지켜야 한다. 이 경우, 잠에서 깨어났을 때마다 수행의 첫 번째 단계를 행하라. 평화로운 꿈, 알아차림의 안정성을 경험할 때까지 첫 번째 단계만을 수많은 날 동안 수없이 반복하라. 첫 번째 단계에서 어느 정도 성취를 이룬 후에는 첫 번째 단계에서 거쳤던 만큼이나 많은 밤 동안 명료함을 증진시키는 두 번째 단계를 수행하라. 밤 중에 명료함이 충분히 증가할 때까지 말이다. 그러면 두 번째 단계에 해당하는 자질의 꿈이 만들어질 것이다. 그런 후 또 다음의 결과가 나타날 때까지 세 번째 수행만을 반복하고, 그다음에 네 번째 수행을 시작하라. 만약 당신이 첫 번째 단계를 완성하지 못했다면 두 번째 단계는 시작하지 말라. 마찬가지로, 세 번째 단계를 완성하지 못했다면 네 번째 단계는 시작하지 말라. 다시 반복하지만, 순서가 중요하다.

　　이 수행이 복잡해 보여서 용기를 잃는 사람들도 있을지 모른다. 그러나 처음에만 그렇게 보일 뿐이다. 꿈 요가에 숙달될수록 수행은 더욱 단순해질 것이다. 알아차림이 안정되면 다른 어떤 종류의 수행도 필요 없어진다. 이때는 그저 현존에 머무는 것으로 충분하며 꿈은 자연스럽게 자각된다. 수많은 다른 요소들이 수행자를 돕기 위해 조화 속에서 일하고 있기 때문에 수행이 복잡해 보일 뿐이다. 특히나 가장 많은 도움이 필요한 때인, 수행을 시작할 때 말이다. 준비 과정에 있는 각각의 요소를 온전히 이해할 수 있도록 시간을 가지고 수행하라. 그리고 그것들을 같이 활용하라. 일단 꾸준히 자각몽을 꿀 수 있게 되면 더 간소화된 수행을 시도해볼 수도 있다.

자각

　　누군가 자신이 수년 동안 안거 수행을 했다고 말하면 우리는 깊은 인상을 받는다. 당연하다. 깨달음을 얻기 위해서는 그 정도의 노력이 필요하다. 그러나 우리의 바쁜 삶 속에서 그런 수행들을 하기란 불가능한 것처럼 보인다. 우리는 3년 동안의 전통적인 안거 수행을 소망할 수도 있지만 우리의 상황이 그걸 절대 허락하지 않을 것임을 느끼고 있다. 그러나 사실, 우리 모두 그 정도의 수행을 하는 것이 가능하다. 앞으로 10년 동안의 삶에서, 우리는 3년 이상의 시간을 잠자는 데 쓸 것이다. 평범한 꿈속에서 우리는 사랑스러운 경험을 할 수도 있고 분노, 질투, 두려움을 수행할 수도 있다. 우리가 이러한 감정적 경험들을 겪어야 할 필요가 있다 하더라도, 습관적인 경향을 강화하는 이런 방식이 지속될 필요는 없다. 이런 경향들은 우리가 감정과 환상에 집착하게끔 하며 이것들에 압도당하게 만든다. 그러니 이렇게 되는 대신 영적인 수행의 길을 걸어보는 것은 어떨까? 잠을 자는 3년의 시간은 수행을 위해 쓰일 수 있다. 한번 자각이 안정되면 어떤 수행이든지 꿈속에서 행할 수 있다. 꿈속에서의 수행은 깨어 있는 동안 하는 수행보다 더 효과적이며, 더 많은 결과를 낸다.

꿈 요가는 자각몽을 꾸는 능력을 계발시켜준다. 이 능력은 우리 모두 지니고 있다. 여기서 자각몽이란, 꿈꾸는 자가 스스로 자신이 꿈을 꾸는 중이라는 것을 인식하는 것을 말한다. 많은 사람들, 아마도 대부분의 사람들은 적어도 한 번쯤은 자각몽을 경험해봤을 것이다. 어쩌면 악몽 속에서 지금 자신이 꿈속에 있으며 여기서 탈출하기 위해서는 꿈에서 깨야 한다는 것을 깨달았을 수도 있고, 그냥 가끔 드물게 경험해봤을 수도 있다. 어떤 사람들은 아무 의식적인 의도 없이도 자주 자각몽을 꾼다. 예비수행과 주요수행이 수행자의 삶에 통합되면 자각몽은 빈번하게 일어나기 시작할 것이다.

자각몽 그 자체는 수행의 목표가 아니지만 꿈 요가의 길을 따르는 데 있어 중요한 국면을 나타낸다.

자각몽에는 여러 수준이 있다. 표면적인 수준의 자각몽에서는 자신이 꿈을 꾸고 있다는 것을 깨닫긴 하지만 명료함을 거의 갖고 있지 않으며 꿈에 영향을 미칠 만큼의 힘이 없다. 꿈이라는 자각이 있었다가 다시 사라진다. 그리고 꿈의 논리가 꿈꾸는 자의 의식적 의도를 압도한다.

반면 가장 높은 수준의 자각몽은 놀라울 정도로 선명할 수 있어서, 평범하게 깨어 있는 경험보다도 더 '현실'같이 보인다. 경험이 쌓일수록 꿈속에서 더 큰 자유가 생겨나고 마음의 한계가 극복된다. 자신이 할 수 있다고 생각한 모든 것을 할 수 있을 때까지 말이다.

확실히, 꿈은 깨어 있는 삶과 똑같은 현실의 차원에서 나타나는 것이 아니다. 꿈속에서 새 차를 샀다고 해도 다음 날 출근길에 버스를 타야 하는 것은 마찬가지다. 이런 의미에서 우리는 꿈에 대해 불만족을 느낄 수도 있다. 우리는 꿈은 '현실'이 아니라고 느낀다. 하지만 심리적인 임무들을 완수하는 중에는, 즉 불완전한 에너지적 문제들을 극복하는 중에는 꿈의 효과가 깨어 있는 삶으로까지 연장될 수 있다. 가장 중요한 점은, 꿈속에서는 마음의 한계들이 시험받고 극복된다는 것이다. 이렇게 되면 마음의 유연성이 계발되는데, 이 마음의 유연성이야말로 가장 중요한 것이다.

왜 마음의 유연성이 그렇게 중요한 걸까? 융통성 없는 마음,

즉 지혜가 가려지고 편협한 경험만을 하여 생겨난 잘못된 관점의 제한들은 우리를 환상에 불과한 자기 정체성에 계속 걸려들게 하며 자유를 찾지 못하게 막는다. 나는 이 책 전반에서 어떻게 무지, 집착, 혐오감이 우리를 조건화하고 계속 부정적인 업의 경향성에 가둬놓는지를 강조했다. 영적인 길에서 진척을 이루기 위해서, 우리는 집착과 혐오를 줄여야 한다. 집착과 혐오의 기반에 깔려 있는 무지를 꿰뚫고 그것 뒤에 있는 지혜를 발견할 때까지 말이다. 마음의 유연성이 계발되면 집착과 혐오를 극복할 능력이 생긴다. 마음의 유연성은 우리가 무언가를 새로운 방식으로 볼 수 있게 해주며 습관적인 반응에 맹목적으로 끌려다니지 않고 더 긍정적으로 반응하도록 돕는다.

사람들은 같은 상황을 겪으면서도 다른 반응을 보인다. 어떤 사람은 더 집착하고 어떤 사람은 덜 집착한다. 더 집착한다는 것, 즉 업의 조건화로부터 온 반응이 더 심하다는 것은 우리가 마주하게 된 경험이 우리를 더 많이 통제하고 있다는 뜻이다. 충분한 유연성이 있다면 업에 끌려다니지 않게 된다. 거울은 무엇을 비출지 선택하지 않는다. 모든 것은 그 자신의 순수한 본성 속에서 자유롭게 오고 간다. 이런 의미에서 거울은 유연하다고 할 수 있다. 거울은 집착하지도, 밀어내지도 않기 때문이다. 거울은 반사되는 대상을 붙잡으려 하지도 않고 거절하지도 않는다. 우리는 이런 유연성이 결여되어 있다. 인식 속에서 나타나는 것이 무엇이든 간에, 그것이 그저 우리 자신의 마음을 반영한 것이라는 사실을 이해하지 못하기 때문이다.

자각몽 속에서 무엇이 나타나든 간에, 우리는 그것을 변화시키는 수행을 한다. 꿈에서는 경험의 한계가 없다. 이는 절대 어길 수 없는 원칙 같은 것이다. 우리는 무슨 일이든 일어나게 할 수 있다. 우리가 경험의 습관적인 한계를 깨면 마음은 점점 더 유연해지기 시작한다. 먼저 자각력을 기르고, 익숙해지고, 다음으로 유연성을 계발한다. 그리고 이 마음의 유연성을 우리 삶 전체에 적용한다. 우리가 경험의 습관적 한계들을 변화시키고 놓아주는 경험을 하게 되면, 습관적인 자기 정체성에 의한 제약이 적어진다. 우리가 경험의 습관적 한계들이 지닌 상대성과 가변성을 경험하게 되면, 습관적인 인식에 의해 생겼던 편협함도 적어진다.

꿈의 이미지가 꿈속에서 변화될 수 있는 것처럼, 감정 상태와 개념적 한계들 역시 깨어 있는 삶 속에서 변화될 수 있다. 꿈과 같은, 가변적인 경험의 본질에 대한 경험을 통해 우리는 우울을 행복으로, 두려움을 용기로, 분노를 사랑으로, 절망을 믿음으로, 산란함을 현존으로 변화시킬 수 있다. 우리는 유익하지 않은 것을 유익한 것으로 바꿀 수 있다. 어두운 것은 빛으로 바꿀 수 있다. 제한되고 빽빽한 것은 열려 있는 널찍한 것으로 바꿀 수 있다. 당신을 제약하는 한계들에 도전하라. 이러한 수행들의 목적은 자각과 유연성을 삶의 모든 순간에 통합시키는 것이다. 또, 우리가 현실을 규정짓는 방식이나 의미를 부여하는 방식, 망상 속에 잡혀 있는 방식 등등 강하게 조건화된 방식들을 놓아버리는 것이다.

유연성 키우기

가르침에서는 자각력을 기른 후에 꿈속에서 해야 하는 많은 일들을 제시한다. 꿈속 유연성을 기르기 위한 첫 번째 단계는, 꿈속에서 자신이 유연해질 수 있다는 사실을 낮 동안에 충분히 새겨두는 것이다. 가르침에 따르면, 우리의 마음은 이렇게 각인해둔 것들을 자신의 잠재력에 포함시킨다. 심지어 우리는 이전에는 그런 게 있는지조차 몰랐던 경험을 할 수 있게 된다.

나는 노트북을 하나 가지고 있다. 이 노트북에는 재밌는 탐색거리들이 아주 많다. 내가 화면의 아이콘 중 하나를 클릭하면 파일이 열린다. 다른 것을 클릭하면 무언가 다른 것이 화면에 나타난다. 마음이 꼭 이와 같다. 우리의 주의는 무언가에 쏠리는데, 이것은 아이콘을 클릭하는 것과 같다. 갑자기 생각과 이미지가 줄을 지어 나타난다. 마음은 한 곳에서 다른 곳으로 옮겨다니며 계속 클릭을 한다. 가끔 우리는 화면에 두 개의 창을 띄워놓기도 한다. 마치 우리가 누군가와 얘기를 하는 동시에 다른 생각을 하고 있는 것처럼 말이다. 일반적으로 우리는 이런 현상을 두고 자신에게 여러 명의 자아 혹은 여러 개의 정체성이 있다는 생각을 하지는 않는다. 그러나 우리는 꿈속에서 이런 여러 명의 자신을 나타낼 수 있다. 이는 단순히 우리의 주의가 여러 곳에 나누어져 있다는 의미라기보단, 우리가 꿈속에서 동시에 존재하는 여러 개의 꿈 몸(dream body)으로 나누어질 수 있다는 의미이다.

어느 날, 나는 컴퓨터를 갖고 논 뒤에 잠이 들었다. 그리고 나는 꿈에서 화면을 보고 있었는데, 그 화면에 떠 있는 아이콘들을 내 마음으로 클릭할 수 있었다. 그것들은 주변 환경 전체를 바꾸는 아이콘들이었다. 화면에 숲 아이콘이 나타났고, 그것을 클릭하자 나는 숲속에 있었다. 그런 후 바다 아이콘이 나타났고, 그것을 클릭하자 나는 갑자기 바다가 배경인 곳에 있었다. 이런 능력은 이미 내 마음속에 있었다. 그러나 이런 경험을 할 가능성은 내가 컴퓨터와 상호작용하며 생긴 것이다. 현재 우리의 생각과 경험은 미래의 생각과 경험에 영향을 미친다. 꿈 수행도 이러한 사실에 기반한 것이다. 가르침은 우리에게 새로운 생각, 새로운 가능성, 그리고 이러한 가능성을 깨닫게 해줄 도구를 제시해준다. 하지만 꿈, 그리고 깨어 있는 삶에서 이것들을 실현할 것인지는 우리에게 달려 있다.

예를 들어, 가르침은 꿈속에서 어떤 것의 수를 증가시키는 것에 대해 설명한다. 세 송이 꽃이 나오는 꿈을 꾼다고 치자. 우리는 자신이 꿈속에 있다는 것을 인식할 수 있고 꿈의 유연성을 인식할 수 있다. 따라서 우리가 원한다면 우리는 백 송이, 천 송이의 꽃도 만들어낼 수 있으며 꽃으로 비를 내리게 할 수도 있다. 그러나 먼저 우리는 이런 것이 가능하다는 것을 인식해야 한다. 우리가 사물의 수를 증가시킬 수 있는 선택권이 있다는 것을 모른다면 이런 선택권은 존재하지 않는 것과 같다.

서양의 꿈 연구자들은 사람들이 꿈속에서, 그리고 꿈과 같은 깨어 있는 삶 속에서 기술을 연습하면 그것이 향상될 수 있음을 발견했다. 이러한 이해는 수 세기 전부터 이미 가르침 속에 들어 있었다. 꿈을 활용하면 부정성을 감소시키고 긍정성을 증가시켜 우리가 세상 속에 존재하는 방식, 즉 우리의 습관적인 방식들을 바꿀 수 있다. 이것은 일상 속에서 우리에게 도움이 되는 기술들을 알려줄 뿐 아니라 영적 삶의 가장 심오한 수준에도 적용될 수 있다. 언제나 가장 상위의 목적, 가장 포괄적인 목표를 설정하라. 그러면 그것이 자동적으로 하위의 목적과 목표들을 처리해줄 것이다. 상대적인 문제들을 해결하려 노력하는 것도 좋은 일이다. 그러나 깨달은 후에는 문제라는 것이 전혀 존재하지 않는다.

마더 탄트라는 경험을 열한 가지 범주로 나누었다. 여기서의 경험이란, 대개 현상에 의해 구속된 마음과 관련된 것이다. 이 모든 것들은 인식되어야 하고, 도전받아야 하며, 변화되어야 한다. 여기 있는 모든 것들의 원리는 같다. 그러나 각각이 소개하는 변화의 가능성에 대해 마음 깊이 생각하는 시간을 갖는 것은 도움이 된다. 이 범주들은 다음과 같다. 크기, 양, 질, 속도, 성취, 변형, 증식, 여행, 봄, 만남, 경험.

크기

우리는 꿈속에서 크기에 대해 거의 생각해보지 않지만, 깨어 있을 때는 다르다. 크기에는 크고 작음이라는 두 가지 측면이 있다. 꿈속에서 당신의 크기를 벌레만큼 작게, 산만큼 크게 바꿔보라. 큰 문제를 작은 문제로 만들어보라. 작고 아름다운 꽃을 태양만큼 크게 만들어보라.

양

만일 당신의 꿈속에 부처님이 한 분 계시다면 그 부처님을 백 명, 천 명으로 늘려보라. 만약 꿈속에서 천 개의 문제가 있다면 그 문제들을 하나로 만들어라. 꿈 수행에서, 당신은 막 피어나고 있는 카르마의 씨앗을 불태울 수 있다. 알아차림을 활용하여 꿈에 끌려 다니지 말고 꿈을 이끌라. 꿈꾸어지는 자가 되지 말고 꿈꾸는 자가 되라.

질

사람들이 불완전한 경험 속에 갇히는 이유는 대개 그것이 바뀔 수 있음을 그들이 모르고 있기 때문이다. 당신은 반드시 변화가 가능하다는 것을 생각하고 그것을 꿈속에서 수행해야 한다. 만약 당신이 꿈속에서 화가 났다면 그 감정을 사랑으로 바꾸라. 당신은 두려움, 질투, 분노, 탐욕, 끊임없는 기대, 아둔함의 자질들을 변화 시킬 수 있다. 이 중에서 도움이 되는 것은 하나도 없다. 이것들을 변화시켜 극복할 수 있다고 스스로에게 말하라. 당신의 앎을 강화 하기 위해 이를 소리 내어 말할 수도 있다. 꿈에서 감정이 변한 경험을 일단 한번 하게 되면 당신은 깨어 있는 삶에서도 그렇게 할 수 있다. 이것이 바로 자유와 유연성의 계발이다. 당신은 이전의 조건 화에 갇혀 있지 않아도 된다.

속도

꿈속에서는 몇 초 만에 많은 것들이 성취될 수 있다. 당신이 완전히 마음속에 존재하기 때문이다. 각각의 순간이 전체 세계가 될 때까지 경험의 속도를 늦추라. 1분 만에 100곳의 장소를 방문해 보라. 꿈의 유일한 한계는 당신 상상의 한계뿐이다.

성취

당신의 삶에서 성취할 수 없었던 것이 무엇이든, 그것을 꿈에서 성취할 수 있다. 수행하고, 책을 쓰고, 바다를 헤엄쳐 건너고, 끝내야 할 것들을 끝내라.

어머니가 돌아가시고 1년 후, 어머니께서 내 꿈에 나타나 도움을 청하셨다. 나는 어머니께 내가 어떻게 해야 하는지 여쭈었다. 그러자 어머니는 내게 사리탑 그림을 주셨고, 자신을 위해 그것을 지어달라고 부탁하셨다. 나는 내가 꿈을 꾸고 있다는 사실을 알고 있었지만 마치 실제 요청인 것처럼 그것을 받아들였다. 그 당시 나는 이탈리아에 있었는데, 그곳은 건축 규제와 토지이용 제한법이 까다로웠다. 나는 사리탑을 짓는 데 필요한 허가, 자금, 땅을 어떻게 구해야 할지 몰랐다. 그래서 나는 내 수호존들에게 물어봐야겠다고 생각했다. 이것은 마더 탄트라에서 권장하는 것이기도 하다. 성취할 수 없을 것처럼 보이는 어떤 과업에 부딪혔을 때, 꿈의 수호존들에게 도움을 요청하는 것 말이다.

내가 도움을 요청하자 그에 응하여 수호존들이 꿈에 나타나

주었다. 그 꿈속에는 거대한 보리수나무가 있었는데, 수호존들이 그것을 갑자기 사리탑으로 바꿔주었다. 우리 문화에서는 죽은 사람을 위해 사리탑을 세워주면 그가 다음 생으로 넘어가는 데 도움이 된다고 믿는다. 꿈속에서 나의 어머니는 행복해하시며 그것에 만족하셨다. 나 역시도 그랬다. 나는 인도에서 어머니가 돌아가셨을 때는 아마 해드리지 못했을, 무언가 중요한 것을 해드렸다는 기분이 들었다. 이제 그것은 이루어졌고, 나와 어머니는 둘 다 행복했다. 이 기분은 내 깨어 있는 삶에서도 이어졌다.

꿈에서 느끼는 성취감은 깨어 있는 때에도 영향을 미친다. 경험을 바꿔나가면 업의 흔적도 바뀌게 된다. 꿈을 활용하여 당신에게 중요한 것을 성취하라.

변형

변형은 탄트라 수행의 기본원리이기 때문에 탄트라 수행자에게 매우 중요할 뿐 아니라 우리 모두에게도 중요하다. 자기 자신을 변형시키는 법을 배우라. 모든 것을 시도해보라. 새, 개, 가루다, 사자, 용으로 당신 자신을 변형시켜보라. 화난 당신 자신을 자비심 넘치는 사람으로 변형시키라. 집착하고 질투하는 당신 자신을 관대하고 명료한 부처로 변형시키라. 당신 자신을 이담, 다키니로 변형시키라. 이것은 습관적 정체성의 한계들을 극복하게 해주며 유연성을 계발시켜주는 아주 강력한 방법이다.

증식

이것은 변형과 유사하다. 당신 자신을 이담 또는 부처로 변형시킨 후, 다른 존재들에게 유익을 줄 수 있도록 육체를 더 많이 증식시키라. 두 명, 세 명, 네 명, 당신이 할 수 있는 만큼 많이 증식시키라. 하나의 개체, 분리된 에고로서 스스로를 경험하는 그 한계를 뚫고 나아가라.

여행

가고 싶은 곳부터 시작하라. 티베트에 가고 싶은가? 거기로 여행을 가라. 파리에 가고 싶은가? 그곳으로 가보라. 당신이 항상 가보고 싶었던 곳은 어디인가?

이것은 단순히 어딘가에 도착하는 것이 아닌, 일종의 여행이라고 할 수 있다. 의식적으로 자신을 그곳으로 안내하라. 당신은 다른 나라 혹은 오염되지 않은 순수한 땅으로 여행을 떠날 수 있다. 아니면 다른 행성이나 수년 동안 가보지 못했던 장소 혹은 심해를 여행할 수도 있다.

봄

평소에는 보지 못했던 것을 보도록 하라. 파드마삼바바를 본 적이 있는가? 타피리차, 그리스도, 샴발라^{Shambhala} 혹은 태양의 중심을 본 적 있는가? 세포 분열, 당신의 심장 박동, 에베레스트 정상이나 벌의 눈으로 세상을 본 적 있는가? 자신만의 아이디어들을 떠올려보고 그것을 꿈에서 실현해보라.

만남

티베트 전통에는 꿈에서 스승, 수호존, 다키니 등을 만난 사람들의 이야기가 많다. 어쩌면 당신은 과거 스승들과의 인연을 느끼고 있을 수도 있다. 지금 그들을 만나보라. 그들을 만났으면 그 즉시 다시 만날 수 있을지 물어보라. 이러한 행동은 그들을 다시 만날 수 있는 더 많은 기회를 만들어낸다. 그런 다음, 그들에게 가르침을 구하라.

경험

꿈을 활용하여 아직 해보지 못한 것을 경험하라. 아직 릭빠의 경험에 대해 잘 모르겠다면, 꿈에서 릭빠를 경험해보라. 복잡한 것이든, 간단한 것이든 간에 당신은 수행의 신비한 상태나 경험을 겪어볼 수 있다. 물고기처럼 물속에서 숨을 쉬거나 벽을 걸어다닐 수도 있고 구름이 될 수도 있다. 빛의 광선이 되어 우주를 여행하거나 하늘에서 비처럼 떨어질 수도 있다. 그게 무엇이든, 생각할 수 있다면 그렇게 할 수도 있다.

위에 나열한 범주들의 한계를 넘어서라. 이것들은 단지 제안일 뿐이다. 위에서 언급한 속도, 크기, 증식 등을 보면 알 수 있듯이, 우리는 우리 경험 속의 정형화된 범위 내에서만 수행을 한다. 왜냐하면 이런 상대적인 개념의 현실 속 믿음에 갇혀 있기 때문이다. 마음속 경계를 허무는 것은 우리를 마음의 근원인 자유로 이끈다. 만일 꿈에 위협적인 불이 나온다면 당신 자신을 화염으로 변형시키라. 꿈에 홍수가 났다면 당신 자신을 물로 변형시키라. 악마가 당신을 추격하면 더 큰 악마로 변하라. 산, 표범, 삼나무가 되어보라. 별혹은 숲 전체가 되어보라. 남자에서 여자로, 그리고 100명의 여자로 변해보라. 여자에서 여신으로 변해보라. 동물로 변해보라. 하늘 위를 나는 매, 거미줄을 짜는 거미로 변해보라. 보살로 변하여 같은 시간에 백여 곳에서 나타나보라. 아니면 서른세 곳의 지옥에 나타나 그곳의 존재들을 도우라. 시아무카★, 파드마삼바바, 혹은 다른 신이나 이담, 다키니로 변해보라. 이 수행은 당신 자신을 변형시키는 탄트라 수행들과 같으며 그 목적 및 전제도 같다. 그러나 이 수행은 꿈속에서 성취하기가 더 쉽다. 당신이 실제로 변형되기 때문이다. 꿈에서는 무한한 변형의 경험이 가능하다.

메루^{Meru}산, 지구의 중심, 다른 행성, 다른 세계 등 당신이 가고 싶었던 곳 어디든 여행을 떠나보라. 나는 거의 매일 밤 인도로 돌아간다. 그것도 아주 저렴한 여행 방법으로 말이다. 천신계로 가보라. 악마의 세계에 있는 지옥을 여행해보라. 이것은 그저 생각일 뿐이다. 당신이 실제로 그곳의 존재가 될 수는 없다. 그러나 당신의 마음을 가리고 있는 속박을 좀 느슨하게 할 수는 있다.

★ Siamuhka: 시마무카^{Simhamukha}라고도 불리며, 사자 얼굴을 한 다키니를 말한다. 역주.

신과 여신들의 수행과 제례에 참여해보라. 다섯 명의 부처님 가족의 일원이 되어보라. 지상을 날아보라. 당신의 몸속을 여행해보라. 당신 자신을 지구만큼 크게 만들어보라. 그보다 더 크게 만들어보라. 아니면 당신을 원자처럼 작게, 대나무처럼 가늘게, 떠다니는 꽃가루처럼 가볍게 만들어보라.

유연성 계발의 원칙은 꿈의 세부 내용보다 더 중요하다. 이는 마치 크리스털의 빛을 발하는 특성이 크리스털이 반사하는 빛의 색깔보다 더 중요한 것과 같다. 가르침에서 제시하는 것들이 오히려 우리를 더 제한하는 것이 되어서는 안 된다. 새로운 가능성을 생각해보고 그것들을 나타내보라. 당신의 경험을 제한하는 것처럼 보이는 것이 즉시 허술하고 구속력이 없는 것으로 보일 때까지 이 연습을 계속하라. 자각은 개념적인 마음에 더 많은 빛을 가져다주며, 유연성 훈련은 유연성을 죄고 있던 조건화의 매듭을 느슨하게 만든다. 우리가 마주한, 견고해 보이는 독립체들에 의해 우리 자신이 조건화되었을 때는 우리의 경험 속에서 이 독립체들을 빛나고 투명하게 만들어 변형시켜야만 한다. 우리가 견고해 보이는 생각에 의해 조건화되었을 때는 마음의 무한한 자유 속에서 이 생각들을 용해해야 한다.

우리가 꿈의 자유 속에서도 계속 훈련해야 하는, 영적 여정을 위한 기본 원칙이 있다. 꿈의 가능성에는 한계가 없으므로 우리는 꿈속에서 우리가 원하는 대로 모든 것을 변화시킬 수 있다. 그러나 긍정적인 쪽으로 변화시키는 것이 중요하다. 이것이 우리의 영적 여정에서 가장 도움이 될 지시 사항이다. 꿈에서의 행동은 깨어 있는 삶에서의 행동처럼 우리의 내면에 영향을 준다. 꿈에는 굉장한 자유가 있지만 이원성에서 벗어날 때까지는 업의 원인과 결과에서 자유롭지 못하다. 부정적 업의 지시를 타도하는 데 필요한 유연성을 계발하려면 인내심과 강한 의도가 필요하다.

경험의 경계선들, 조건화의 속박들, 우리를 제한하는 신념들을 해결해야 한다. 놀랍게도 마음은 이것을 할 수 있다. 당신의 정체성은 당신이 상상하는 것보다 더 유연하다. 당신은 단순히 정체성 및 경험이 변할 수 있다는 가능성을 인식하기만 하면 된다. 그러면 실제로도 가능성이 있다. 자신이 무언가를 못 한다고 생각하면 대부분 정말로 못 한다. 이것은 아주 간단하면서도 아주 중요한 점이다. 당신이 무언가를 할 수 있다고 말하는 순간 당신은 이미 그것을 시작한 것이다.

당신의 꿈을 존경심을 갖고 대하라. 꿈의 모든 경험을 깨어 있는 삶처럼 영적 여정에 포함시키라. 한계들로부터 자유로워지는 데 꿈을 활용하라. 당신의 영적 여정에서 나타난 장애물들을 극복하는 데 꿈을 활용하라. 그리고 마지막으로 당신의 진정한 본성, 모든 현상의 진정한 본성을 인식하는 데 꿈을 활용하라. 이것이 꿈을 지혜롭게 사용하는 것이다.

장애

마더 탄트라는 꿈 요가에서 발생할 수 있는 네 가지 장애를 설명한다. 이는 각각 망상적 환상에 의한 산란, 해이, 잠을 이루지 못하게 하는 혼란, 그리고 망각이다. 마더 탄트라는 이에 대해 내적, 외적 개선책 모두를 처방한다.

망상

망상에 의한 산란은 외적, 내적 소리 또는 이미지가 주의를 끌 때 생긴다. 수행자가 잠들어 있을 때 밖에서 소리가 들릴 수 있다. 그러면 그쪽으로 향해간 마음이 소리와 결부되어 기억이나 환상이 발생할 수 있다. 그리고 수행자는 거기에 상응하는 감정적 반응을 보이며 그것에 얽히게 된다. 때로는 소리가 호기심을 유발할 수도 있는데, 이렇게 되면 수행자의 마음은 그 소리를 추측하느라 길을 잃게 된다. 이것은 망상이다. 우리가 무언가를 추적해 따라잡았더라도 막상 우리가 생각했던 그런 것들은 실제로 존재하지 않기 때문이다.

망상에 대한 내적인 해독제는 중앙 채널에 집중하는 것이다. 중앙 채널에 집중하는 것은 어떤 느낌인가? 시도해보라. 당신은 중심이 있는 느낌, 현존의 느낌을 느낄 수 있을 것이다. 당신은 환상에서 빠져나와 당신 자신으로 돌아간다. 이는 중앙 채널의 알아차림과 함께 잠드는 것을 돕는다. 단순하게 하라. 우리는 가끔 수행에

너무 열정적이어서 필요 이상으로 그것을 복잡하게 만든다. 그저 중앙 채널을 느끼라. 이것이 마음이 제멋대로 굴지 못하게 막아줄 것이다. 또한 이것은 우리의 이원적 경험의 덧없음과 환상에 불과한 그것의 본성을 명상하는 데 도움이 된다. 이러한 명상은 집중을 유지하려는, 그리고 환상 속에서 길을 잃게 되는 것을 피하려는 의도를 강화해줄 것이다. 망상에 대한 외적인 해독제는 공양을 하거나 구루 요가와 같은 종교적인 수행을 하는 것이다.

해이

두 번째 장애물은 해이이다. 이것은 내적 게으름, 내적 힘과 명료함의 부족으로서 나타난다. 당신이 수행 중 해이해졌다면 집중의 대상에 주의를 기울이고 있는 동안에도 마음이 표류하며 흐릿해져 있을 것이다. 어쩌면 편안할 수도 있다. 이것은 주의가 산란해진 첫 번째 장애와는 다르다. 이 경우는 내적 명료함이 부족한 상태다.

해이에 대한 해독제는 세 채널들의 합류점(배꼽 조금 아래이자 몸의 중심)에서부터 목까지 푸른 연기가 천천히 중앙 채널을 타고 올라가는 모습을 심상화하는 것이다. 연기가 어디서 나오는 건지, 연기가 모이면 어떻게 되는지 등과 같은 물리적인 생각들에 지나치게 신경을 쓰지는 말라. 그저 연기가 천천히 중앙 채널을 타고 올라가는 것을 심상화하라. 마치 이것이 꿈속 일인 것처럼 말이다. 이런 심상화 외에도 당신은 스승이나 치유사를 찾아가 정화 의식 같은 것을 요청할 수도 있다. 마더 탄트라에서는 어떤 혼령이나 당신의 주변 환경 속 힘과 문제가 생겨서 해이가 발생했을 수도 있다고 말한다. 그러나 분명 이것만이 장애를 이해하는 유일한 방법은 아니다.

자기 산란

세 번째 장애는 자기 산란(self-distraction)이다. 계속 잠에서 깨거나 잠을 자도 제대로 잔 기분이 아니라면 프라나에 문제가 있거나 흥분 또는 불안 때문일 수 있다. 자기 산란에 대한 내적 해독제는 네 명의 다키니들에게 집중하는 것이다. 이 다키니들은 목 차크라에 있는 네 개의 연꽃잎에 적힌 네 음절의 모양을 하고 있다. 노란색 음절 '롸'는 당신의 몸 앞쪽에 있고, 초록색 음절 '라'는 당신의 왼쪽에 있으며, 빨간색 음절 '샤'는 당신의 뒤쪽에, 파란색 음절 '사'는 당신의 오른쪽에 있다. 자기 산란에 의해 제대로 쉬지 못하는 문제가 있다면 잠들 때까지 한 음절 한 음절씩 집중해보라. 사방에서 당신을 지켜주는 다키니들을 느껴보라. 자기 산란에 대한 외적 해독제로서 영혼들에게 공물을 바치는 의식인 쮀 수행을 하는 것이 도움이 될 수 있다. 또, 가르침이나 스승과 관련하여 서약(사마야[*])한 것 중에 지키지 못한 게 있는지 확인해보라. 정서적으로 불안한 친구들, 지인들과의 관계 역시 당신의 휴식을 방해할 수 있으며 이럴 땐 자기 고백을 하는 것이 도움이 될 수 있다.

---

[*] samaya: 서약 혹은 맹세. 통상, 수행자들이 탄트라 수행과 관련하여 서약하는 맹세이며 행위 및 행동에 관한 것이다. 일반적인 맹세와 특정 탄트라 수행과 관련된 구체적인 맹세로 구분된다.

구루 요가를 하면서 당신의 스승을 심상화하고 잘못을 참회하라. 죄책감, 수치심, 기타 나쁜 감정 없이 그저 알아차림의 상태로 잘못을 검토해보라. 옳지 않은 일을 했다면 그것을 다시는 하지 않겠다고 결심하라. 어쩌면 당신이 취해야 할 행동이 있을 수도 있다. 정서적으로 불안한 친구와 이야기를 나누는 것 같은 행동 말이다. 이같이 당신은 어떤 행동을 취하기로 결정할 수도 있다.

망각

네 번째 장애는 망각, 즉 당신의 꿈을 기억하지 못한 채로 수행을 하는 것이다. 만약 당신이 유익한 경험을 했다 하더라도, 그것은 잊힐 것이다. 개인적 안거 수행은 마음을 더 명료하게 만드는 데 도움이 될 수 있다. 호흡을 사용하여 프라나의 균형을 맞추는 것 역시 알아차림을 안정시키고 진정시키는 데 도움이 될 수 있다. 마더 탄트라에서는 망각에 대한 해독제로서 7시에서 9시 사이에 하는 수행을 처방한다. 이것은 앞서 언급했던, 목에 있는 빨간 '아'에 집중하는 첫 번째 주요수행이다. 잠에 들 때까지 '아'에 대한 알아차림을 유지하면 꿈을 기억하는 데 도움이 될 것이다.

샤르자 린포체가 말하는 네 가지 장애

샤르자 린포체 역시 우리에게 발생할 수 있는 네 가지 장애에 대해 저술했지만 마더 탄트라와는 분류가 다르다. 이는 프라나의 문제, 마음의 문제, 지역 영혼들의 문제, 질병의 문제 네 가지로 나

넌다. 이러한 장애들은 꿈 자체에 문제를 만들어낼 뿐만 아니라 꿈을 꾸거나 꿈을 기억하는 것도 막을 수 있다.

만약 당신이 프라나의 문제로 고통받고 있다면, 그것은 몸의 에너지가 막혔거나 어떤 식으로든 그것이 원활하게 순환할 수 없기 때문이다. 마음과 프라나는 연결되어 있다. 따라서 프라나가 불안하다면 마음도 불안해질 것이다. 이런 경우, 침대에 눕기 전 마사지를 받거나 뜨거운 물로 목욕을 하는 등 진정에 도움이 되는 것들을 해보라. 또, 낮 동안에 최대한 고요하고 진정된 상태에 머무르도록 하라.

마음이 너무 바쁘면 잠을 잘 수 없다. 예를 들어, 정신없이 바쁜 하루를 보낸 후에는 가끔 생각을 멈추기가 힘들다. 이때 당신의 마음은 경직되어 있다. 당신의 마음은 어떤 문제에 빠져 불안해져 있거나, 신나는 일에 빠져 격렬해졌기 때문이다. 만약 마음을 진정시키기가 어렵다면 가끔 몸을 피곤하게 하는 강도 높은 육체적 활동을 하는 것이 도움이 된다. 공(empiness)을 명상하는 것도 마음을 명료하게 하는 데 도움이 된다. 위와 같이 자기 전에 자신을 진정시키는 것이면 무엇이든 해보는 것이 좋다.

지역 영혼들에 의한 방해로 인해 자주 깨거나 잠을 자도 개운하지 않을 수 있다. 나는 많은 서양인들이 이런 것들을 믿지 않는다는 사실을 알고 있다. 어떤 면에서는 서양인들이 맞다. 사실 지역 영혼들은 그 장소의 에너지 혹은 그 환경의 느낌이다. 그러나 티베트인들의 믿음에 따르면 영혼들은 진짜로 있으며 우리와 같은 장소에서 살아가는 존재다. 그리고 만약 누군가가 이런 존재들을 에너지적으로 방해하는 행동을 하면 영혼들의 보복을 받는다. 지역 영혼들을 자극하면 끔찍한 꿈을 꿀 수도 있고, 꿈을 기억하지 못할 수도 있다. 또, 그들이 잠드는 것을 방해해 제대로 쉬지 못할 수도 있다.

이런 상황에서는 먼저 문제의 본질을 알아차려야 한다. 티베트인들에게는 이런 종류의 방해에 대한 몇 가지 해결책이 있다. 그들은 종종 샤먼에게 가서 문제의 근원과 적절한 대처법이 무엇인지 점을 본다. 아니면 영혼들에게 공물을 바치는 쬐 수행을 하는 방법도 있다. 또 다른 방법으로는 대사를 찾아가 도움을 요청하는 방법도 있다. 그러면 대사는 보통 악령을 쫓아내는 형식으로 도움을 주는데, 이는 그들과 영혼의 연결을 끊어내는 의식이라고 할 수 있다. 대사가 이런 의식을 진행할 때는 보통 약간의 머리카락이나 옷 같은, 이 의식을 요청한 사람의 소유물이 필요하며 의식을 진행하는 동안 그것을 불에 태운다. 티베트인들은 이런 해결책들을 많이 가지고 있다. 하지만 이것은 당신이 문제를 이해하고 있으며 영혼들이 당신에게 영향을 미치고 있다고 믿을 때만 유익하다. 이럴 때, 당신은 상황을 바로잡는 데 필요한 조치를 취할 수 있다. 만약 당신이 이런 식으로 영혼들을 경험해본 적이 있다면 그들에게 연민을 보내라. 또, 만일 당신이 이런 것을 믿지는 않지만 장소에 깃들어 있는 에너지에 민감한 사람이라면 향을 태우고 연민의 마음을 냄으로써 에너지를 바로잡으라. 만일 당신이 에너지나 영혼 같은 것들을 아예 믿지 않는 사람이라면 연민의 마음을 내어 당신 마음의 내부 환경과 감정들을 바꾸라.

네 번째 장애는 질병이다. 당연한 말이지만, 가르침에서는 질병이 있을 시 의사에게 진찰받는 것을 권한다.

당신이 마주할 장애들은 당신 이전의 다른 사람들이 이미 마주했고, 또 극복했던 장애들이다. 그러니 좌절할 필요는 없다. 해결책을 알고 싶다면 가르침과 당신의 스승에게 의존하라. 해결책은 가르침 속에 존재하며, 그저 배우고 적용하기만 하면 된다.

꿈을 통제하고 존중하기

서양 심리학의 어떤 학파는 꿈을 통제하는 것이 해롭다고 생각한다. 꿈이 무의식을 조절해주는 기능을 하므로, 혹은 꿈이 우리 자신의 일면들끼리 소통하는 방식이므로 그것을 방해해서는 안 된다는 것이다. 이러한 견해는 무의식이 존재하며, 무의식은 경험과 의미의 보고라는 것을 암시하고 있다. 무의식은 꿈을 형성하며, 꿈속에 어떤 의미를 끼워 넣는다고 여겨진다. 이러한 의미 중에는 명백하고 분명한 의미도 있고, 해석하기 어려운 잠재된 의미도 있다. 그리고 이러한 맥락에서, 자아는 종종 개인의 무의식적인 면과 의식적인 면으로 구성되며 꿈은 이 두 측면이 소통하는 매개체라고 여겨진다. 의식적인 자아는 꿈 작업을 함으로써 무의식이 꿈속에

배치해둔 통찰력과 의미를 찾아내는 유익을 얻을 수 있다. 또는 꿈 속에서 느끼는 카타르시스라든지, 꿈을 만들어내는 활동을 통해 생리적 작용이 균형 잡히는 유익을 얻을 수도 있다.

공에 대한 이해는 꿈의 과정에 대한 우리의 이해를 급진적으로 변화시킨다. 세 독립체, 즉 무의식, 의미, 의식적 자아는 모두 현실에 귀속됨으로써 존재하는 독립체이며 그 자체로는 아무것도 아니다. 이것이 무슨 말인지 이해하는 것이 중요하다. 의식적인 마음이 무의식을 침범하여 자연스러운 과정들을 손상시킬 것이라는 염려는 당신이 상황의 요소들을 하나가 다른 하나와 협동하여 작업하는, 각각 별개인 요소들로서 받아들일 때만 타당한 것이다. 그러나 이러한 관점은 오로지 개인의 내적 역학을 한 차원에서만 이해한 것이다. 이는 결국 더 광범위한 정체성에 해가 되곤 한다.

앞에서도 언급했듯, 꿈 작업에는 두 가지 입장이 있다. 하나는 꿈속에서 의미를 찾는 것이다. 이것은 유익한 것이며 꿈에 가치를 부여하는 서양 심리학 대부분의 입장이다. 서양과 동양 모두에서, 꿈은 창의력의 원천 및 문제의 해결책이 될 수 있으며, 꿈으로 병을 진단하는 등의 일도 가능하다고 여겨진다. 그러나 꿈의 의미는 꿈에 내재되어 있지 않다. 꿈의 의미는 당사자가 꿈을 되짚는 동안 그것에 '투사하는' 것이자 꿈으로부터 '읽어내는' 것이다. 이 과정은 몇몇 심리학자들이 사용하는 로르샤흐 검사, 즉 잉크 얼룩이 어떤 이미지처럼 보이는지를 설명해보게 하는 것과 아주 비슷하다. 의미는 독립적으로 존재하는 것이 아니다. 누군가가 그것을 찾기 시작할 때까지는 존재하지 않는 것이다. 우리의 실수는 우리가 상황의 진실을 보지 않고 정말로 무의식이라는 것이 있으며, 꿈이 진짜라고 생각하기 시작했다는 것이다. 이러한 생각에서의 꿈은 마치 암호화된 비밀 메시지가 적힌 두루마리 같아서, 우리는 이 두루마리가 해독되면 누구든 읽을 수 있다고 생각한다.

깨달음에 접근하기 위한 수단으로서 진정 꿈을 활용하기 위해서는 꿈이란 무엇인지, 경험이란 무엇인지에 대한 더 깊은 이해가 필요하다. 우리가 수행을 깊이 하면 진전의 신호를 담고 있는 많은 경이로운 꿈들이 나타난다. 그러나 궁극적으로 꿈속의 의미는 중요하지 않다. 꿈을 어떤 독립체로부터 온 메시지로 여기지 않는 것이 제일 좋다. 당신이 모르는 당신의 다른 일면이 보내는 메시지로도 여기지 말라. 육도윤회의 이원성 바깥에는 의미랄 것이 존재하지 않는다. 이러한 관점은 혼돈을 유발하지 않는다. 혼돈이나 무의미함 같은 것들도 개념일 뿐이다. 이런 말이 어쩌면 이상하게 들릴 수도 있다. 하지만 마음이 완벽하게 해탈할 때까지 우리는 의미에 대한 이런 생각을 반드시 버려야 한다. 그리고 이것은 꿈 수행의 본질적인 목표라고 할 수 있다.

물론 꿈속 의미의 유용성을 무시하라는 것은 아니다. 그러나 꿈이 의미 안에 갇힐 수도 있음을 알아차려야 한다. 왜 꿈에서 중요한 메시지를 기대하는가? 이렇게 기대하는 대신에 의미 기저에 있는, 순수한 경험의 토대가 무엇인지 간파해보라. 이것이 한 단계 더 높은 꿈 수행이다. 이는 심리적인 것이 아니라 영적인 것으로서, 본능적으로 경험의 원리를 인지하고 깨닫는 것과 관련이 있다. 이 지점에 다다른 당신은 꿈에 메시지가 있든 없든, 그것에 더 이상 영향을 받지 않는다. 당신은 완벽하고, 당신의 경험도 완벽하며, 당신의 마음이 투사한 이원적 상호작용에서 나온 조건화에서도 자유롭다.

대부분의 꿈 수행은 수행자가 깨어 있을 때 이루어지는데, 이는 깨어 있는 삶을 통해 꿈에 영향을 주기 위함이다. 그렇다고 직접적으로 꿈을 통제하는 것은 아니다. 많은 사람들이 관심을 보이는, 직접적으로 꿈을 통제하는 측면은 자각몽 동안에 나타난다. 꿈속에서 여러 독립체들을 창조해내거나 변형시키는 것과 같이, 여러 명의 당신 자신을 만들어내는 것이 그 예다. 이러한 것들을 할 능력이 있다는 것은 곧 마음의 유연성이 계발되었다는 말이므로, 가르침에서는 이러한 것들이 아주 바람직하다고 말한다. 뿐만 아니라 이런 종류의 유연성 및 통제력은 깨어 있는 삶에서도 드러난다. 이렇게 드러난 유연성과 통제력은 경험의 본성이 어떻게 구성되어 있는지를 이해하기 위한 것이자 이 이해 속에 내재된 자유를 얻기 위해서 쓰이는 것이지, 하늘을 날아다니는 데 쓰이는 것은 아니다. 당신은 느낌에 통제당하는 대신, 당신 자신과 자신의 삶에 관한 이야기를 바꿀 수 있다. 악몽이나 끝없이 바뀌는 꿈에 갇혀 있지 말라. 그것이 심지어 기분 좋은 환상이라 할지라도 진정으로 중요한 것을 하라.

이것은 깨어 있는 삶과 다르지 않다. 업의 흔적은 꿈을 일으키고, 경험에 대한 우리의 반응은 더 많은 업의 흔적을 만들어낸다.

이러한 역학은 꿈속에서도 유효하다. 우리는 우리의 꿈에 통제당하기보다는 그것을 통제하기를 원한다. 이는 마치 우리가 낮 동안에 충만한 알아차림으로써 상황에 대응하는 편이 생각이나 감정에 통제되는 편보다 더 나은 것과 같다.

우리는 우리의 꿈에 영향을 주기를 원한다. 우리는 꿈이 더 명료해지기를, 꿈이 우리의 수행에 더 통합되기를 원한다. 마치 우리가 우리 삶의 모든 순간들에 이러한 자질들을 원하듯이 말이다. 이렇게 해도 무언가 중요한 것에 지장이 생기지는 않는다. 우리를 방해하는 것은 오직 우리의 무지뿐이다.

간단한 수행

꿈과 잠 요가의 성취는 개인의 믿음, 의도, 헌신과 인내에 달려 있다. 하룻밤의 노력으로 깨달음을 얻는 수행은 어디에도 없다. 영적 성숙에는 시간이 필요하다. 영적 성숙은 죽을 때까지 이어질 평범한 삶의 시간 속에서 이루어진다. 우리는 시간과 싸우면 질 수밖에 없다. 그러나 우리가 시간 속에서 존재하는 법을 알게 되면 수행은 그것 자신에 의해 자연스럽게 펼쳐진다.

꿈 요가 전체가 너무 복잡하고, 이것이 우리의 삶에서 현실이 되려면 너무 많은 것이 요구되는 것처럼 보일 수도 있다. 그러나 서서히 우리의 삶 전체가 수행이 될 때까지, 이것저것 시도해보고 통합해볼 수 있는 것들이 많이 있다. 다음은 우리를 성공적인 꿈 요가로 안내하는, 누구나 할 수 있는 수행들이다.

깨어 있는 마음

하루 중 깨어 있는 시간은 약 열여섯 시간인데, 그 시간 동안 우리 마음은 항상 바쁘다. 종종, 우리에게는 충분한 시간이 없는 것 같이 느껴진다. 그나마 있는 시간도 상당 부분이 산란하고 불쾌한 경험으로 쓰인다. 현대 사회는 우리에게 끊임없는 요구를 하는 것 같다. 일과 가정을 보살피고, 영화를 보고, 가게들의 진열장을 들여다보고, 교통신호를 기다리고, 친구와 이야기하는 등 천 가지도 넘는 일들이 우리의 주의를 끌어당긴다. 이런 하루는 우리가 기진맥진해질 때까지, 여기서 도피할 수 있게 해준다면 더 큰 산란을 유발하는 것이라도 갈망하게 될 때까지 계속된다. 시시각각 우리는 우리 자신에게서 멀어지고 있다. 이런 식의 삶은 꿈 요가를 포함한 그 어떤 수행에도 도움이 되지 않는다. 그러므로 더욱 현존할 수 있게 되는, 우리 자신과 다시 연결되는 간단하면서도 규칙적인 습관이 반드시 구축되어야 한다.

모든 호흡은 수행이 될 수 있다. 들숨과 함께 순수하고 안정된 에너지를 끌어들인다는 상상을 해보라. 그리고 각 날숨마다 모든 장애, 스트레스, 부정적인 감정을 내보낸다고 상상하라. 이것을 하는 데에는 앉아 있을 만한 특정 장소가 필요하지도 않다. 이것은 일하러 가는 차 안에서도 할 수 있고, 교통신호를 기다릴 때, 컴퓨터

앞에 앉아 있을 때, 식사를 준비할 때, 집을 청소할 때, 길을 걸을 때도 할 수 있다.

다음 수행은 종일 지속적으로 몸 안에서 현존을 유지할 수 있게 해주는, 강력하고도 간단한 수행법이다. 몸을 전체적으로 느껴보라. 마음은 여기저기 날뛰고 다니는 원숭이보다도 못하다. 한 가지에만 마음을 집중하는 것이 상당히 힘들기 때문이다. 그러나 몸은 더 안정적인, 변함없는 경험의 원천이다. 몸을 알아차림의 닻으로 활용하는 것은 더 차분하고 더 집중된 마음으로 성장하는 데 도움이 된다. 마치 삶의 육체적 측면을 조직하고 그것에 영양을 공급하는 것에 마음의 참여가 필수적이듯, 마음은 모든 수행에 근본적으로 중요한, 차분한 현존 속의 안정을 위해 몸이 필요하다.

예를 들어, 공원을 걷는 동안 몸은 공원에 있을지라도 마음은 사무실에서 일하거나 집에 있을 수도 있고, 멀리 떨어져 있는 친구와 이야기 중이거나 사야 할 것들의 목록을 작성하는 중일 수도 있다. 이는 몸과 마음이 단절되어 있다는 뜻이다. 이렇게 하는 대신, 꽃을 볼 때는 정말로 꽃만 보라. 온전히 현존해 있으라. 꽃의 도움을 받아 마음을 공원으로 다시 가져오라. 마음과 몸을 다시 연결해주는 감각적인 경험에 감사하라. 꽃을 경험할 때 몸 전체로 꽃을 느끼면 치유가 일어난다. 이것은 나무를 볼 때, 탄 냄새를 맡을 때, 셔츠의 감촉을 느낄 때, 새소리를 들을 때, 사과를 맛볼 때도 마찬가지다. 어떠한 판단도 없이 감각 대상을 생생하게 경험하는 훈련을 하라. 눈이 완전히 그 형태 자체가 되도록, 코가 완전히 그 냄새 자체가 되도록, 귀가 그 소리 자체가 되도록 하라. 그저 감각 대상의 순수한 알아차림 속에 거하며 완전한 경험을 하도록 하라.

이러한 능력이 계발되어도 여전히 반응은 일어난다. 꽃을 볼 때는 아름다움에 대한 판단이 생겨날 것이고, 어떤 냄새가 역겹다고 판단할 수도 있다. 이렇다 하더라도, 수행과 함께한다면 마음의 산란 속에서 계속해서 길을 잃는 대신에 순수한 감각 경험과의 연결이 유지된다. 개념들 더미에 의한 산란은 습관이며, 이는 새로운 습관으로 대체될 수 있다. 신체적이고 감각적인 경험을 활용하여 현존으로 돌아가고, 세상의 아름다움과 연결되고, 우리의 산란 기저에 깔린 생생하고 영양가 있는 삶의 경험과 연결되라. 이것이 성공적인 꿈 요가를 뒷받침해준다.

인식의 첫 순간은 언제나 명료하고 선명하다. 이러한 인식을 방해하는 것, 그리고 감사로써 삶의 순간순간을 경험하기를 방해하는 것은 오로지 마음의 산란뿐이다. 이 수행은 감각 세계 속의 일관된 형태와 생생한 경험을 이용하여, 성공적인 꿈 수행에 가장 도움이 되는 마음의 자질들을 북돋아준다.

밤 시간의 준비

스트레스를 많이 받은 날에는 반쯤 죽은 듯한 느낌이 든다. 그런 날에는 침대에 몸을 던지고 완전히 죽은 사람이 된다. 우리는 현존 속에서 몸과 마음을 연결하는 활동에 단 몇 분조차 쓰지 않는다. 그 대신 우리는 저녁 시간을 산란하게 보내면서 침대에 누워 잠들 때까지도 산란 속에 빠져 있다. 마음, 몸, 느낌을 연결하는 것은 영적 진전을 보장해줄 수 있는 가장 중요한 것들 중 하나다. 우리는 매일 밤 잠들기 전에 약간의 시간을 가져야 한다.

우리의 몸과 마음이 단절된 채로 잠에 빠져들면 몸과 마음이 제각기 다른 길로 가버린다. 몸은 낮 동안 쌓인 스트레스와 긴장을 견뎌낸다. 마음도 마찬가지다. 마음은 낮 동안에도 그러했듯이 이곳에서 저곳으로, 한 시점에서 다른 시점으로 계속 옮겨다닌다. 이러한 마음은 붕 떠 있어서 안정감이나 고요함이 없다. 이러한 마음은 불안한 상태나 졸린 상태에서 나타난다. 여기서는 어떠한 현존도 찾아보기 힘들다. 이런 상황에서는 힘과 알아차림이 부족하므로 꿈 요가가 아주 어려워진다.

이런 상황을 바꾸기 위해, 더 건강한 잠을 자고 꿈 수행의 결과를 강화하기 위해 자기 전에 몇 분만 현존과 고요에 다시 연결되는 시간을 가져보라. 간단한 것들이 효과적이다. 목욕을 하고, 촛불을 켜거나 향을 태우고, 제단 앞이나 침대에 앉아 당신의 스승 혹은 깨달은 존재들과 연결되어보라. 연민의 마음을 내보라. 당신의 몸을 느끼는 데 집중해보라. 즐거움, 행복, 감사의 경험을 쌓으라. 긍정적인 생각과 감정들을 만들어낸 뒤 잠들라. 기도와 사랑은 몸을 이완시키며 마음을 부드럽게 만든다. 또, 기쁨과 평화를 가져다준다. 앞서 언급했던 바와 같이 당신을 지켜주는 깨달은 존재들, 특히 다키니들에게 둘러싸여 있다고 상상하라. 어머니가 자식을 지켜주듯 그들이 당신에게 사랑과 연민을 보내며 당신을 지켜주고 있다고 상상하라. 그리고 안전하다는 느낌, 평화의 느낌을 느끼며 기도하라. "명료한 꿈을 꾸게 하소서. 자각몽을 꾸게 하소서. 내가 꿈을 통해 나 자신을 이해하게 하소서." 이 기도를 마음속으로, 혹은 소리 내어 반복하고 또 반복하라. 정말 간단한 방법이지만 이 방법이 우리의 꿈과 잠의 질을 변화시킬 것이다. 또, 아침에 일어나면 푹 쉬었다는 느낌, 땅에 발을 딛고 있다는 느낌이 들 것이다.

만약 이러한 네 단계의 수행, 즉 목 차크라, 이마 차크라, 가슴 차크라, 비밀 차크라에 집중하는 이 수행이 너무 복잡하게 느껴진다면 그냥 목 차크라에만 집중하라. 기도를 마친 후에 목 차크라에 빛나는 붉은 '아'가 있다고 상상하라. 그것에 집중하고 그것을 느낀 다음 잠들라. 몸과의 연결을 느끼기 위해서는 자기 자신을 미리 진정시키는 것이 중요하다. 만약 '아'에 집중하는 것조차 너무 어렵거나 복잡하게 느껴진다면, 그저 당신의 몸 전체를 느끼고 현존과 자비에 연결되라. 이것은 낮 동안 받은 스트레스로 흐려진 몸과 마음을 정화하는 방법이다. 매일 밤 우리는 양치를 하고 몸을 씻는다. 그러면 기분도 좋아지고 잠도 더 잘 잘 수 있다. 반대로, 더럽고 불결한 상태로 잠에 들면 우리의 꿈과 잠도 이에 영향을 받는다. 우리 모두는 우리 육체의 상태를 잘 안다. 그러나 우리 마음속에서 상쾌함이나 연결성을 느끼는 것이 얼마나 중요한지는 종종 잊곤 한다. 어쩌면 우리는 칫솔에 이런 문구를 적어야 할지도 모른다. '양치질 후에는 마음을 닦으라'.

잠들 때 호흡법을 행할 수도 있다. 양쪽 콧구멍으로 균등하게 호흡해보라. 만약 오른쪽 콧구멍이 막혔다면 왼쪽으로 누우라. 왼쪽 콧구멍이 막혔다면 오른쪽으로 누우라. 부드럽게 호흡하라. 순조롭고 조용한 호흡이 되도록 하라. 앞에서 언급했듯이 숨을 내쉴 때는 스트레스와 부정적인 감정을 내보내고, 숨을 들이쉴 때는 순수한 치유 에너지를 들이마시라. 이 호흡을 명상 자세를 취하거나 누운 채로 아홉 번 하라. 그리고 목에 있는 붉은 '아'에 집중하라. '아'에 집중하는 대신 그것을 느끼라. '아'와 분리된 채로 있는 대신 그것과 하나가 되라. 잠에서 깼을 때 기분이 좋고 푹 쉰 느낌이라면 성공한 것이니 기뻐해도 좋다. 대사들과 깨달은 존재들의 축복, 당신 자신의 기꺼운 노력이 주는 기쁨, 영적인 길을 따르는 행복을 만끽하라. 이러한 행복은 곧 내일 밤에도 수행을 할 수 있는 용기를 주고, 지속적으로 수행을 진전시키는 데도 도움이 된다.

　　잠에 들 때 이완하는 것이 힘들다거나, 자비심 혹은 사랑을 느끼기가 힘든 것은 흔한 일이다. 만약 당신이 이런 상황에 처해 있다면 당신의 창조적인 상상력을 활용하라. 아름답고 따스한 해변에 누워 있다고, 또는 산속의 맑고 신선한 공기를 마시며 걷고 있다고 상상하라. 단순히 잠에 빠져들어 하루 동안의 감정과 스트레스에 끌려다니는 것보다는, 당신을 이완시켜주는 이런 상상들을 하라. 간단한 수행이긴 하지만 큰 도움이 될 것이다.

통합

꿈 수행은 단순히 개인적인 성장이나 흥미로운 경험을 만들어내는 수행이 아니다. 꿈 수행은 영적인 길의 일부이며, 꿈 수행의 결과는 수행자의 정체성, 수행자가 세상과 맺고 있는 관계를 변화시킴으로써 삶의 모든 측면에 영향을 주어야 한다. 여기에서 논할 수행자의 삶과 꿈 수행의 통합은 대부분 이미 언급됐던 것이지만, 다시 요약해보겠다.

꿈 수행에는 일반적인 두 단계가 있다. 인습적인 단계와 비인습적인 단계, 혹은 이원적인 단계와 비이원적인 단계가 그것이다. 우리는 주로 첫 번째 단계에 초점을 맞춰왔다. 첫 번째 단계는 꿈의 이미지와 이야기들을 통한 수행, 경험과 감정에 대한 우리의 반응, 꿈이 우리에게 미치는 영향과 꿈속에서 하는 수행의 영향, 더 큰 알아차림과 통제력의 계발과 연관된 것이었다.

그리고 비인습적인 수준의 수행은 꿈의 내용이나 꿈속 경험보다는 비이원적인 명료한 빛과 관련된 것이었다. 이것이 꿈과 잠 수행의 최종 목표이다.

우리는 결코 꿈 요가의 이원적인 단계를 폄하해서는 안 된다. 결국, 우리 대부분은 거의 모든 시간을 이원성의 세계 속에서 살아가기 때문이다. 그리고 이러한 이원성은 영적인 길을 걸어가야만 하는 우리의 평범한 삶 속에 녹아들어 있다. 우리는 꿈 수행을 하면서 분노를 사랑으로, 절망을 희망으로 변화시킨다. 또, 우리 안의 상처 입은 것을 치유하여 그것을 강인한 것으로 변화시킨다. 우리는 우리 삶의 상황들에 능숙하게 대처하는 능력과 타인에게 도움이 되는 능력을 계발하게 된다. 우리가 이러한 능력을 얻게 되는 때는 바로, 삶이 꿈과 같이 유연하다는 것을 진정으로 이해하기 시작할 때다. 이렇게 되면 우리는 평범한 삶을 위대한 아름다움의 경험, 의미 있는 경험으로 변화시킬 수 있으며 모든 것을 영적 수행에 포함시킬 수 있다.

진정으로 희망이나 의미의 필요를 넘어서고, 긍정적인 것과 부정적인 것의 구분을 넘어서는 것은 오직 우리의 인습적인 자아가 릭빠 속으로 녹아든 때의 일이다. 비인습적 진리는 치유와 치유의 필요를 초월한다. 실제로 비이원적 관점으로 살지 않으면서 이러한 관점을 취하는 것은 자신이 부정적 조건화를 강화하고 있으면서도 자유를 누리고 있다고 생각하는, 일종의 영적 혼란을 일으킨다. 우리가 청정한 빛에 온전히 거하게 되면 부정성은 더 이상 우리를 지배할 수 없으므로 자신이 비이원적 관점으로 살고 있는지, 그렇지 않은지를 스스로 알아보기가 쉬워진다.

꿈 수행과 관련된, 통합의 네 가지 연속적인 영역이 있다. 시각, 꿈, 바르도, 그리고 청정한 빛이 바로 그것이다. 여기서 시각은 오감으로 느끼는 모든 것과 모든 내적 사건들을 포함한, 깨어 있는 삶의 모든 경험을 가리킨다. 모든 경험과 현상이 꿈으로서 이해될 때 시각은 꿈과 통합된다. 이것은 지적 이해가 아닌, 선명하고 명쾌한 경험이 되어야 한다. 그렇지 않으면 그것은 단지 상상력의 속임

수일 뿐이며 실질적인 변화도 없을 것이다. 꿈과 시각이 진정으로 통합되면 세상에 대한 개인의 반응에 엄청난 변화가 생긴다. 집착과 혐오가 엄청나게 감소하며, 한때는 너무나 흥미로워서 주목하지 않을 수 없었던 감정적 얽힘도 꿈속 이야기의 끌어당김으로 경험될 뿐이다.

하루 동안 했던 시각 경험들을 수행이 변화시킬 때, 그 변화는 꿈으로 통합된다. 명료한 자각은 꿈의 상태에서 발생한다. 여전히 꿈의 논리에 의해 지배받는 중에 꿈이 꿈이라는 것을 알아차리는 첫 번째 단계부터, 꿈꾸는 자가 꿈속에서 완전히 자유로우며 꿈 자체가 거의 충격적인 선명함과 명료함의 경험이 되는 강력한 단계에 이르기까지, 명료한 자각에는 연속적인 여러 단계들이 있다.

마음의 유연성과 명료한 자각은 꿈속에서 계발되며, 이것들은 죽음 후의 중음中陰 상태에 통합된다. 죽음의 경험은 꿈에 들어가는 것과 매우 유사하다. 죽음 후의 중음 상태, 즉 바르도에서 사후의 시각이 생겨날 때 산란하지 않은 채로 알아차림에 머무르며 현존에 거할 가능성은 꿈 요가에서 계발된 능력에 달려 있다. 우리는 꿈이 바르도를 위한 시험이라고 말한다. 이것이 바로 꿈속 현상에 대한 반응이 바르도 현상에 대한 반응과 같다는 사실을 이해하는, 꿈 상태와 중음 상태의 통합이다. 이것의 성취는 꿈속에서 계발한 집착 없는 마음과 명료한 자각에 달려 있다.

바르도는 청정한 빛과 통합된다. 이것이 바로 깨달음을 얻는 수단이다. 바르도에서 발생하는 현상들과 이원적인 관계를 맺는 대신에 비이원적 현존, 즉 산란함이 없는 완전한 알아차림 속에 머무는 것이 가장 좋다. 이는 청정한 빛에 거하는 것이자 공과 순수한 알아차림의 통합이다. 이런 능력 역시 죽기 전에 이루어야 할 꿈 수행의 최종 단계이다. 수행자가 청정한 빛과 온전히 통합되면 꿈은 멈춘다.

깨어 있을 때의 경험이 즉시 꿈으로 보일 때, 집착도 없어진다. 이러한 진전을 위해 계발되어야 했던 더 큰 명료한 자각은 자연스럽게 밤중의 꿈에서도 드러난다. 명료한 자각이 꿈속에서 안정되고 증가되면 그것이 후에 바르도에서도 드러난다. 수행자가 바르도에서 완벽하게, 그리고 비이원적으로 알아차린다면 그는 마침내 해탈하게 된다.

중단 없이 꿈 수행을 하면 그 결과가 삶의 모든 차원에서 나타날 것이다. 수행의 완전한 성취의 결과는 해탈이다. 만일 수행이 삶의 경험을 바꾸지 못했다면, 그리고 여전히 긴장되고 산란하여 별로 진정이 되지 않았다면, 반드시 장애가 되는 것이 무엇인지 검토하고 그것을 극복해야 하며, 스승에게 자문을 구해야 한다. 만일 수행에 진전의 경험이 없었다면 의도를 강화해야 한다. 진전의 신호가 나타나면 그것을 기쁨으로 맞이한 후 그것이 당신의 의도를 강화하도록 놓아두라. 이해와 수행을 통해, 틀림없이 진전을 맞이하게 될 것이다.

PART 4

잠

이 장의 내용들은 기본적인 탄트라 용어에 대한 익숙함을 전제로 한다. 꿈 요가에 대한 이전의 내용과는 달리, 잠 요가에 관한 이 장의 내용들은 주로 탄트라나 족첸 수행자인 사람들을 대상으로 한다.

잠 그리고 잠들기

잠의 과정은 보통 다음과 같이 나타난다. 의식이 감각들과 멀어지고, 마음이 산란함 속에서 자기 자신을 잃고, 정신적 이미지들과 생각들이 솎아져 어둠 속으로 용해된다. 그리고 이런 무의식 상태가 꿈이 나타나기 전까지 지속된다. 그러다 꿈이 나타나면 자아 감각은 꿈속 이미지들과의 이원적 관계를 통해 환원된다. 또, 다음 무의식 주기가 오면 꿈이 사라지고 이렇게 무의식과 꿈이 교차하며 통상적인 잠이 형성된다.

우리에게 잠이란 알 수 없는 것이다. 잠을 자는 동안에는 의식을 잃기 때문이다. 우리는 뚜렷한 마음을 자기 자신으로 여기지만 이러한 마음은 잠을 자는 동안 기능하지 않는다. 따라서 잠에는 아무런 경험도 없는 것처럼 보인다. 우리는 정체성이 무너지는 이러한 주기를 '잠에 든다'(falling asleep)고 표현한다. 반면, 꿈속에서의 우리는 의식이 있는데, 이는 움직이는 마음이 활성화되기 때문이다. 이 움직이는 마음이 꿈 자아를 떠오르게 한다. 그리고 우리는 꿈 자

아를 자기 자신과 동일시한다. 하지만 잠에 들었을 때 주체인 자아
는 없다.

우리가 잠을 무의식으로 규정하긴 했지만, 암흑과 비어 있는
경험은 잠의 정수가 아니다. 우리의 기반이 되는 순수한 알아차림
에는 잠이 없다. 흐려진 것, 꿈, 생각, 움직이는 마음이 마음의 본성
에 용해되어 고통받지 않게 되면 무지의 잠보다는 명료함, 평온함,
지복이 생겨난다. 이러한 알아차림 속에 머무는 능력을 계발할 때,
우리는 잠이 밝게 빛난다는 것을 발견하게 된다. 이 광휘는 청정한
빛이다. 이것이 바로 우리의 진정한 본성이다.

앞서 설명했지만, 꿈은 업의 흔적에서 비롯된다. 나는 이것을
빛에 비유했었다. 영화를 만들기 위해 필름에 투사된 빛으로 말이
다. 이 영화에서 업의 흔적은 사진들이고 알아차림은 그것들을 비
추는 빛이다. 그리고 꿈은 배경(쿤지*)에 투사된 것이다. 꿈 요가는
꿈속 이미지들과의 관계 속 명료한 자각을 계발한다. 그러나 잠 요
가에는 필름도 없고 투사도 없다. 잠 요가에는 이미지가 없다. 이 수
행은 그 자체로 빛을 발하는 알아차림을 통해 알아차림을 직접 인
식한다. 이는 어떤 종류의 이미지도 없는 광휘이다. 후에, 청정한 빛
속에서의 안정성이 계발되면 꿈속 이미지들은 수행자를 산란하게
만들지 않는다. 그리고 꿈의 주기 역시 청정한 빛 속에서 발생한다.

★ kunzhi: 뵌 전통에서의 쿤지는 개인을 포함한, 존재하는 모든 것의 바탕이다. 쿤지는 요가차라
Yogacara(유식학파)의 아뢰야식(alaya vijnana)과는 다른 것이다. 아뢰야식은 오히려 쿤지 남셰와 좀더 비
슷하다. 쿤지는 공, 명료함, 궁극적 현실의 절대적 개방성, 드러남과 알아차림의 끝없는 향연의 총체라
고 할 수 있다.

이런 꿈들은 청정한 빛의 꿈이라고 불리는데, 이것들은 명료한 꿈과는 다르다. 청정한 빛의 꿈에서의 청정한 빛은 가려져 있지 않다.

우리가 청정한 빛을 개념화하거나 상상해보려는 즉시, 우리는 그것에 대한 진정한 감각을 잃는다. 청정한 빛 속에서는 주체와 객체가 없다. 어떤 주체와 자기 동일시가 된 상태로는 청정한 빛으로 들어갈 수 없다. 사실, 청정한 빛 속으로 아무것도 '들어가지' 않는다. 청정한 빛은 그 자신을 인지하는 바탕이다. 거기에는 '당신'과 '이것'이 없다. 이원적 언어를 활용하여 비이원을 묘사하면 필연적으로 역설을 낳게 된다. 청정한 빛을 아는 유일한 방법은 자신이 직접 아는 수밖에 없다.

세 가지 유형의 잠

무지의 잠

우리가 '깊은 잠'이라고 부르는 무지의 잠은 거대한 어둠이다. 무지의 잠은 마치 수천 년 된 어둠의 느낌인데, 실은 그보다 더 오래되었다. 무지의 잠은 무지의 정수이며 육도윤회의 근간이다. 우리가 그동안 얼마나 많은 잠을 잤든지, 그게 30년이든 70년이든 간에 우리는 잠을 끝낼 수 없다. 우리는 자고 또 잔다. 마치 잠이 우리를 재충전해주는 것처럼 말이다. 실제로도 잠은 그런 역할을 한다. 무지는 육도윤회를 지속시키는 자양분이다. 그리고 그 속에서 사는 존재로서의 우리가 무지의 잠 속으로 용해되면 우리의 윤회의 삶도 영양분을 얻는다. 잠에서 깬 우리는 더 튼튼해졌으며, 윤회의 삶 역시 생기를 되찾는다. 이것이 바로 측정할 수 없는 '거대한 무지'이다.

우리는 무지의 잠을 어떤 자아감이나 의식도 없는 공허 혹은 여백으로 경험한다. 생각해보라. 당신은 길고 고단했던 하루를 보냈다. 밖에는 비가 오고 저녁은 과식했다. 그다음 이어지는 잠에는 명료함이나 자아감이 없다. 우리는 사라져버린다. 마음속 무지가 표현된 것이 바로 우리를 무의식 상태로 소멸시키는 정신적 나른함이다.

선천적인 무지는 잠의 주요 원인이다. 이 잠이 나타나기 위한 필연적인 이차적 원인과 상황은 몸의 상태, 몸의 피로와 관련이 있다.

육도윤회의 잠

두 번째 유형의 잠은 육도윤회의 잠이다. 이 잠에는 꿈이 등장한다. 육도윤회의 잠은 끝이 없어 보이기 때문에 '거대한 망상'이라 불린다.

육도윤회의 잠은 온갖 일이 일어나고 있는 대도시의 시내를 걷는 것과 같다. 거기에는 포옹하는 사람, 싸우는 사람, 떠드는 사람, 다른 이를 버리는 사람, 가난한 사람과 부유한 사람, 가게를 운영하는 사람과 거기서 물건을 훔치는 사람 등 다양한 사람들이 있다. 또, 대도시에는 아름다운 장소와 흉물스러워진 장소, 무서운 장소도 있다.

여섯 세계들의 표현은 어느 도시에서나 찾아볼 수 있다. 육도 윤회의 잠은 꿈의 도시이다. 과거 행위에서 나온 업의 흔적에 의해 무한한 정신적 활동의 세계가 만들어진다. 움직이는 마음, 뚜렷한 마음이 멈추는 무지의 잠과는 달리, 육도윤회의 잠은 뚜렷한 마음 과 부정적인 감정들의 참여를 필요로 한다.

무지의 잠의 원인은 몸인 반면, 꿈의 주요 원인은 감정적 활동 이다. 꿈이 나타나게끔 만드는 이차적인 원인은 집착과 혐오에 기 반한 행위이다.

청정한 빛의 잠

세 번째 유형의 잠은 잠 요가를 통해 도달할 수 있는 청정한 빛의 잠이다. 이것은 명료한 잠으로도 불린다. 청정한 빛의 잠은, 몸은 잠들었으나 수행자가 어둠 속에서 길을 잃거나 꿈을 꾸지 않 는 상태다. 대신, 수행자는 순수한 알아차림 속에 머문다.

청정한 빛은 보통 공과 명료함의 결합으로 정의된다. 청정한 빛은 개인의 기반이 되는, 공하고 순수한 알아차림이다. '청정'은 공, 어머니, 근본, 쿤지를 의미한다. 그리고 '빛'은 명료함, 자녀, 릭 빠, 순수하고 선천적인 알아차림을 의미한다. 청정한 빛은 릭빠와 근본, 알아차림과 공의 결합을 직접 깨닫는 것이다.

무지는 당신이 잠드는 어두운 방으로, 알아차림은 그 방을 밝 히는 램프로 비유할 수 있다. 그 방이 얼마나 오랫동안 어두웠는지, 그 기간이 한 시간인지 수백만 년인지는 상관없다. 알아차림의 램프가 방 전체를 밝히면 방은 빛으로 가득해진다. 램프의 불꽃 속에는 다르마카야^{dharmakaya}, 즉 법신불이 있다. 당신이 바로 그 광휘이다. 당신이 청정한 빛이다. 청정한 빛은 경험의 대상이나 정신적 상태가 아니다. 어둠 속에서 빛나는 알아차림이 참작 없이, 판단 없이, 중심이나 모퉁이 없이, 더없이 행복하고 청정하며 움직임이 없을 때, 이것을 바로 릭빠라고 부른다. 이것이 마음의 본성이다.

생각이 집착이나 혐오 없이 알아차림 속에서 관찰되면 곧 용해되어버린다. 생각, 즉 알아차림의 대상이 용해될 때 관찰자 혹은 주체 역시 용해된다. 어떤 의미에서, 대상은 근본 속으로 용해되고 주체는 릭빠 속으로 용해된다. 그러나 이는 근본과 릭빠라는 두 가지 것이 있다고 생각할 여지가 있으므로 위험한 예시이다. 이는 잘못된 이해이다. 근본과 릭빠는 물과 젖음처럼 불가분한 것이다. 이것은 이해를 돕기 위해, 그리고 가르침을 주체와 객체의 분명한 이분법과 연관짓기 위해 하나의 것을 두 측면으로 묘사한 것이다. 그러나 진리는, 주체와 객체의 분리는 절대 없다는 것이다. 분리의 환영만이 있을 뿐이다.

잠 수행과 꿈 수행

잠 수행과 꿈 수행의 차이는 고요함에 머무는 시녜 수행에서 대상을 사용할 때와 안 할 때의 차이와 어느 정도 상응한다. 이와 비슷하게, 탄트라 수행에서도 명상의 신(이담)의 신성한 몸을 만들어낼 때 꿈 요가를 사용한다. 잠 요가가 순수하고 비이원적인 알아차림인 신의 마음을 계발하는 것에 반해, 꿈 요가는 여전히 주체와 객체의 영역에 남아 있다. 어떤 면에서, 꿈 수행은 족첸의 부차적인 수행이라고 할 수 있다. 잠 수행에는 주체나 객체 없이 오직 비이원적 릭빠만 있는 반면, 꿈 수행은 시각과 이미지를 통해 수행하기 때문이다.

학생들에게 족첸 수행을 처음 알려줄 때는 보통 수행의 대상을 가장 먼저 가르친다. 그리고 어느 정도 안정성이 계발된 후에야 비로소 대상 없이 수행을 시작할 수 있다. 이는 주체를 자기 자신과 동일시하면서 객체를 대하는 우리 의식의 지배적인 방식 때문이다. 우리는 계속해서 움직이는 마음의 활동과 자신을 동일시한다. 따라서 수행의 초기에는 반드시 마음이 붙잡을 무언가가 제공되어야 한다. 만일 우리가 '그저 공간이 되라'고 말하면 움직이는 마음은 이를 이해하지 못할 것이다. 붙잡을 무언가가 없기 때문이다. 마음은 그것과 동일시되기 위해 공의 이미지를 만들어보려 노력할 것인데, 이는 수행이 아니다. 만일 우리가 무언가를 심상화한 다음 용해하라는 등의 말을 한다면 움직이는 마음은 편안할 것이다. 무언가 생각할 거리가 있기 때문이다. 우리는 마음을 수행의 목표인 대상 없는 알아차림으로 이끌기 위해 개념적인 마음과 알아차림의 대상을 활용한다.

예를 들어, 우리는 몸이 용해되는 것을 상상하라고 말한다. 이는 이미지화할 수 있으니 썩 괜찮게 들린다. 몸이 모두 용해된 후에는 붙잡을 것이 아무것도 없는 순간이 온다. 그리고 이 순간은 수행자가 릭빠를 인식할 수 있게끔 준비시켜주는 상황을 마련해준다. 이는 10부터 0까지 세어 내려가는 것과 비슷하다. 0에 닿으면 더이상 붙잡을 것이 없다. 이것이 빈 공간의 티글레이다. 그러나 움직임이 우리를 거기로 이끈다. 숫자를 0까지 세어 내려가는 것과 일단 대상을 두고 수행함으로써 '대상 없는 수행의 공(emptiness)'으로 나아가는 것은 다르지 않다.

잠 수행은 사실 형태가 없기 때문에 집중할 대상도 없다. 잠 수행의 과정과 목표는 동일하다. 그것은 바로 인식 주체와 인식 대상이라는 이원적 분리를 넘어 명료함과 공의 불가분한 결합 속에 머무는 것이다. 여기에는 좋고 나쁨, 위아래, 안과 밖, 시간이나 경계가 없다. 이것들에는 어떠한 차이도 없다. 꿈속에는 마음이 붙잡을 것들이 있지만, 여기에는 마음이 붙잡을 그 어떤 대상도 없기 때문이다. 이러한 점 때문에 잠 요가는 꿈 요가보다 훨씬 어려운 것으로 여겨진다. 꿈을 자각하게 된다는 것은 꿈이 인식되었다는 것, 즉 꿈이 알아차림의 대상이 되었다는 뜻이다. 그러나 잠 수행에서의 인식은 인식 주체가 어떤 대상을 인식하는 것이 아니라, 순수한 알아차림의 비이원적 인식이자 알아차림 그 자체의 청정한 빛이다. 감각 의식은 기능하지 않는다. 따라서 감각 경험에 의존하는 마음도 기능하지 않는다. 청정한 빛은 마치 눈 없이, 대상 없이, 혹은 보는 자 없이 보는 것과 같다.

다음은 죽음의 과정에서 무엇이 나타나는지에 대한 유추다. 카다그^ka-dag 바르도, 즉 태초의 순수한 첫 번째 바르도에서 해탈하는 것은 두 번째 바르도에서의 해탈보다 더 어렵다. 그리고 욈살^od-sal 바르도, 즉 청정한 빛의 두 번째 바르도에서 이미지가 생겨난다. 죽음의 시점에서 보면, 바르도의 시각 경험이 나타나기 전까지 주관적인 경험이 근본 속으로 완전히 소멸되는 순간이 있다. 이때에는 주관적인 자아가 없다. 마치 일상적 경험이 잠 속으로 소멸되며 끝나는 것과 같다. 이때 우리는 사라진다. 그러다가 바르도 속에서 이미지들이 생겨나듯, 잠 속에서도 꿈이 생겨난다. 우리가 그것들을 인식하는 동안, 업의 경향성은 우리 자신이 인식의 대상들을 경험하는 인식의 주체라는 감각을 만들어낸다. 다시 이원성에 사로잡힌 우리는 잠에 빠져 다시 윤회의 꿈을 지속하거나 바르도 속에서 환생을 향해 나아간다.

만약 우리가 잠 수행을 성취했다면 우리는 태초의 순수한 바르도 속에서 해탈하게 될 것이다. 만일 우리가 잠 요가를 성취하지 못했다면 우리는 이어지는 바르도의 시각 경험을 마주하게 될 것인데, 만일 우리가 꿈 수행을 성취했다면 우리는 이때 해탈할 가능성이 크다. 만약 우리가 꿈 수행과 잠 수행 모두 성취하지 못했다면 우리는 윤회 속에서 헤매게 될 것이다.

당신은 이 수행들 중에서 어떤 수행이 자신과 가장 잘 맞는지 결정해야만 한다. 족첸 가르침에서는 당신 자신을 아는 것, 당신의 능력과 장애가 무엇인지 인식하는 것, 그리고 이러한 지식을 가장 유익이 될 만한 방식으로 수행에 활용하는 것이 얼마나 중요한지를 항상 강조한다. 족첸 가르침에서는 꿈 수행보다 잠 수행을 더 쉽게 할 수 있는 사람은 몇 되지 않는다고 말한다. 그래서 나는 일반적으로 꿈 수행으로 시작하기를 추천한다. 만일 당신이 여전히 무언가에 집착하고 있다면 마음이 꿈 자체에만 매달릴 수 있는 꿈 요가를 하는 것이 알맞다. 릭빠 속에서의 안정성이 계발된 후에는 잠 수행이 성취하기에 더 쉬울 것이다. 잠을 자면서 집착 없는, 주체가 아니게 되는 강한 경험을 하기 때문이다. 내가 꿈 요가를 먼저 하라고 추천하는 또 다른 이유는, 수행자가 자각하기까지의 시간이 일반적으로 꿈속에서보다 잠 속에서 더 오래 걸리기 때문이다. 분명한 결과물 없이 긴 시간 수행하게 되면 좌절감이 찾아올 수도 있다. 이러한 좌절감은 수행의 길을 걷는 데 가림막이 된다. 꿈 요가나 잠 요가의 경험을 일단 한번 해보면 그 경험이 수행을 강화하고 지속하는 데 도움이 된다.

꿈 요가와 잠 요가는 궁극적으로 같은 곳을 향하고 있다. 꿈 수행이 온전히 성취되면 릭빠의 비이원적 알아차림이 꿈속에서 나타날 것이다. 이 알아차림은 많은 명료한 꿈으로 우리를 인도하며 마침내 청정한 빛 속으로 우리의 꿈이 소멸되도록 이끈다. 또한 이것은 잠 수행의 결실이기도 하다. 반대로 잠 요가에서 진전을 이루었을 때는 꿈이 자연스럽게 자각될 것이며 명료한 꿈이 저절로 생겨날 것이다. 그러면 자각몽은 앞서 말한 바와 같이 마음의 유연성을 계발하는 데 사용될 수 있다. 꿈 수행과 잠 수행에서 최종적인 성공을 거두려면 낮 동안에 릭빠의 순수한 현존을 인식하고 그것을 안정화하는 것이 필요하다.

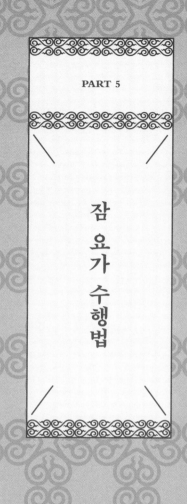

PART 5

잠 요가 수행법

살제 뒤 달마 다키니

마더 탄트라에 따르면 신성한 잠의 보호자이자 수호자인 다키니가 있다고 한다. 수행의 본질이기도 한 그녀의 정수와 연결이 되면, 우리가 무의식적 잠에서 의식적 잠으로 옮겨가는 것을 그녀가 안내해주고 축복해준다. 그녀의 이름은 살제 뒤 달마$^{Salgye\ Du\ Dalma}$이다. 이를 번역하면 '개념 너머를 밝히는 여성'이라고 할 수 있다. 그녀는 평범한 잠의 어둠 속에 숨겨진 광휘이다.

그녀는 잠 수행 그 자체 내에서는 형태가 없으나, 우리가 잠에 들 때는 찬란한 빛의 공, 즉 티글레로 심상화된다. 이때 꿈 요가에서 활용하는 음절 같은 형태가 아니라 빛을 심상화하는 이유가 있다. 그것은 우리가 형상을 넘어선 에너지 수준에서 수행하고 있기 때문이다. 우리는 안과 밖, 나와 남 같은 모든 차이를 소멸하려 노력한다. 형상을 심상화하는 것은 그것 자체가 아닌, 어떤 형상에 대해 생각하는 마음의 습관이며 우리는 이러한 이원성을 반드시 초월해야 한다. 그녀는 청정한 빛을 나타낸다. 그녀는 우리의 본래 상태, 순수한 상태와 같다. 우리는 잠 수행을 하며 그녀 자신이 된다.

우리가 살제 뒤 달마와의 관계를 돈독히 하면, 우리의 가장 깊은 본성과 연결된다. 그리고 가능한 만큼 그녀를 기억한다면 이 연결을 진전시킬 수 있다. 우리는 낮 동안에 그녀를 순백색으로 빛나는 아름다운 삼보가카야^{sambhogakaya}(보신불)의 형태로 심상화할 수 있다. 반투명한 그녀의 몸은 전부 빛으로 만들어졌다. 그녀의 오른쪽 손에는 곡선형 칼이 들려 있고 왼쪽 손에는 두개골 윗부분으로 만들어진 그릇이 들려 있다. 우리의 가슴 중앙에 머무르고 있는 그녀는 원반 모양의 흰 달 위에 앉아 있다. 달은 원반 모양의 금색 태양에 얹혀 있는데, 이 태양 역시 네 개의 꽃잎을 지닌 아름다운 파란 연꽃에 얹혀 있다. 구루 요가를 할 때, 당신 자신이 소멸되어 당신이 곧 그녀이고 그녀가 곧 당신이 되었다고 상상하라. 그녀와 하나가 될 때까지 당신의 정수를 혼합시키라.

살제 뒤 달마

당신이 어디에 있든, 그녀는 당신의 가슴속에 거하면서 당신과 함께한다. 당신이 먹을 때, 그 음식을 그녀에게 바치라. 당신이 마실 때, 그 음료를 그녀에게 바치라. 당신은 그녀와 말을 할 수도 있다. 만일 당신이 그녀에게 귀 기울일 수 있는 상태라면, 그녀가 당신에게 말을 걸어오게 해보라. 미친 사람이 되라는 말이 아니다. 당신은 당신의 상상을 활용할 수 있다. 만일 당신이 다르마에 관한 책을 읽거나 이야기를 들은 적이 있다면, 당신이 이미 알고 있는 그 가르침을 바로 그녀가 당신에게 주었다고 상상하라. 당신이 현존 속에 머물도록, 무지를 끊어내도록, 자비롭게 행동하도록, 정신을 차리도록, 산란에 굴하지 않도록 그녀가 당신을 일깨우는 것을 허용하라. 당신의 스승은 언제든 시간이 나는 사람이 아니며 당신의 친구들 역시 그렇다. 그러나 다키니는 언제든 만날 수 있다. 그녀를 당신의 변함없는 동반자이자 수행의 안내자로 삼으라. 결국에 당신은 그녀와의 의사소통이 현실로 느껴지기 시작할 것이다. 그녀는 당신 자신의 다르마에 대한 이해로 화현하여 그것을 당신에게 다시 되비쳐줄 것이다. 당신이 그녀의 현존을 기억해낼 때, 당신이 있는 방은 더 밝아 보일 것이며 당신의 마음은 자각되기 시작할 것이다. 그녀는 당신이 경험하는 그 광휘와 명료한 자각이 곧 청정한 빛임을, 즉 그것이 진정한 당신임을 가르쳐주고 있다. 당신 자신을 훈련시키면 단절된 느낌이 들고 부정적인 감정이 올라오더라도 자동적으로 그녀를 상기하게 된다. 그러면 혼란과 감정적 덫은 오히려 당신을 알아차림으로 다시 데려다주는 역할을 할 것이다. 마치 사원의 종소리가 수행의 시작을 알리는 것과 같이 말이다.

어쩌면 당신은 이러한 다키니와의 관계가 너무 이질적이거나 공상적으로 들려서 이것을 심리학적으로 고찰하기를 바랄 수도 있겠다. 그것도 좋다. 당신은 그녀를 분리된 존재 혹은 당신의 의도와 마음을 안내하는 상징으로 생각할 수 있다. 어떤 식으로 생각하든, 헌신과 일관성은 영적 여정에서 강력한 자산이 된다. 이 수행을 당신의 이담과 함께할 수도 있다. 당신이 이담 수행을 한다면 말이다. 아니면 다른 어떤 신이나 깨달은 존재를 두고 수행을 할 수도 있다. 중요한 것은 형식이 아니라 당신의 수행에 차이를 만들어보려는 노력이다. 그러나 실제 뒤 달마가 특히 마더 탄트라의 이 수행과 관련되었다는 것을 알아두는 편이 좋다. 수행자들은 아주 오랜 세월 동안 그녀의 형상과 에너지를 가지고 수행해왔으며, 이 법맥의 힘과의 연결은 큰 도움이 될 수 있다.

상상은 한 사람을 평생 동안 윤회의 고통에 묶어둘 수 있을 정도로, 그리고 다키니와의 대화를 현실로 만들 수 있을 정도로 매우 강력한 것이다. 수행자들은 종종 다르마가 고정되어 있는 것인 양, 그것에 따라 행동하곤 한다. 그러나 다르마는 고정된 것이 아니다. 다르마는 유연한 것이며 마음도 다르마와 함께 유연해져야 한다. 다르마를 활용해 깨달음을 얻을 방법을 찾는 것은 당신의 몫이다. 내일 일어날 일, 상사와의 싸움, 연인과의 저녁을 미리 상상하는 것보다는 수행의 가장 높은 목표를 상징하는 이 아름다운 다키니의 현현을 창조하는 것이 더 도움이 될 수 있다. 중요한 것은 수행을 성취하는 데 필요한 강한 의도를 계발하고 다키니로 상징되는 당신의 진정한 본성과 강한 관계를 맺는 것이다. 가능한 한 자주 그녀에게 청정한 빛의 꿈을 꾸게 해달라고 기도하라. 기도할 때마다 당신의 의도가 강화될 것이다.

궁극적으로, 당신은 다키니와 하나가 된다. 이는 탄트라 수행처럼 당신이 그녀의 형상을 띠게 된다는 뜻이 아니다. 다키니와 하나가 된다는 것은 마음의 본성에 남게 된다는 말이며 모든 순간에 릭빠로 있게 될 것이라는 뜻이다. 본연의 상태에 남아 있는 것은 최고의 준비수행이자 최고의 본수행이다.

준비수행

스트레스와 긴장은 잠자는 사람뿐 아니라 잠에도 따라붙는다. 그러므로 가능하다면 마음을 릭빠에 두라. 이것이 힘들다면 마음을 몸, 중앙 채널, 가슴에 두라. 준비수행은 꿈 요가에 추천되는 것인데, 잠 요가에도 물론 적용된다. 라마, 이담, 다키니, 혹은 아홉 번의 정화 호흡이나 구루 요가로 위안을 얻어보라. 적어도 자비심을 내는 것과 같은, 헌신과 수행을 촉진하는 좋은 것들을 생각하라. 이는 누구든지 할 수 있다. 또, 청정한 빛의 잠을 잘 수 있도록 기도하라. 만약 당신이 보통 잠에 들기 전 하는 어떤 수행이 있다면 그 것을 하라.

밤 동안에 촛불이나 약한 불빛을 켜두고 자면 마음을 약간 각성된 상태로 유지할 수 있다. 불을 켜놓고 자면 느낌이 좀 다르다. 이 느낌의 차이는 알아차림을 유지하는 데 도움이 될 수 있다. 만약 초를 사용한다면 불이 나지 않게 조심하는 것이 좋다.

불빛은 각성을 유지하는 데 좋을 뿐 아니라 실제 뒤 달마 다키니의 상징이 되기도 한다. 빛의 명료함과 광휘는 형상계 내의 그 어떤 현상보다도 그녀의 정수와 가깝다. 불을 켜놓았을 때, 방 안의 광휘가 이러한 정수와 함께 당신을 둘러싼 다키니가 된다고 상상하라. 외적인 빛이 광휘, 즉 당신 자신인 그 내적인 빛과 당신을 연결시키도록 하라. 물질계에서 빛의 경험과 관련되는 것은 수행에 도움이 된다. 이런 경험은 인습적인 마음이 순수한 알아차림으로 녹아들 때 방향을 제시해주고 그것을 지지해준다. 외적인 빛은 개념적인 형상계와 비개념적이고 직접적인, 형상 없는 경험 사이의 다리가 될 수 있다.

또 다른 준비수행은 가끔 사용되는데, 이는 하루, 사흘, 심지어 닷새까지도 잠을 자지 않는 것이다. 이렇게 하면 인습적인 마음은 진이 빠진다. 전통적으로, 이것은 스승과 가까이에 있는 수행자가 하는 수행이다. 잠을 자지 않은 후에, 마침내 수행자가 잠에 들면 스승이 주기적으로 수행자를 깨워 다음과 같은 질문을 한다. 알아차렸느냐? 꿈을 꾸었느냐? 무지의 잠에 빠져들었느냐?

이 수행을 해보고 싶다면, 당신이 믿을 수 있는 사람 중에 이를 미리 경험해본 수행자와 함께하라. 처음에는 하루만 잠을 자지 않는 것이 바람직하다. 밤을 새운 후에 가능하다면 마사지를 받으라. 마사지를 받으면 몸이 이완되고 채널들이 열린다. 그런 후 다른 수행자가 당신을 밤중에 세 번 깨워 위의 질문을 한다. 그리고 다음에 나오는 수행을 하고 다시 잠들라. 가끔 인습적인 마음이 너무 진이 빠지게 되면 아주 고요해진다. 그러면 청정한 빛 속에서 자기 자신을 찾기가 더 쉽다.

잠 수행

네 번의 잠 수행은 꿈 수행과 마찬가지로 잠에서 깬 밤중에 진행하라. 차이점은, 잠 요가에서는 네 번의 수행 모두 똑같은 수행이라는 점이다.

꿈 수행에서 설명했던 사자 자세로 누우라. 남자는 오른쪽, 여자는 왼쪽으로 누워야 한다. 가슴 중앙에 파란 연꽃잎 네 장이 있다고 심상화하라. 가슴 중앙에 살제 뒤 달마 다키니가 있다. 그녀의 빛나는 정수를 심상화하라. 그녀의 정수는 순수한 빛으로 된 맑은 공(球)과 같다. 완벽한 크리스털만큼이나 투명한 티글레인 것이다. 이 티글레는 그 자체로는 색이 없고 맑으나, 파란 연꽃잎들이 반사되어 희끄무레한 파란색으로 빛난다. 당신의 현존을 그 빛나는 티글레와 완전히 섞으라. 당신이 그 푸른 빛이 될 정도까지 말이다.

네 장의 파란 연꽃잎 각각이 티글레이므로 중앙의 티글레까지 합해 총 다섯 개의 티글레가 된다. 앞쪽에는 노란 티글레가 있는데, 이는 동쪽을 상징한다. 당신의 왼쪽에는 북쪽을 상징하는 초록 티글레가 있고, 뒤쪽에는 서쪽을 상징하는 빨간 티글레가 있다. 그리고 오른쪽에는 남쪽을 상징하는 파란 티글레가 있다. 이 티글레들은 색을 띤 빛, 즉 빛나는 정수로 심상화된 네 다키니들을 상징한다. 그들을 빛나는 공이 아닌 다른 어떤 형태로 심상화하지 말라. 네 티글레는 살제 뒤 달마를 위한 수행단 같은 것이다. 다키니들의 보호로 둘러싸여 있다는 느낌을 확대시키라. 안정감을 느끼고 이완될 때까지 이 사랑 가득한 현존들을 실제로 느껴보라.

무지의 잠이 아닌, 청정한 빛의 잠을 자게 해달라고 다키니들에게 기도하라. 강하고 헌신적인 기도를 하라. 기도하고, 또 기도하라. 기도는 헌신과 의도를 강화하는 데 도움이 된다. 강한 의도가 수행의 기반이라는 사실은 아무리 강조해도 지나치지 않다. 헌신의 강화는 한 지점에만 집중된 의도를 나타내는 데 도움이 될 것이며, 청정한 빛의 광휘를 가리는 무지의 안개를 뚫을 만큼 충분히 강력한 힘이 되어줄 것이다.

잠 속으로 들어가기

잠에 드는 경험이 연속적인 것이긴 하지만, 이를 다섯 단계로 나누어보면 알아차림을 그 과정 속으로 가지고 오는 데 도움이 된다. 아래의 표 왼쪽을 보면 감각 경험이 완전히 부재하는, 완전한 '시각 경험 없음'의 상태가 될 때까지 감각 및 감각 대상과의 단절이 점진적으로 일어나는 것을 알 수 있다.

일반적으로, 정체성이란 감각세계에 의존한 것이다. 잠 속에서는 이 감각세계가 사라지므로 의식을 유지해주던 것들이 무너지면서 결국 '잠에 빠져든다'. 다시 말해, 우리는 무의식 상태가 된다. 잠 요가는 외적 세계와의 연결이 사라질 때 의식을 유지하기 위해 티글레를 활용한다. 감각 경험이 점진적으로 소멸하는 동안, 수행자는 그 순서에 맞춰 자신을 다섯 티글레와 연결한다. 주체가 청정한 빛의 순수한 비이원적 광휘 속으로 녹아들고 외적 세계가 완전히 사라질 때까지. 하나의 티글레에서 다른 티글레로 옮겨갈 때는 최대한 부드럽게 옮겨가야 한다. 즉, 연속성을 유지하면서 분절되지 않은 채로 잠을 향해 옮겨가야 한다.

감각 경험	티글레		
	색깔	방위	위치
시각 경험	노랑	동쪽	앞
시각 경험의 감소	초록	북쪽	왼쪽
시각 경험의 쇠퇴	빨강	서쪽	뒤
시각 경험의 중단	파랑	남쪽	오른쪽
시각 경험의 부재	희끄무레한 파랑	중앙	중앙

감각적 연결의 중단 단계

시각 경험

바른 자세로 누운 후에도 보고, 듣고, 침대를 느끼는 등 감각 경험은 왕성하게 활동한다. 이것이 시각 경험의 순간이다. 인습적인 자아는 감각 경험에 의해 유지된다. 이러한 감각 경험들을 티글레가 상징하는 순수한 의식으로 옮기라. 첫 번째로, 앞쪽 티글레와 당신의 의식을 합치라. 이 티글레는 아름답고 따스한 노란 빛이다. 당신의 개념적 마음은 그 속에서 해체되기 시작한다.

시각 경험의 감소

눈을 감으면 감각 세계와의 접촉이 줄어든다. 이것이 바로 시각 경험이 감소하는 두 번째 지점이다. 외적 감각 경험이 사라지면 왼쪽에 있는 초록 티글레로 의식을 옮기라. 감각 경험이 감소함에 따라 정체성도 함께 소멸되도록 허용하라.

시각 경험의 쇠퇴

감각 경험이 더 약화되기 시작하면 빨간 티글레로 의식을 옮기라. 잠에 드는 과정도 이와 비슷하다. 감각들이 흐려지고 연해지다가 서서히 감각을 잃는다. 일반적으로, 정체성을 유지해주는 외적 감각 경험들이 사라지면 당신은 당신 자신을 잃게 된다. 그러나 당신은 지금 어떤 감각 경험 없이도 존재하는 법을 배우고 있다.

시각 경험의 중단

감각 경험이 거의 없어질 때쯤, 오른쪽에 있는 파란 티글레로 의식을 옮기라. 이때는 모든 감각 경험이 중단된다. 또, 모든 감각들이 매우 고요해지고 외적 세계와 가까스로 연결되어 있는 때이기도 하다.

시각 경험의 부재

마침내, 몸이 완전히 잠속에 들어가면서 몸의 감각과의 연결이 모두 끊어지면 의식은 중앙의 희끄무레한 파란 티글레와 완전히 합쳐진다. 여기까지 성공적으로 따라왔다면 더 이상 티글레는 의식의 대상이 아니게 된다. 당신은 더 이상 파란 빛을 심상화하지 않을 것이며 그것의 위치에도 신경을 쓰지 않을 것이다. 그보다는, 당신은 청정한 빛 자체가 될 것이며 자는 동안 그 청정한 빛에 거하게 될 것이다.

이 다섯 단계는 감각 경험이 서서히 중단되는 과정을 설명하고 있으므로, 그 각각이 내적으로, 정신적으로 뚜렷하게 구분되지는 않음을 알아야 한다. 대개, 잠자는 사람은 무의식적으로 이 과정을 따라 움직여간다. 그러나 이 수행을 하면 이 과정이 의식적으로 일어난다. 이 과정의 단계들은 명확한 경계가 없어야 한다. 의식이 감각에서 멀어져갈 때 오직 비이원적 의식만 남을 때까지 의식이 티글레, 즉 중앙 티글레의 청정한 빛을 통해 부드럽게 움직이도록 하라. 몸이 빙빙 돌며 잠 속으로 빠져드는 동안 당신은 빙빙 돌며 청정한 빛 속에 빠져든다고 여기라. 한 티글레에서 다른 티글레로 넘어가기 위해 개념적 판단에 의존하거나 이 과정이 일어나게끔 애쓰는 것보다는 경험 속에서 이 과정을 밝혀보겠다는 의도를 가지라.

만일 수행 중간에 잠에서 완전히 깼다면, 다시 시작하라. 수행의 형식에 있어서 너무 융통성 없을 필요는 없다. 진행이 너무 빠르거나 느리게 되어도 상관없다. 어떤 사람들은 잠드는 데 시간이 오래 걸릴 수도 있지만 어떤 사람들은 베개에 머리가 닿자마자 잠에 든다. 그렇지만 두 경우 모두 같은 이행을 겪는다. 바늘이 얇디얇은 다섯 장의 막을 거의 동시에 뚫고 지나갔다 하더라도 각각의 막이 뚫리는 다섯 순간은 분명히 존재한다. 각 단계가 무엇인지를 너무 분석하려 들지 말라. 이 과정을 딱 다섯 가지로 나누는 데 열중하지도 말라. 심상화는 오직 처음에만 의식에 도움이 될 뿐이다. 수행의 정수는 이해되고 적용되어야 한다. 그러니 세부사항을 보느라 길을 잃지 말라.

내 경험으로는 티글레를 반대 방향으로 심상화하는 수행도 효과적이었다. 땅을 상징하는 앞쪽의 노란 티글레, 물을 상징하는 오른쪽의 파란 티글레, 불을 상징하는 뒤쪽의 빨간 티글레, 공기를 상징하는 왼쪽의 초록 티글레, 마지막으로 공간을 상징하는 중앙의 희끄무레한 파랑 티글레 순으로 심상화하면 된다. 이 순서는 죽음을 맞을 때 원소들이 소멸하는 순서와 같다. 어떤 순서가 자신에게 가장 잘 맞는지 알아보려면 이를 직접 실험해보면 된다.

꿈 수행과 마찬가지로, 밤중에 대략 두 시간 간격마다 세 번 일어날 수 있다면 가장 좋다. 일단 경험이 쌓이면 미리 정해둔 기상 시간에 일어나기보다는 자연스럽게 깨어나게 되어 그 시간을 이용할 수 있게 된다. 깰 때마다 같은 수행을 반복하라. 깰 때마다, 그리고 깬 즉시 잠의 경험을 검토해보라. 전혀 알아차리지 못하고 무지의 잠을 잤는가? 윤회의 잠 속에서 길을 잃는 꿈을 꾸었는가? 아니면, 순수한 비이원적 의식에 거하며 청정한 빛 속에 있었는가?

티글레

티글레에 대한 정의는 다양한데, 맥락에 따라 다른 정의가 쓰인다. 이 수행에서 쓰이는 티글레의 정의는 의식의 특정 자질을 나타내는 빛으로 된 작은 공이다. 그러나 중앙 티글레의 경우에는 순수한 릭빠를 나타낸다. 궁극적으로, 의식은 어떤 대상에 대한 의지 없이 안정되어야 한다. 하지만 이러한 능력이 계발되기 전까지는 빛이 유용하게 쓰인다. 빛은 선명하고 맑다. 비록 빛이 여전히 형상계의 것이긴 해도, 그것은 다른 어떤 지각할 수 있는 형상보다도 견고함이 덜하다. 티글레의 심상화는 가교와 같다. 수행자가 빛을 심상화하지 않아도 이미지 없음, 텅 빔, 의식, 또는 빛의 정수인 광휘 속에 머물 수 있을 때까지 유용한 지주가 되어주기 때문이다.

티글레를 가슴 차크라 내의 파란 꽃잎 네 장으로 심상화할 때, 정확한 해부학적 위치가 어디인지 알아내기 위해 애쓸 필요는 없다. 중요한 것은 가슴 부위에 있는 몸의 중심을 느끼는 것이다. 의식과 상상을 활용하여 실제 경험이 일어나는 그 옳은 지점을 찾아보라.

티글레의 색깔은 무작위로 선택된 것이 아니다. 색깔은 의식의 질에 영향을 미친다. 각 빛의 색깔들은 수행에서 통합되어야 할 특정 자질들을 떠올리게 한다. 꿈 요가에서 각 단계마다 특정 차크라, 색깔, 음절이 제시되었던 것과 동일하다. 노랑, 초록, 빨강, 파랑 순으로 한 티글레에서 다른 티글레로 움직여갈 때 다른 자질들이 경험될 수 있는데, 경험의 정도는 각 자질의 차이에 대해 얼마나 민감한지에 따라 다르다.

이 수행은 우리의 정체성을 변화시키는 수행이 아니다. 잠 요가에서, 정체성은 전적으로 포기된다. 탄트라 수행처럼 심상화와 함께 머무는 것은 이 수행의 핵심이 아니다. 그러나 마음은 반드시 무언가를 잡고 있어야 한다. 만약 마음이 빛을 잡고 있지 않다면 다른 무언가를 잡아두려 할 것이다.

우리가 릭빠의 경험을 하기 전에는 의식의 대상이나 주체가 아닌 상태로 자각에 머무는 방법을 상상하기가 어렵다. 일반적으로 의식은 대상을 필요로 한다. 바꾸어 말하면, 형상이나 속성 같은 것들이 의식을 '떠받친다.' 따라서 시각화된 대상이나 주관적 정체성이 소멸되는 수행은, 의식을 떠받치는 이원적인 것들이 사라지는 동안 자각을 유지할 수 있도록 수행자를 훈련시켜준다. 우리는 이러한 수행들을 통해 잠 요가를 준비하지만, 이 수행이 곧 잠 요가인 것은 아니다. '수행'조차도 의식을 떠받치는 요소이기 때문이다. 잠 요가에는 의식을 떠받치는 그 어떤 요소도 없을뿐더러 수행이랄 것도 없다. 대상에 기대는 마음이 근원으로 용해되는 동안, 우리는 잠 요가를 성취하거나 그러지 못하거나 둘 중 하나일 뿐이다.

수행의 진전

    익숙한 길을 따라 운전하는 사람은 대개 현존 의식을 잃곤 한다. 45분에서 한 시간 정도나 걸려 일터로 가는 동안, 그가 제대로 본 것은 아무것도 없다. 그는 기계처럼 운전하면서 직업에 대한 생각이나 휴가에 대한 환상, 또는 고지서 걱정이나 가족들을 위한 계획에 빠져 있다.

    그런 뒤, 그는 수행자가 되어 집으로 운전해가는 동안 최대한 현존 속에 남아보기로 결심한다. 수행을 위해 주어진 시간을 마음 훈련의 기회로 활용하기 위해서다. 그러나 이렇게 하기란 매우 어렵다. 조건화 때문이다. 마음은 자꾸만 이리저리 떠다닌다. 수행자는 마음을 다잡으려 운전대의 느낌, 도로를 따라 펼쳐진 잔디의 색에 집중해본다. 그러나 1분도 채 되지 않아 마음의 활동이 다시 주의를 다른 곳으로 돌리기 시작한다.

명상 수행도 이와 같다. 마음을 신의 이미지나 '아', 또는 호흡에 두어도 1분 후면 다시 이리저리 헤맨다. 30분 동안 계속해서 현존이 유지되려면 몇 년이 걸릴 수도 있다.

꿈 수행을 시작하면 이와 비슷한 진행을 따르게 된다. 대부분의 꿈들은 철저하게 뒤죽박죽일 것이다. 꿈은 그것이 생겨난 속도만큼이나 빠르게 잊힌다. 수행을 하면 명료한 자각의 순간이 생기고, 꿈속에서 현존을 자각하는 시간이 점점 길어질 것이다. 그러나 때때로 명료한 자각을 잃을 것이다. 이번은 아니어도 다음 꿈에서 그럴 수 있다. 우리는 앞으로 나아가고 있다. 그것은 분명하고 확인 가능한 사실이지만, 우리에게는 강한 의도와 근면함이 필요하다.

잠 수행은 대개 더디게 발전한다. 그러나 만일 수행을 한 지 오래되었는데도 진전이 없다면, 즉 현존하는 능력이 계발되지 않거나 삶의 긍정적인 기회를 알아차리지 못한다면 이런 상태를 곧이곧대로 받아들이지 않는 것이 가장 좋다. 정화 수행을 하고, 지키지 못한 서약이 있는지 검토해보고 그것을 치유하라. 아니면 몸의 프라나, 에너지에 대한 작업을 하라. 장애가 무엇인지 확실히 하기 위해서는 다른 수행이 필요할 수 있으며 이는 꿈과 잠 요가의 성취를 위한 기반이 될 수도 있다.

수행자는 덩굴과 같아서, 의지할 것이 있는 곳에서만 자랄 수 있다. 외적인 환경은 삶의 질에 강한 영향을 미칠 수 있다. 그러니 자연환경 속에서 시간을 보내고 수행에 방해가 되는 사람들보다는 수행에 도움이 되는 사람들과 지내라. 진리에 관한 책을 읽는 것,

다른 사람들과 명상 수행하는 것, 법문을 듣는 것, 다른 수행자들과 어울리는 것도 도움이 된다. 수행자들은 자신의 수행과 수행의 결과를 솔직하게 평가할 책임이 있다. 만일 이렇게 하지 않는다면, 실제로는 아무 일도 일어나지 않았는데도 진전이 이루어지고 있다고 믿으며 세월을 허비하기 쉽다.

수행의 장애들

잠 요가가 꼭 잠만을 위한 수행이라고는 할 수 없다. 잠 요가는 깨어 있는 상태, 자는 상태, 명상 상태, 죽음의 상태 모두에서 비이원적 알아차림에 지속적으로 남아 있기 위한 수행이다. 따라서 아래에 나와 있는 장애들은 사실 청정한 빛으로부터 멀어져 이원적이고 윤회적인 경험에 끌려다니는 존재가 겪는, 단 하나의 장애인 것이다. 이러한 장애들은 다음과 같다.

1. 감각적인 현상 또는 정신적인 현상으로 인해 산란해져 낮 동안의 본질적인 청정한 빛의 현존을 잃어버림.
2. 꿈으로 인해 산란해져 잠에서의 청정한 빛의 현존을 잃어버림.
3. 생각으로 인해 산란해져 명상 도중 사마디samadhi(삼매)에서의 청정한 빛의 현존을 잃어버림.

4. 바르도에서 보이는 것들에 의해 산란해져 죽음에서의 청정
   한 빛의 현존을 잃어버림.

1. 낮 동안 본질적인 청정한 빛의 현존을 잃어버림

깨어 있는 삶을 사는 동안에는 외적 현상이 장애가 된다. 우리는 감각 대상의 경험 속에서 길을 잃게 된다. 어떤 소리가 들리면 우리는 그 소리에 이끌리고, 어딘가에서 빵 냄새가 나면 우리는 갓 구워진 빵이라는 백일몽 속에서 길을 잃게 된다. 목덜미의 머리카락이 바람에 휘날리면 우리는 중심 없는 알아차림, 즉 릭빠를 잃고 감각 경험의 주체가 되어버린다. 그러나 우리가 릭빠의 명료함 속에 남아 있다면 다른 경험을 하게 될 것이다. 어떤 소리가 나더라도 그 소리 속의 침묵과 연결되며 현존을 잃지 않게 되는 것이다. 어떤 시각 경험이 나타나더라도 고요함에 뿌리를 내리고 있으면, 우리는 움직이지 않는 마음에 거하게 된다. 외적 현상을 극복하는 방법은, 본질적인 청정한 빛 속의 안정성을 계발하는 것이다. 본질적인 청정한 빛은 밤 동안의 청정한 빛과 같은, 낮 동안의 청정한 빛이다. 낮 동안의 청정한 빛을 알면 우리는 잠에서의 청정한 빛 또한 알 수 있다. 수행은 우리가 지속적으로 순수한 릭빠에 남아 있을 때까지 깨어 있는 삶의 본질적인 청정한 빛을 잠에서의 청정한 빛, 그리고 사마디에서의 청정한 빛과 연결해준다.

2. 잠에서의 청정한 빛의 현존을 잃어버림

잠에서의 청정한 빛을 깨닫는 것을 방해하는 장애는 꿈이다. 꿈이 나타나면 우리는 그에 대해 이원적으로 반응하고 대상 세계 속의 주체가 되는 허구에 빠진다. 이는 첫 번째 장애와 비슷하지만, 외적 장애가 아닌 내적 장애다. 우리는 이미지가 청정한 빛을 가린다고 말하지만 사실은 꿈이 그 명료함을 가리는 것이 아니다. 우리가 명료함으로부터 멀어져 산란해진 것이다. 이것이 바로 수행 초기에 무지의 잠이나 꿈이 나오는 잠을 자지 않게 해달라고 기도하는 이유다. 충분한 안정성이 계발되면, 꿈은 더 이상 우리를 산란하게 하지 않고 우리는 청정한 빛의 꿈을 꾸게 된다.

3. 사마디에서의 청정한 빛의 현존을 잃어버림

사마디에서의 청정한 빛은 명상적인 청정한 빛 또는 의식적인 청정한 빛이다. 이것은 명상 수행 중의 릭빠이다. 수행 초기 단계에서는 생각이 사마디에서의 청정한 빛의 장애가 된다. 수행 중 릭빠 속의 안정성이 계발되면 우리는 생각을 릭빠와 통합시키는 법을 배울 수 있다. 그전까지 우리는 생각이 떠오르면 그것을 붙잡거나 밀어내면서 릭빠에서 멀어져 산란해진다.

이 말을 명상적인 청정한 빛은 오로지 많은 세월 수행한 뒤에야 얻을 수 있는 것이라는 뜻으로 받아들이지 말라. 본성적인 청정한 빛이 찾아지는 삶의 순간들은 많이 있다. 사실, 이것은 어느 때고 찾을 수 있는 것이다. 아무튼 핵심은, 당신은 본성적인 청정한 빛에 들어섰으며 그것을 인지할 수 있다는 것이다.

4. 죽음에서의 청정한 빛의 현존을 잃어버림

죽음에서의 청정한 빛은 바르도의 시각 경험에 의해 가려진다. 우리는 죽음 후의 시각 경험에 의해 산란해지고 그것들과 이원적인 관계가 맺으며 릭빠의 명료함을 잃는다. 앞선 세 장애와 같이, 청정한 빛 속에서 충분히 안정되어 있다면 명료함을 잃지 않게 된다.

바르도가 항상 죽음에서의 청정한 빛을 가리지는 않으며, 생각이 항상 사마디에서의 청정한 빛을 가리지는 않는다. 꿈이 항상 잠에서의 청정한 빛을 가리지는 않으며, 외적 대상이 항상 본질적인 청정한 빛을 가리지는 않는다.

이런 네 가지 장애들에 속한다면 우리는 윤회에서 벗어날 수 없을 것이며, 이렇게 되면 윤회의 덫에 빠져들 일밖에 남지 않은 것이다. 꿈과 잠 수행을 성취하게 되면 청정한 빛을 가리는 것들을 깨달음의 길로 변형시키는 방법을 알게 될 것이다.

잠 수행은 그냥 잠을 자는 게 아닌, 청정한 빛으로 모든 순간을 통합하는 수행이다. 다시 말해, 깨어 있는 삶과 잠, 꿈과 바르도를 통합시키는 수행이다. 이렇게 되면, 해탈이 이루어진다. 모든 생각, 느낌, 인식뿐 아니라 신비주의적 경험과 통찰력은 릭빠의 현존 안에서 발생한다. 이렇게 되었을 때, 이것들이 스스로 해방되고, 텅 빔 속에서 용해되고, 아무 업의 흔적도 남기지 않도록 두라. 그러면 모든 경험이 직접적이고 즉각적이며, 선명하고 충만한 것이 된다.

보조수행

아래는 잠 수행을 보조해주는 수행에 관한 짧은 서술인데, 대부분 마더 탄트라에서 추천하는 것들이다.

대사

잠 수행을 보조하기 위해 당신의 진정한 본성에 대한 더 강한 헌신을 불러일으키라. 머리의 크라운 차크라에 대사大師가 있다고 상상하라. 대사와의 연결과 그에 대한 헌신을 강화하라. 대사와의 연결은 순수한 헌신에 기반한, 매우 순수한 것일 수 있다. 대사를 상상하는 것은 단순한 이미지 심상화 이상의 것이어야 한다. 강한 헌신을 불러일으키고 대사의 현현을 진정으로 느껴보라. 진정성을 갖고 깊이 기도하라. 대사가 빛 속으로 용해되어 당신의 크라운 차크라로 들어와 가슴으로 내려간다. 대사가 그 가슴 중앙에 거한다고 상상한 다음, 잠에 들라.

당신이 대사에게 느끼는 친밀감은 사실 당신 자신의 본성에 대한 친밀감이다. 이것이 바로 라마의 도움이다.

다키니

가슴에서 빛나는 연꽃 위에는 원반 모양의 태양이 얹어져 있는데, 거기에 살제 뒤 달마 다키니가 앉아 있다. 그녀는 맑고 반투명하며, 빛이 난다. 마치 밝은 빛 같다. 그녀의 현존을 강하게 느껴보라. 그녀의 자비와 보살핌을 느껴보라. 그녀는 당신을 보호해주고 있으며, 당신 안에 거하며 당신을 이끌어주고 있다. 그녀는 당신이 전폭적으로 의지할 수 있는 협력자이다. 그녀는 청정한 빛의 정수이자 당신의 목표인 깨달음이다. 그녀를 향한 사랑, 믿음, 존경심을 불러일으키라. 그녀는 깨달음에서 나오는 빛이다. 그녀에게 집중하고 기도를 올리라. 그리고 잠에 들라.

행동

인적 드문 조용한 장소로 가서 온몸에 재를 바르라. 음식을 많이 먹으라. 그러면 몸 안의 에너지 흐름의 장애를 극복하는 데 도움이 된다. 그리고 내면에 있는 것이 무엇이 되었든 간에 미친 듯이 팔짝팔짝 뛰면서 그것을 완전히 표출하라. 당신을 방해하거나 막는 것이 무엇이든 간에 그것을 풀어놓으라. 주변에는 아무도 없다. 감정을 터뜨릴 필요가 있다면 그렇게 하라. 이 카타르시스가 당신을 정화하고 진정시키도록 하라. 당신의 모든 긴장을 표출하라. 이 엄청난 열정을 가지고 스승, 이담, 레퓨즈 트리*, 다키니에게 기도

★ refuge tree: 탄트라 불교 수행에 쓰이는 그림이다. 각 종파, 법맥을 지켜주는 수호자들이 그려져 있다. 역주.

하라. 기도에 열중하면서 청정한 빛의 경험을 요청하라. 그리고 깨어남의 경험 속에서 잠들라.

기도

만약 낮 동안의 청정한 빛, 명상에서의 청정한 빛, 잠에서의 청정한 빛을 아직 경험하지 못했다면 이것들을 경험하게 해달라고 기도하고 또 기도하라. 단순하지만 강력한 기도와 기원의 힘은 잊어버리기가 쉽다. 우리는 기도가 뭔가 비범한 것이어야 한다고 생각하며, 우리 외부의 어떤 엄청난 힘을 기대한다. 하지만 그것은 이 기도의 경우와는 다른 얘기다. 중요한 것은 의도와 바람을 강하게 느끼면서 가슴을 다하여 기도하는 것이다.

용해

이 연습을 하면 수행을 할 때 어떻게 집중을 해야 하는지에 대한 감각이 생길 수 있다. 수행은 빛과 그 빛을 인식하는 자로 시작된다. 이 둘을 통합하겠다는 의도를 가지라.

몸을 완전히 이완하라. 눈을 감고 엄지의 지문 크기인 희끄무레한 파란 티글레가 가슴 중앙에 있다고 심상화하라. 천천히 그것을 확장시켜 퍼져나가게끔 하라. 티글레의 빛을 보는 것도 좋지만 더 중요한 것은 그것을 느끼는 것이다. 빛이 당신의 가슴에서 빛나게 하라. 아름다운 파란 빛이 비치면 그 빛에 닿는 모든 것이 용해된다. 당신이 있는 방, 집, 도시, 지역, 나라까지 모두 용해시키라.

세상의 모든 것, 즉 태양계, 우주 전체를 용해시키라. 장소, 사람, 물건, 생각, 이미지, 느낌 등 마음이 닿는 모든 것이 용해된다. 욕계, 색계, 무색계로 이루어진 삼계도 용해된다. 외적인 모든 것이 빛 속에 용해되고 나면, 빛을 당신 자신에게로 가지고 오라. 당신의 몸이 용해되도록 하라. 그리하여 당신의 몸이 파란 빛이 되어 주변의 파란 빛과 하나되게 하라. 그런 후 모든 생각, 모든 정신적 사건들 포함한 당신의 마음도 용해시키라. 당신 삶의 모든 문제들을 용해시키라. 빛과 하나되라. 빛이 되라. 이제 안과 밖, 나와 나 아닌 것은 없으며 실재하는 세계의 감각, 자아의 감각도 없다. 오로지 가슴속 광휘만이 있다. 다시 말해, 이제는 만연한 공간만이 있다. 경험은 여전히 생겨난다. 무엇이 생겨나든 자연스럽게 그것을 파란 빛 속으로 용해시키라. 어떤 노력도 없이 그렇게 되도록 하라. 오로지 빛만이 있다. 그리고 그 빛마저 천천히 공간 속으로 용해된다.

그곳이 바로 당신이 자는 동안 남아 있어야 할 곳이다.

확장과 수축

이번 수행 역시 위의 것들과 비슷한 수행이긴 하지만 잠 요가를 도와주는, 조금 더 정식적인 수행이라고 할 수 있다. 양쪽 콧구멍의 날숨에서 수천 개의 파란 '훙'이 나오는 것을 심상화하라. 그것들은 가슴에서 생겨났으며, 채널들을 타고 올라가 호흡과 함께 콧구멍으로 나온다. 이 수천 개의 '훙'이 퍼져나가 모든 공간과 모든 차원들에 스며들고, 그것에 닿는 모든 것을 용해시킨다. 그들의 광휘는 모든 공간을 환히 밝힌다. 그리고 들숨과 함께 '훙'의 빛이 다시 돌아온다. 안과 밖이 없어질 때까지 몸과 마음을 환히 밝히고 용해시키면서 말이다. '훙'의 빛이 확장하고 수축하는 것만이 남을 때까지 이를 심상화하라. 빛 속으로 용해되라. 그리고 비이원적 상태에 머무르라. 이 호흡을 스물한 번 반복하되, 할 수 있다면 더 해도 좋다. 낮 동안에 가능한 한 자주 이 수행을 하라.

티베트 음절 '훙'

마음은 속임수를 쓴다. 마음이 쓰는 주요 속임수는 그 자신을 주체로 상정한 후 나머지 모든 것들을 그 주체로부터 분리된 것으로 여기는 것이다. 이 수행에서, 당신 자신의 외부에 있다고 인지되는 모든 것은 날숨 속으로 녹아든다. 인지하는 자는 들숨 속으로 용해된다. 외부와 내부 모두 맑게 빛나면서 서로 하나되기 시작한다. 그렇게 그 둘은 구분이 없어진다. 마음이 산란 속으로 도피하면 마음 뒤에 파란 '훙'과 알아차림이 따라붙게 하라. 마음이 어떤 대상에 가닿으면 그 대상을 빛 속으로 용해시키라. 마음이 다시 자기 자신을 주체로 정하면 그 주체 역시 용해시키라. 결국에는 고착된 감각, 이곳과 저곳의 감각, 이것과 저것의 감각, 대상과 주체의 감각도 모두 용해될 수 있다.

일반적으로, 이런 수행들은 청정한 빛을 경험하는 데 도움이 된다고 여겨진다. 그러나 이 수행은 일단 한번 알게 된 청정한 빛의 경험을 연장시키고 유지하는 데도 도움이 된다.

통합

일단 한번 릭빠를 경험하면 삶의 모든 것이 릭빠와 통합된다. 이것이 수행의 기능이다. 삶은 어떤 형태를 취할 필요가 있다. 만일 그 형태를 우리가 잡지 않으면, 카르마가 그 형태를 좌우하게 될 것이다. 이렇게 되길 원하는 사람은 아마 없을 것이다. 수행이 삶과 점점 더 통합되어갈수록, 당신에게 많은 긍정적 변화가 나타날 것이다.

청정한 빛을 삼독과 통합하기

청정한 빛은 반드시 세 가지 근본적인 독인 삼독三毒과 통합되어야 한다. 다시 말하자면 욕심, 성냄, 어리석음으로 나타나는 탐貪, 진瞋, 치癡와 통합되어야 한다는 말이다.

잠 요가는 첫 번째 독인 어리석음과 청정한 빛을 통합시키는 데 쓰인다.

욕심을 청정한 빛과 통합시키는 것은 자는 동안 청정한 빛을 발견하는 것과 유사하다. 우리가 잠의 어둠에 빠져 헤매고 있을 때는 청정한 빛이 숨겨져 있다. 우리가 욕심에 빠져 헤매고 있을 때도 마찬가지로 우리의 진정한 본성이 가려진다. 그러나 무지의 잠은 모든 것을, 심지어 자아감까지도 완전히 가려버리는 반면, 욕망은 특정 상황에서 릭빠를 가려버린다. 그러면 욕망의 주체와 대상 사이에 강한 분리가 만들어진다. '원함' 그 자체는 결핍의 느낌에서 생겨나는 의식의 수축이다. 그리고 이 결핍은 우리가 진정한 본성에 거하지 않는 한 계속 남아 있다. 비록 일체성에 대한 갈망 혹은 릭빠의 완전한 깨달음을 성취하겠다는 가장 순수한 욕망이라고 하더라도, 그것은 곧 다른 것들에 집착하기 시작할 것이다. 우리는 직접적으로 마음의 본성을 알 수 없기 때문이다.

우리가 욕심의 대상에 고착되기보다 욕심을 직접적으로 관찰한다면, 그 욕심은 용해된다. 만약 우리가 순수한 현존에 거할 수 있다면 욕심, 욕심부리는 주체, 욕심의 대상이 모두 청정한 빛을 드러내며 그들의 공한 본질 속으로 용해될 것이다.

또, 우리는 욕망의 충족을 수행의 도구로 사용할 수도 있다. 공과 명료함의 합일에는 기쁨이 있다. 티베트 도상圖像에서는 이것이 남성 신과 여성 신이 결합하는 형상인 얍윰yab yum으로 나타난다. 이러한 형상들은 지혜와 방편, 공과 명료함, 쿤지와 릭빠의 비이원적 합일을 나타낸다. 이원성의 양극이 하나가 될 때, 예컨대 욕망의 대상과 욕망의 주체가 하나가 될 때 기쁨이 생겨난다. 욕망이 충족되는 순간, 욕망이 그치게 되고 욕망의 주체와 욕망의 대상 사이의 명확한 이원성은 무너진다. 이원성이 무너지면 근본 바탕, 쿤지가 드러난다. 보통은 업의 습관이 지닌 힘이 우리를 릭빠의 경험이 아니라 이원성의 다음 움직임으로, 거의 무의식적인 상태로 건너뛰게 만들긴 하지만 말이다.

여성과 남성의 성적 결합에 관한 수행을 예로 들어보자. 대개 우리의 오르가슴의 경험은 거의 무의식적인, 꿈 같은 즐거움 중 하나이다. 오르가슴은 욕망을 충족시킴으로써 욕망과 들뜬 마음을 소진시킨다. 그러나 우리는 거기서 헤매는 대신, 그 지복과 알아차림을 통합시킬 수 있다. 만약 이 경험의 주체와 객체를 분리하지 않고 완전한 알아차림을 유지한다면, 우리는 이 상황을 신성을 찾는데 활용할 수 있다. 오르가슴의 순간, 움직이는 마음은 잠시 줄어들고 공한 바탕이 드러난다. 이 순간을 알아차림과 통합시키면 특히나 탄트라 가르침에서 언급되는, 공과 지복을 통합시키는 경험을 하게 된다.

이처럼 우리가 우리 자신을 잃게 되는 상황은 많이 있으며, 이러한 상황은 우리의 본성을 찾을 기회가 될 수 있다. 우리가 오르가슴이나 강렬한 쾌락 속에서만 길을 잃게 되는 것은 아니다. 작은 쾌락 속에서도 우리는 현존을 잃어버리고 쾌락의 대상 혹은 쾌락의 느낌에 발이 묶여버린다. 이렇게 되는 대신, 우리는 쾌락 그 자체가 완전한 알아차림을 상기시켜주는 기제가 되도록 우리 자신을 훈련시킬 수 있다. 또 현재의 순간이나 몸, 감각에 알아차림을 가져오는 기제나 산란에서 벗어나도록 하는 기제가 되도록 연습할 수도 있다. 이것은 욕망을 청정한 빛과 통합시키는 방법 중 하나이다. 이 방법은 모든 경험에 적용할 수 있으며 주체와 대상이 있는 어떠한 이원적 상황에서도 쓸 수 있다. 쾌락이 수행으로 향하는 문이 되면 쾌락을 잃지 않게 된다. 우리는 쾌락을 반대할 필요가 없다. 주체와 대상이 청정한 빛 속에서 용해되면 공과 명료함의 결합이 경험되고, 기쁨이 생긴다.

성냄이나 혐오에 대한 접근도 이와 비슷하다. 만약 우리가 분노에 관여하고, 분노와 자기 자신을 동일시하고, 분노에 휘둘리는 것이 아니라 그것을 그저 관찰한다면 그 대상에 대한 이원적 강박 상태가 그치고 분노는 공 속으로 용해될 것이다. 만약 현존이 이러한 공 속에서 유지된다면 주체 역시 용해된다. 이 빈 공간 속의 현존은 청정한 빛이다.

'순수한 현존을 관찰한다'는 것은 우리가 분노한 자아로 남아 있다는 뜻이 아니라 우리가 분노가 발생하는 공간인 릭빠 그 자체라는 뜻이다. 이런 식으로 관찰해보면 분노는 공한 본질 속으로 용해된다. 공간에서 용해가 이루어진다. 이것이 바로 청정함이다. 그러나 여전히 알아차림과 현존은 존재한다. 이것이 바로 빛이다. 분노가 더 이상 청정한 빛을 가리지 못하므로 이러한 공과 현존은 분노와 통합된다. 생각들을 이런 방식으로 관찰해본다면, 그리고 관찰자와 관찰 대상이 모두 사라진다면 릭빠의 경험만이 있게 된다.

족첸은 결코 복잡하지 않다. 족첸 경전에는 종종 "나는 너무나 단순하므로 당신은 나를 이해하지 못한다. 나는 당신과 너무나 가까우므로 당신은 나를 보지 못한다"와 같은 구절들이 나와 있다. 우리가 먼 곳을 바라보면 우리 가까이에 뭐가 있는지 알아차리지 못한다. 우리가 미래를 바라보면, 현재를 잃게 된다. 경험의 모든 차원에서 이런 일이 일어난다.

티베트에는 이런 말이 있다. "지혜가 많을수록 생각이 적어진다." 이 말이 시사하는 바는 두 가지다. 수행이 명료하고 안정될수록 생각은 경험을 덜 지배하려 든다. 어떤 사람들은 이것을 두려워한다. 예를 들어, 그들은 분노의 감정을 놓아버리면 자신들이 만연한 사회악을 방치하게 될까 봐 두려워한다. 개선의 동기를 부여하기 위해서는 분노가 필요하다는 식인 것이다. 그러나 이것은 사실이 될 수 없다. 수행자로서, 우리의 인습적인 삶에 책임을 지는 것은 중요한 일이다. 나쁜 일이 일어나면 반드시 그것을 책임지고 수습해야 한다. 무언가 잘못되었다면 반드시 그것을 짚고 넘어가야 한다. 무언가 잘못된 게 없어 보인다면 굳이 그런 것을 찾아내야 할 필요는 없다. 대신, 자연스러운 상태에 남아 있으라. 화가 났다면 그 화를 반드시 살펴봐야 한다. 그러나 화가 나지 않았다고 해서, 우리가 중요한 어떤 것을 놓친 것은 아니다.

나는 자칭 족첸 수행자라고 하는 사람들을 많이 만나보았다. 그들은 자신이 통합되었다고 말한다. 티베트에는 이런 말도 있다.

"티베트와 네팔 사이 국경에 있는 가파르고 험한 곳을 오를 때 나는 삼보*에 귀의한다. 꽃이 만발한 아름다운 계곡을 내려갈 때 나는 노래를 부른다." 삶의 일이 잘 풀릴 때는 자신이 통합되었다고 말하기가 쉽다. 그러나 강력한 감정적 위기가 족첸 수행자인지 아닌지를 가르는 진짜 시험이라고 할 수 있다. 바로 여기서 족첸 수행의 정밀성이 나타난다. 우리는 삶에서 일어나는 상황들에 스스로 어떻게 반응하는지 주의를 기울임으로써 우리 자신이 수행과 얼마나 통합되었는지를 알 수 있다. 너무나도 사랑하는 사람이 떠났을 때, 통합의 아름다운 노랫말은 다 어디로 가버렸는가? 우리는 고통을 경험한다. 그리고 이 고통조차 반드시 통합되어야 한다.

통합과 시간의 주기

전통적으로 수행은 관점, 명상, 행동이라는 세 측면에서 논해진다. 여기서는 행동에 대해 논해보고자 한다. 행동은 시간의 주기들에 따른 외적 통합, 내적 통합, 비밀스러운 통합과 관련하여 기술된다.

대개 우리는 하루를 보내며 에너지와 현존을 잃게 된다. 그러나 수행이 진전되면 우리는 우리를 더 안정적인 청정한 빛의 경험으로 데려다주는 시간의 통로를 활용하는 법을 배우게 된다.

★ 三寶: 부처, 부처의 가르침, 부처의 가르침을 따라 수행하는 사람들을 말한다. 역주.

외적 통합: 청정한 빛을 낮과 밤의 주기와 통합하기

낮과 밤의 스물네 시간을 순수한 현존의 청정한 빛을 지속하는 데 도움이 되는 주기로 나누어볼 수 있다. 옛날 사람들은 자연스러운 낮과 밤의 주기를 따라 움직였지만 이제는 얘기가 다르다. 어쩌면 당신은 밤에 일하는 사람일 수도 있다. 이처럼 낮과 밤이 바뀐 생활을 하고 있다면 가르침을 당신의 상황에 맞게 조정하라. 비록 낮과 밤의 시간이 우리에게 에너지적으로 각각 다른 영향을 미치긴 하지만, 가르침에서 묘사된 경험이 태양의 위치에 따라 좌우된다고 믿을 필요는 없다. 그 대신, 이 시간들이 내적 과정을 위한 비유라고 생각하라. 마더 탄트라는 다음과 같이 하루를 네 주기로 분류했다.

1. 현상이 근본 바탕 속으로 소멸하는 주기
2. 의식이 열반에 도달하는 주기
3. 선천적인 알아차림이 의식에 생겨나는 주기
4. 깨어 있는 상태에서 두 진리가 균등화되는 주기

1. 현상이 근본 바탕 속으로 소멸하는 주기

첫 번째 주기는 일몰에서 잠자리에 들 때쯤 사이의 시간이다. 이 주기 동안 모든 것이 어두워지기 시작한다. 감각 대상들이 잘 느껴지지 않고 감각 경험도 줄어든다. 내적 감각 기관들의 힘이 줄어든다. 마더 탄트라는 외적 현상, 감각, 인습적인 자아, 생각, 감정, 그리고 의식이 잠이라는 근본 바탕 속으로 소멸되어가는 이러한 현상을 수많은 강줄기들이 바다를 향해 흘러가는 것으로 비유한다.

당신은 저녁 동안 일어나는 이러한 과정을 상상해볼 수 있다. 어둠을 향해가는 대신, 당신의 진정한 본성의 더 큰 빛으로 향해가라. 여러 강줄기의 경험으로 퍼져나가 분열되기보다는 릭빠의 일체성을 향해 흘러가라. 보통, 우리는 비워지고 있는 강줄기들과 연결되어 있다. 그러나 수행은 충만해지고 있는 바다, 근본 바탕과 연결된 상태로 남아 있기 위한 것이다. 모든 것은 청정한 빛의 광대하고 평화로운, 빛나는 바다를 향해간다. 밤이 가까워지면 무의식이 아닌, 비이원적 알아차림의 완성을 향해 흘러가라.

이것이 네 주기 중의 첫 번째 주기이다.

2. 의식이 열반에 도달하는 주기

두 번째 주기는 당신이 잠들 때 시작되어서 아침에 일어났을 때, 즉 전통적으로 동이 틀 무렵에 끝이 난다. 이 주기의 고요와 정적을 상상해보라. 경전에서는 모든 것이 어두워질 때 빛이 생겨난다고 말한다. 이는 암흑 속에서의 안거와 비슷하다. 암흑 속에서의 안거에 들어가면 너무나도 어둡다. 그러나 곧 빛으로 가득 차게 된다.

청정한 빛과 완전히 통합된 잠을 자는 동안 현존 속에 남아 있으라. 외적인 현상, 생각, 느낌이 근본 바탕 속으로 용해된 후에도 현존 속에 남아 있다면 윤회의 경험이 멈춘 열반에 든 것과 거의 같아진다. 완전히 공하지만, 지복이 있다. 이것을 깨치게 되면 지복과 공함이 하나가 된다. 이것이 바로 암흑 속에서 보이는 빛이다.

그렇다고 해서 당신이 청정한 빛의 경험이 있는 잠을 잘 때까지 기다려야만 한다는 것은 아니다. 잠들기 전에도 청정한 빛에 거할 수 있도록 노력하라. 가능하다면 잠 요가의 심상화를 하는 중에도 릭빠에 남아 있으라.

이것이 두 번째 주기, 감각과 의식이 청정한 하늘의 만다라처럼 되는 주기이다. 아침까지 이 상태를 되도록 많이 관조하라.

3. 선천적인 알아차림이 의식에 생겨나는 주기

세 번째 주기는 잠에서 깨어났을 때 시작되어서 마음이 완전히 활성화될 때까지 계속된다. 경전에는 이 시간대가 동이 틀 무렵에서부터 해가 뜰 때까지라고 나와 있다. 이 시간의 특성을 상상해 보라. 희미한 빛이 처음 어두운 하늘에 나타났다가 점점 확장되어 아름다운 낮이 된다. 고요는 새 소리, 사람들이나 차량 소리 등 활기찬 소리로 가득 차게 된다. 내적으로, 이는 잠의 고요에서 일상에의 완전한 참여로 옮겨가는 것이다.

가르침에서는 아주 이른 아침에 일어나는 것을 추천한다. 가능하다면 인습적인 마음 속에서가 아닌, 마음의 본성 속에서 깨어나라. 관찰자와 동일시되지 않은 상태에서 관찰하라. 이는 기상 직후의 순간에 조금 더 쉽게 이루어진다. 이때는 개념적인 마음이 아직 완전히 깨어나지 않았기 때문이다. 순수한 현존 속에서 깨어나려는 의도를 강화하라.

네 번째 주기는 일상에 완전히 참여하게 되었을 때 시작되어 해가 질 때까지 이어진다. 이 주기는 활동으로 바쁜 하루를 보내며 다른 사람들과 관계 맺는 시간이자 형상, 언어, 느낌, 냄새 등 세상 속에 완전히 몰두해 있는 시간이다. 감각들은 완전히 활성화되어 감각 대상들에 점령된다. 여전히, 당신은 릭빠의 순수한 현존을 유지하려 노력해야 한다.

경험 속에서 자기 자신을 잃으면 당신은 세상에 의해 혼란을 겪게 된다. 그러나 마음의 본성에 거하면, 당신은 물어볼 질문이나 대답이 필요한 질문을 찾을 수 없게 될 것이다. 심오한 비이원적 현존에 머무르는 것은 모든 질문을 충족시켜준다. 이 한 가지를 알면 모든 의심이 끊어진다.

이것이 인습적인 진리와 궁극적인 진리가 명료함과 공의 결합 속에서 균등화되는 네 번째 주기이다.

내적 통합: 청정한 빛을 수면 주기와 통합하기

이번 진행 과정 역시 앞서 나온 것과 비슷하다. 하지만 이는 스물네 시간 주기를 다룬다기보다는 일어나고 잠드는 한 번의 주기 동안 현존의 지속성을 계발하는 것에 초점을 맞추고 있다. 따라서 그 잠이 낮잠이든 밤 동안의 수면 시간이든 큰 상관이 없다. 잠들기 전에 우리에게 수행의 기회가 주어졌음을 기억해야 한다. 잠은 유익한 것이며, 수행과 건강 모두를 챙길 수 있는 기회이다. 만약 수행이 부담으로 느껴진다면 수행에 감화되어 기꺼이 노력할 수 있게 되기 전까지는 수행을 하지 않는 것이 좋다.

다시 말하지만, 주기는 네 가지로 나뉜다.

1. 잠들기 전 주기

2. 잠든 후 주기

3. 깨어났으나 완전히 세상의 활동에 참여하지는 않는 주기

4. 다음 잠에 들기 전까지 활동하는 주기

1. 잠들기 전 주기

잠들기 전 주기는 잠자리에 누워 잠이 오기 전까지를 말한다. 모든 경험은 근본 바탕 속으로 용해된다. 다시 말해, 강줄기들이 바다로 흘러간다.

2. 잠든 후 주기

마더 탄트라는 이 주기를 다르마카야(법신불), 즉 청정한 빛에 빗댄다. 감각들의 외적 세계는 텅 비어 있지만 아직 알아차림이 남아 있다.

3. 깨어났으나 완전히 세상의 활동에 참여하지는 않는 주기

명료함이 있으며 집착하는 마음이 아직 깨어나지 않은 주기이다. 이는 완벽한 삼보가카야(보신불)와 비슷하다. 텅 비었을 뿐 아

니라 완전히 명료하다.

4. 다음 잠에 들기 전까지 활동하는 주기

집착하는 마음이 활성화되기 시작하는 바로 이 순간은 니르마나카야Nirmanakaya(화신불)의 나타남과 비슷하다. 활동, 생각, 인습적 세상이 '시작'되었지만 청정한 빛은 유지된다. 경험의 세계는 릭빠의 비이원성 속에서 나타난다.

비밀스러운 통합: 청정한 빛을 바르도와 통합하기

이 수행은 청정한 빛을 사후의 중음, 즉 바르도와 통합시키는 것과 관계된 수행이다. 죽음의 과정은 잠에 드는 과정과 유사하다. 비밀스러운 통합의 네 단계 역시 앞서 서술한 것들과 비슷하다.

1. 소멸
2. 깨어남
3. 경험
4. 통합

1. 소멸

죽음의 첫 단계에서는 몸 요소들의 해체, 감각 경험의 용해, 내적 요소의 에너지 방출, 감정의 중단, 생명력의 용해, 의식의 용해가 일어난다.

2. 깨어남

태초의 순수한 바르도인 카다그, 즉 사후의 첫 번째 바르도가 바로 깨어남 단계이다. 대개 무의식적인 주기이며 마치 잠에 드는 순간과 비슷하다. 성취를 이룬 요기는 이 단계에서 모든 이원적 정체성을 놓아버리고 바로 청정한 빛 속으로 들어가 해탈할 수 있다.

3. 경험

이 단계에서는 청정한 빛의 바르도인 욘살, 즉 환영을 경험하게 되는 바르도가 생겨난다. 이는 공백의 잠으로부터 의식이 다양한 형태로 나타나는 꿈이 생겨나는 것과 비슷하다. 대부분의 사람은 이원적 자아로 여겨지는 경험의 한 부분과 자신을 동일시한다. 그리고 마치 윤회의 꿈속에서처럼, 의식의 대상들로 여겨지는 것들에 대해 이원적으로 반응한다. 이 바르도에서도 역시 성취를 이룬, 준비된 요기는 해탈할 수 있다.

4. 통합

다음은 시페^{sipé}라고 불리는 존재의 바르도다. 준비된 수행자는 인습적 현실을 릭빠와 통합한다. 이는 인습적인 진리와 절대적인 진리, 두 진리를 다시 균등화하는 것이다. 만일 이 능력이 아직 계발되지 않았다면, 개인은 망상에 불과한 인습적 자아를 정체성으로 삼고 환영을 경험하게 만드는 마음의 투사에 이원적으로 결부되어버린다.

위의 네 주기는 죽음의 과정에서 거쳐가는 단계들이다. 청정한 빛과 연결되려면 반드시 이 단계들 속에서 자각을 해야 한다. 죽음이 다가올 때, 우리는 감각 경험들이 용해되기 전에 릭빠 속에 거해야 한다. 가능하다면 말이다. 바르도에 들어갈 때까지 기다리고 있지 말라. 예를 들어, 청력이 사라지고 시각 경험만 남게 되면 그것을 다른 감각들에 의해 산란해지지 말고 완전히 현존해 있으라는 신호로 받아들이라. 릭빠 속으로 완전히 들어가는 것이 이후 벌어질 상황에 대한 최고의 준비다.

모든 꿈 수행과 잠 수행은 죽음을 준비하는 수행이라고 할 수 있다. 죽음은 교차로다. 죽는 이들에게는 두 갈래의 길이 있다. 어떤 일이 일어날지는 수행의 안정성에 달려 있다. 수행이 안정되어 있든 그렇지 않든, 인간은 릭빠에 완전히 거할 능력이 있다. 물론 조금 더 어렵긴 하겠지만, 교통사고 같은 갑작스러운 죽음에서조차 항상 죽음이 닥쳤다는 것을 인식할 순간은 존재한다. 이를 인식한 직후에는 반드시 마음의 본성과의 통합을 시도해야 한다.

많은 사람들이 임사체험을 한다. 그들은 임사체험 후에 죽음에 대한 두려움이 사라졌다고 말한다. 그들은 그 순간을 경험해봤기에 아는 것이다. 우리는 죽음의 순간에 대해 생각할 때, 있는 그대로의 현실이 아니라 실제보다 부풀려진 공포의 환상 속에 있게 된다. 두려움이 사라지면 현실과 수행의 통합이 쉬워진다.

세 가지 통합: 결론

스물네 시간의 주기, 잠과 깨어남의 주기, 죽음의 과정이라는 이 세 가지 상황 모두가 비슷한 순서를 따른다. 첫 번째는 소멸이다. 그다음은 공인 다르마카야(법신불), 명료함인 삼보가카야(보신불), 나타남인 니르마나카야(화신불) 순으로 진행된다. 원칙은, 언제나 비이원적 현존에 남아 있으라는 것이다. 꿈 요가와 잠 요가에서처럼 과정을 나눠둔 것은 단지 흘러가는 순간 속에서 우리의 의식을 쉽게 잡아두기 위해서이다. 또, 우리의 장래를 생각하게 하고, 불가피한 경험을 순수한 현존의 수행에 도움이 되는 것으로 활용하도록 우리를 훈련시키기 위해서이다.

행동은 외적인 시간의 경과와 결부되어 있다. 그러나 마음의 본질적인 상태에는 끊어짐이 없다. 우리가 그 밖으로 나오지 않는 한은 말이다. 모든 경험을 수행과 연결시키기 위해, 알아차림을 유지하라. 물론 부수적인 환경에 의해 도움을 받을 수 있다. 이것이 바로 우리가 시간 주기를 따져본 이유이다. 이른 아침, 잠을 자지 않고 밤을 새운 다음 날, 기진맥진해졌을 때, 푹 쉬고 있을 때… 그 모든 시간이 도움이 된다. 통합에 도움이 되는 순간들은 이외에도 많다. 용변이 매우 급할 때 화장실에 가서 볼일을 보는 순간, 오르가슴의 경험, 무거운 것을 들고 가다 내려놓고 쉬면서 완전히 기진맥진한 상태로 있을 때가 그 예다. 매번 내쉬는 호흡조차도 알아차림을 가지고 행한다면 릭빠의 경험에 도움이 될 수 있다. 우리에게는 반은 지쳐 있고 반은 깨어 있는 순간들이 수없이 많다. 언제나 깨어 있는 반쪽, 우리는 그것을 향해 가야 한다. 그래야 지쳐 있고 잠들어 있는 반쪽도 깨울 수 있다. 반면 우리 자신을 지치고 잠든 반쪽과 동일시할 때는 그 깨어 있음이 가려진다. 그러나 엄밀히 말하면 구름은 절대 햇빛을 가릴 수 없다. 구름은 오직 태양을 바라보는 사람을 가릴 뿐이다.

지속성

우리가 자는 동안 청정한 빛을 찾지 못하는 이유는 마음이 꾸며낸 것들에 습관적으로 동일시되기 때문이다. 같은 이유로 인해 우리의 깨어 있는 삶 역시 산란하고, 꿈 같으며, 불명확하다. 우리는 자연 그대로인 비이원적 릭빠를 경험하지 못하고 공상과 정신적 투사의 경험에 갇힌 채 남아 있다.

하지만 알아차림은 지속적이다. 우리가 잠을 잘 때조차 누군가 우리의 이름을 작게 부르면 우리는 그것을 듣고 반응한다. 하루 중 가장 산만한 때라 하더라도 우리는 주변 환경을 알아차리고 있다. 분별없이 어딘가에 떨어지거나 벽을 향해 걸어가지는 않으니까 말이다. 이런 의미에서, 현존은 언제나 존재한다. 알아차림 역시 끊임이 없긴 하지만 뿌예지고 가려질 수 있다. 밤중에 무지의 암흑화를 뚫고 나아가면 우리는 환한 청정한 빛으로 들어가 거하게 된다. 깨어 있는 삶을 사는 동안 움직이는 마음의 망상과 흐릿한 공상들을 뚫고 나아가면 우리는 늘 한결같은 근원의 순수한 알아차림, 즉 불성을 찾게 된다. 일상 속에서의 산란과 무의식적인 잠은 무지의 두 얼굴이다.

수행에 한계가 되는 것은 오로지 우리가 창조한 것들뿐이다. 수행을 명상, 꿈, 잠 등의 주기들로 구분하지 않는 것이 가장 좋다. 궁극적으로, 우리는 잠잘 때든 깨어 있을 때든 상관없이 모든 순간에 완전히 릭빠에 머물러야만 한다. 이렇게 될 때까지 수행은 모든 순간에 적용되어야 한다. 그러나 우리가 배운 모든 수행을 반드시 해야 한다는 것은 아니다. 수행을 시험해보면서 무엇이 수행의 본질이고 방법인지 이해하려 해보라. 그러면 수행이 더 많이 진전되었음을 알게 될 것이다. 이를 릭빠 속에서의 안정성을 얻을 때까지 계속하라. 수행의 요소들은 임시적인 것이다. 몸의 자세, 준비, 심상화, 잠 그 자체까지도 일단 한번 청정한 빛을 직접 알게 되고 그 빛에 거하게 되면 중요하지 않게 된다. 청정한 빛의 경험은 수행의 상세사항들을 통해 이루어지지만, 한번 이 청정한 빛에 이르게 되면 수행이 필요 없어진다. 오직 청정한 빛만이 있을 뿐이다.

PART 6

상세 설명

다음의 내용은 수행이 이해 속에 자리 잡을 수 있도록 추가한 잠 요가와 꿈 요가에 관한 해설이다.

수행의 정황

탄트라와 족첸에서 수행자와 스승의 관계는 극도로 중요하다. 수행자는 반드시 스승에게 가르침을 전수받아야 하며 릭빠 속에서의 안정성을 계발해야 한다. 이렇게 하지 않으면 수행자가 개념적인 분별 상태에 남아 있기 때문에, 영적 여정에 필수적인 섬세한 이해력을 갖추기 어렵다. 마음의 본성은 개념을 초월한다. 지적인 이해 없이 경험의 수준을 높이기 어려운 것이 사실이지만, 가르침을 체득하지 못한다면 수행자에게는 오직 추상적인 철학이나 신조만 남게 된다. 이는 정작 그 자신의 질병은 인지하지 못하면서 의학을 공부하는 것과 같다. 지식은 사용되지 않으면 쓸모가 없다. 그저 자신이 릭빠 안에 거하는 중이라고 생각하거나 청정한 빛을 안다고 생각하는 것은 바람직하지 않다. 진정한 앎으로써 그 안에 거하는 것은 그저 그 가르침에 대해 생각하거나 말하는 것이 아니라, 그 가르침이 가리키는 경험을 실제로 살아가는 것이다. 수행자는 릭빠가 됨으로써 릭빠가 무엇인지를 배우고, 자신의 진정한 본성인 지혜를 발견함으로써 개념적인 마음 너머의 지혜를 알게 된다.

그렇긴 하더라도, 꿈 요가와 잠 요가에 관한 경전을 지적으로 올바르게 이해하는 것은 수행자가 지시받은 수행을 지속하고, 실수를 피하며, 수행의 결실을 인지할 준비를 할 수 있게 도와준다. 수행자는 명료한 이해로써 자신의 경험을 가르침과 비교하여 점검해볼 수 있으며, 어떤 다른 경험을 릭빠라고 잘못 생각하는 실수를 피할 수 있다. 물론 언젠가는 자신의 경험들을 스승과 지속적으로 교류하며 직접 받는 가르침에 따라 점검해봐야만 한다. 비록 스승과 자주 만날 수는 없는 상황이더라도 말이다.

마음과 릭빠

우리가 자신의 진정한 본성을 인식하고 거기에 머무를 때, 무지와 고통으로부터 해방된다. 이 인식의 주체는 개념적인 마음이 아니라 근본적인 마음, 마음의 본성, 릭빠이다. 수행에서, 우리의 필연적인 과업은 개념적인 마음과 마음의 본성의 순수한 알아차림을 분별하는 것이다.

개념적인 마음

개념적인 마음 혹은 움직이는 마음은 우리가 매일 경험하는 익숙한 마음이다. 이러한 마음은 계속되는 생각, 기억, 이미지, 내적 독백, 판단, 의미, 감정 및 공상으로 바쁘다. 이는 보통 '나'와 '나의 경험'에 동일시되어 있는 마음이다. 이것의 근본적인 동력은 이원적 존재관에서 나온다. 개념적인 마음은 그 자신을 대상 세계의 주체로 만들며, 경험의 어떤 부분에만 집착하고 나머지는 밀어내 버린다. 또, 가끔 거친 반응을 보일 때도 있지만 명상을 할 때나 강한 집중을 할 때는 극도로 차분하여 감지하기 힘들 때도 있다. 개념적인 마음은 주변 환경을 관찰하는 실체라는 내적 태도를 유지하며 이원성에 계속해서 참여한다.

개념적인 마음은 언어나 생각에 국한된 것이 아니다. 명사와 동사, 주어와 목적어 등의 언어는 필연적으로 이원성을 겪게끔 하지만, 개념적 마음은 언어의 습득 이전부터 활성화된다. 따라서 영유아나 언어 능력 없이 태어난 이들도 개념적 마음을 지니고 있으며, 동물들도 개념적인 마음을 지니고 있다. 이는 우리가 자아 감각을 기르기 전, 우리가 태어나기도 전부터 존재하던 습관적인 업의 경향성 때문이다. 이것의 본질적인 특징은, 본능적으로 대상과 주체, 나와 나 아닌 것을 분리하여 이원적으로 경험을 나눠버린다는 점이다.

마더 탄트라에서는 이러한 마음을 '활동적으로 나타난 마음' (active manifestation mind)이라 말한다. 이 마음의 발생은 업의 프라나의 움직임과 생각, 개념, 기타 정신적 활동의 형태로 나타나는 것들에 달려 있다. 개념적인 마음이 완전히 고요해지면 그것은 마음의 본성 속으로 용해되며, 어떤 활동이 그것을 다시 만들어낼 때까지 생겨나지 않는다.

움직이는 마음의 활동은 도덕적일 수도, 비도덕적일 수도 있으며 중립적일 수도 있다. 도덕적인 행위는 마음의 본성을 경험하게 해준다. 중립적인 행위는 마음의 본성과 연결되는 것을 방해한다. 비도덕적인 행위는 더 많은 폐해를 만들어낼 뿐 아니라 우리가 마음의 본성과 단절되게끔 한다. 가르침에서는 도덕적인 행동과 비도덕적인 행동의 차이에 관한 세부사항, 예컨대 관대함과 탐욕 같은 것들을 논하고 있다. 하지만 도덕적인 행위는 우리를 릭빠와의 더 큰 연결로 이끌어주고, 비도덕적인 행위는 우리를 릭빠와의 단절로 이끈다는 것이 이들 사이의 가장 명료한 차이라고 할 수 있다.

　에고는 움직이는 마음에서 생겨난 주체와 객체의 이원성에 얽매여 있다. 이러한 움직이는 마음에서 모든 고통이 생겨난다. 개념적인 마음은 바삐 활동하고, 그게 그것의 역할이다. 그로써 우리는 삶의 아름다움과 빛에서 오는 직접적인 경험은 가로막아버리고 과거의 기억과 미래의 환상 속에서 살아간다.

비이원적 알아차림: 릭빠

　마음의 근본적 실재는 순수하고 비이원적인 알아차림, 즉 릭빠이다. 릭빠의 본질은 존재하는 모든 것의 본질과 하나이다. 수행 중, 움직이는 마음이 가장 미묘하고 가장 고요하며 가장 확장된 상태에 있더라도 이를 절대 릭빠로 혼동해서는 안 된다. 알아채지 못한 새에 마음의 본성이 움직이는 마음으로 나타날 수도 있다. 그러나 마음의 본성을 직접적으로 알게 되면 그것이 바로 해탈의 길이자 해탈 그 자체가 된다.

족첸 가르침은 릭빠의 상징으로 거울을 사용하곤 한다. 거울은 어떤 선택이나 선호, 판단 없이 모든 것을 비춘다. 거울은 아름다운 것과 못난 것, 큰 것과 작은 것, 도덕적인 것과 비도덕적인 것 모두를 비춘다. 거울이 비출 수 있는 것에는 제한이나 제약이 없다. 거울이 무엇을 비추든, 거울은 그것에 영향을 받지 않는 흠 없는 것으로 남아 있으며 결코 비추기를 멈추지도 않는다.

이와 비슷하게, 모든 경험의 현상도 릭빠에서 생겨난다. 여기에는 생각, 이미지, 감정, 집착과 집착의 대상, 주체와 객체로 여겨지는 모든 것, 모든 경험 등이 포함된다. 개념적인 마음 그 자체는 릭빠에서 생겨나며 릭빠 안에 머문다. 마음의 본성 안에서 삶과 죽음이 일어나지만, 마음의 본성 그 자체는 태어나지도 죽지도 않는다. 마치 거울 그 자체는 창조되지도 파괴되지도 않는 채로, 그저 오고 가는 것들을 비춰주듯이 말이다. 우리가 개념적인 마음과 자신을 동일시하면 거울 속 반영물 중 하나로서 살게 된다. 다시 말해, 다른 반영물들에 반응을 보이고, 혼란과 고통을 겪고, 끝도 없이 태어나고 죽는다. 우리는 반영된 것들을 현실로 생각하고 환영을 좇으며 삶을 낭비하게 된다.

개념적인 마음이 집착과 혐오로부터 자유로워지면, 그것은 진실한 릭빠 속에서 자연스럽게 안정된다. 그러면 더 이상 거울 속 반영물들과 자신을 동일시하지 않게 되며, 노력하지 않고도 경험 속에서 생겨나는 모든 것을 수용하고, 모든 순간에 감사할 수 있다. 증오심이 생겨나면 거울은 증오로 가득 찬다. 사랑이 생겨나면 거울은 사랑으로 가득 찬다. 거울 그 자체에 있어 사랑이나 증오는 특별한 의미가 없다. 사랑과 증오 모두 거울이 가진 고유의 반영 능력이 동등하게 나타난 것뿐이다. 이것은 거울 같은 지혜로 알려져 있다. 우리가 마음의 본성을 인지하고 거기에 머무르는 능력을 향상시키면 어떤 정서적 상태도 우리를 산란하게 만들 수 없다. 그 대신에 모든 상태와 모든 현상, 심지어 분노나 질투 같은 것들도 그들의 본질인 순수함과 명료함 속으로 풀려난다. 릭빠에 머무르면, 우리는 업의 뿌리를 잘라내고 윤회의 속박에서 풀려나게 된다.

또, 릭빠에 안정적으로 머물 수 있게 되면 모든 다른 영적인 염원을 쉽게 실현할 수 있다. 집착과 결핍의 느낌에서 벗어났을 때 덕을 실천하기가 더 쉽다. 자기 자신에 붙들려 있지 않을 때 자비를 실천하기가 더 쉽다. 거짓되고 편협한 자기 정체성에 애착하지 않을 때 자신을 변성시키기가 더 쉽다.

마더 탄트라에서는 마음의 본성을 '태초의 마음'이라고 부른다. 태초의 마음은 대양과 같고 평범한 마음은 대양의 본질을 공유하고 있는 강, 호수, 개울과 같다. 그것들은 대양으로 돌아간다. 그저 일시적으로만 분리된 물줄기로서 존재하는 것이다. 움직이는 마음은 또한 태초의 마음인 대양의 물거품에 비유된다. 이 물거품은 끊임없이 만들어졌다 사라지며, 업의 바람이 얼마나 강한지에 따라 영향을 받는다. 그러나 대양의 본질은 바뀌지 않는다.

릭빠는 근원에서 자연스럽게 생겨난다. 릭빠의 활동은 끊임없이 나타난다. 모든 현상들은 릭빠를 방해하지 않으면서 그 속에서 생겨난다. 마음의 본질에 전적으로 머물 때 발생하는 결과는 부처님의 세 몸이다. 다시 말해, 생각 없음의 본질인 다르마카야(법신불), 끊임없는 나타남인 삼보가카야(보신불), 미혹되지 않은 자비의 활동인 니르마나카야(화신불)이다.

근원적인 릭빠, 수행의 길의 릭빠

수행의 맥락에 따라 두 유형의 릭빠를 정의해볼 수 있다. 이는 그저 개념적인 구분일 뿐이지만 릭빠를 이해하는 데 도움이 될 것이다. 첫 번째는 근원적인 릭빠이다. 이는 캽릭^{khyab-rig}, 즉 만물에 스며들어 있는, 근원의, 근본적인 알아차림이다. 윤회하는 존재에서부터 부처님까지, 마음을 지닌 모든 존재는 이 알아차림을 가지고 있다. 그리고 이 알아차림에서 모든 마음이 생겨난다.

두 번째는 삼릭^{sam-rig}, 즉 수행의 길에서 발현되는 선천적인 알아차림이다. 이는 만물에 스며들어 있는 알아차림에 대한 수행자의 경험에 해당한다. 이것을 수행의 길의 릭빠라고 부르는 이유는, 족첸 수행에 돌입한 요기들이 입문, 관정, 전승을 받아 그들 자신이 갖고 있는 릭빠를 직접 경험하는 것을 가리키기 때문이다. 다시 말해, 수행자가 수행의 길에 입문하기 전까지는 이것을 경험할 수 없다.

수행의 길의 릭빠가 드러날 가능성은 우리의 마음이 근원에 있는 태초의 알아차림에서 생겨난다는 점에 기인해 있다. 태초의 알아차림이 직접적으로 알려질 때, 우리는 그것을 선천적인 알아차림이라고 부른다. 이것이 바로 요기가 경험하는 수행의 길의 릭빠이다. 이러한 맥락에서 우리는 태초의 순수한 알아차림을 릭빠로, 그리고 수행의 길에서 생겨나는 릭빠를 랑릭[rang-rig]이라고 부른다. 근원적인 릭빠는 크림과 같고 수행의 길의 릭빠는 버터와 같다. 이 둘은 같은 본질을 지녔지만 버터를 만들려면 무언가를 더 해야 한다. 수행의 길의 릭빠는 발현되는 것이다. 우리는 이것과 움직이는 마음 사이를 오간다. 즉 우리는 이것을 간헐적으로 경험한다. 그러나 우리가 인지하든 못하든, 릭빠 자체는 언제나 현존한다. 근원의, 근본적인 릭빠는 발현되거나 중단되는 것이 아니다.

근원: 쿤지

모든 존재의 근원인 쿤지는 지각 있는 존재의 마음뿐 아니라 물질의 근원이 된다. 쿤지는 공과 명료함의 불가분한 결합인데, 이 둘은 청정함과 빛으로 불리기도 한다. 이는 잠 요가의 청정한 빛과 똑같은 것이다. (족첸 가르침에서의 쿤지는 수트라 전통의 씨타마트라[cittamatra] 학파, 즉 유가행파[瑜伽行派]에서 사용하는 쿤지와 동의어가 아니다. 이들은 아뢰야식[阿賴耶識]이나 쿤지를 중립적인 것이라고 설명하며, 쿤지가 업의 흔적과 생각의 모든 분류를 포함하고 있는 깨어나지 못한 정신적 의식이라고 설명한다.)

쿤지의 본질은 수냐타[sunyata], 즉 공[空]이다. 공은 한계 없는 절대적인 공간이다. 여기에는 실체, 고유한 존재, 개념, 경계가 없다. 공은 우리 외부에 있는 것처럼 보이는 빈 공간, 대상이 존재하는 빈 공간, 마음의 빈 공간이다. 쿤지에는 내부나 외부가 없다. 쿤지는 아무것도 아니므로 존재한다고 말할 수도 없지만, 현실 그 자체이므로 존재하지 않는다고 말할 수도 없다. 쿤지는 한계가 없고, 파괴되거나 창조될 수도 없으며, 태어나거나 죽지도 않는다. 쿤지는 이원론과 개념을 초월한 것이기 때문에 쿤지를 설명하기 위한 언어는 역설을 피할 수 없다. 쿤지를 이해하기 위한 시도로서의 어떠한 언어적 구조도 이미 오류를 지니고 있는 것이며 이 언어적 구조로는 쿤지를 가리킬 수 없다.

개인의 수준에 있어 쿤지의 청정함 혹은 빛의 측면은 곧 릭빠, 순수한 알아차림이다. 쿤지는 하늘과 비슷하지만, 하늘은 알아차림이 결여되어 있으므로 완전히 똑같다고 할 수는 없다. 왜냐하면 쿤지는 공인 동시에 알아차림이기도 하기 때문이다. 이는 쿤지가 알아차림의 주체라는 말이 아니라 알아차림이 곧 공이라는 말이다. 공은 청정함이고, 청정함은 공이다. 쿤지에는 주체나 대상이 없으며 어떠한 이원성이나 분별도 없다.

우리는 저녁에 해가 지면 어둠이 찾아온다고 말한다. 이는 지각자의 관점에서의 어둠이다. 공간은 언제나 청정하며 만연한 것이다. 공간은 해가 지거나 뜬다고 해서 변하지 않는다. 어두운 공간이나 밝은 공간 같은 것은 없다. 밝거나 어두운 것은 지각자인 우리에게나 있는 것이다. 어둠은 공간 속에서 일어나는 현상이지만 공간에 영향을 미치지는 않는다. 알아차림의 등불이 켜졌을 때 쿤지의 공간, 즉 근본 바탕은 우리 앞에 밝게 드러난다. 하지만 쿤지는 절대 어두워진 적이 없다. 어둠은 의식이 흐려진 결과다. 우리의 알아차림은 무지한 마음의 어둠에 얽매여 있다.

마음과 물질

마음의 본질과 물질의 본질은 쿤지이다. 그렇다면 왜 물질에는 알아차림이 결여되어 있을까? 왜 지각 있는 존재는 깨달을 수 있고 물질은 깨달을 수 없을까? 족첸에서는 이를 크리스털과 석탄 덩어리에 비유하여 설명한다. 여기에서 크리스털은 마음을 나타내며 석탄은 물질을 나타낸다.

햇빛이 석탄을 강하게 비추더라도 석탄은 그 빛을 반사할 수 없다. 그럴 능력이 없기 때문이다. 물질이 선천적 알아차림을 반영하는 능력을 지니고 있지 않듯이 말이다. 그러나 햇빛이 크리스털과 만나면 크리스털은 빛을 반사한다. 그렇게 할 수 있는 선천적 능력이 있기 때문이다. 그것이 크리스털의 본성이다. 이 능력은 여러 색의 빛으로 표현되어 나타난다. 이처럼 지각 있는 존재는 선천적인 알아차림의 능력을 가지고 있다. 지각 있는 존재의 마음은 태초의 알아차림의 빛을 반사하고, 그 마음의 잠재력은 마음의 투사 또는 릭빠의 순수한 빛으로 표현된다.

앎

수트라 불교에서는 평범한 사람이 직접적인 인식으로 공을 알 수는 없으니 반드시 추론적인 인식에 의존하라고 가르친다. 수트라 전통에서는 어떻게 추론적인 인식을 이용할 것인지, 그리고 공을 알아보는 추론을 어떻게 할 것인지에 대해 역사적으로 많은 논의가 있었고 현재도 그런 논의가 진행 중이다. 그러나 감각을 통해 마음의 본성을 인식하는 것에 대한 논의는 거의 없었다. 수트라는 깨달음으로 향하는 다섯 단계 중 세 번째에 해당하는 '봄의 길'(path of seeing)을 성취한 요기만이 공에 대한 직접적 인식을 가진다고 말한다. 그리고 그 시점부터 더 이상 그 요기는 평범한 존재로 분류되지 않는다.

족첸은 이와는 다른 관점을 가지고 있다. 족첸에서는 마음의 본성이 지닌 공과 명료함이 감각을 통해 직접적으로 파악될 수 있을 뿐 아니라, 이 영적인 과업에 있어 감각을 사용하는 것이 개념적인 마음을 사용하는 것보다 더 쉽고 타당하다고 가르친다. 개념적인 마음이 끼어들지 않는다면, 감각이야말로 순수한 알아차림과 아주 유사한 직접적인 인식의 관문이기 때문이다. 어떤 수트라 해설서는 족첸 수행자들이 평범한 사람들도 접근 가능한 시각적 대상, 예컨대 빛의 시각화 따위에 너무 매여 있다는 식의 말을 하며 족첸을 비판하곤 한다. 하지만 수행은 마땅히 그러해야 한다. 우리에게 인식되는 마음의 본성은 실로 모든 것 안에 존재하기 때문이다.

우리는 종종 무언가를 이해하기 위해 지성에 의지하며, 개념 뿐인 것에 만족한다. 우리는 추측에 의해 조건화될 수 있다. 특정 단어를 들었을 때 그 단어가 나타내는 것을 한 번도 직접 경험하지 못했어도 그 단어를 이해할 수 있기 때문이다. 우리는 개념 뒤에 숨어 있는 진리를 직접 파악하려 하기보다는, 우리가 이해하고자 하는 것들을 개념적으로 구조화한 모형에 의존한다. 그러나 이렇게 하다가는 움직이는 마음 속에서 계속 헤매기 십상이다. 이는 지도를 실제 그 지역으로 착각하는 것 또는 달을 가리키는 손가락을 달이라고 생각하는 것과 같다. 진리에 대한 감명 깊은 '묘사'에 빠져 있는 사람은 결코 그 진리 '안에서' 살고 있지 못한 것이다.

마음의 본성은 시각 의식, 청각 의식, 후각 의식 등으로 경험할 수 있다. 우리는 눈을 통해 보지만 눈 자체는 볼 수 없다. 우리는 귀를 통해 듣지만 귀 자체는 들을 수 없다. 같은 식으로, 우리는 시각 의식을 통해 마음의 본성을 경험할 수 있지만 시각 의식이 그 경험의 주체인 것은 아니다.

이것은 모든 직접적인 인식과 비슷하다. 시각 의식에 들어온 형태와 개념적인 마음이 시각 의식이 인식했다고 생각하는 형태는 다르다. 시각 의식이 직접 파악한 형태는 개념적인 마음에서 일어난 인식의 모형화보다 근본적인 실재에 더 가깝다. 개념적인 마음은 직접적인 인식을 할 수 없다. 개념적인 마음은 오로지 투사된 정신적 이미지들을 통해, 그리고 그 자체로 추론적이라고 할 수 있는 언어를 통해 인지한다.

예를 들어 시각 의식이 우리가 '탁자'라고 부르는 물체를 보았다고 치자. 그때 시각 의식이 인지하는 것은 '탁자'가 아니라 선명하고 감각적인 색과 빛의 경험이다. 개념적인 마음은 시각 의식의 경험을 구성하고 있는 날것의 활기 넘치는 현상을 직접적으로 인식하지 못한다. 그 대신 개념적인 마음은 시각 의식이 경험한 것의 정신적 이미지를 창조한다. 그러고선 탁자를 보았다고 주장한다. 그러나 개념적 마음이 본 것은 탁자의 정신적인 이미지다. 이것이 바로 개념적인 마음과 직접적인 인식의 중요한 차이점이다. 눈을 감으면 '탁자'는 더 이상 직접적으로 인식될 수 없으며 일련의 현상들도 더 이상 즉각적이고 감각적인 현존 경험의 일부가 아니게 된다. 개념적인 마음은 여전히 탁자의 이미지를 투영할 수 있다. 그러나 그것은 직접적으로 인식한 현상과 똑같지는 않을 것이다. 개념적인 마음은 계속 감각적 현존에 자신을 끼워맞출 필요가 없다. 개념적인 마음은 스스로 만들어낸 위조물 속에 존재할 수 있기 때문이다.

직접적인 경험을 모형화하는 개념적인 마음의 능력은 인간인 우리에게 헤아릴 수 없는 가치를 지니고 있긴 하지만, 수행 중 가장 끈질긴 장애의 원인 중 하나가 되기도 한다. 인습적인 마음은 마음의 본성을 직접적으로 경험하기 전과 후에 경험을 개념화하려 한다. 릭빠의 경험도 이와 같다. 처음에는 형태, 생각, 경험에 대한 이원적 관점이 우리의 눈을 가리지만, 나중에는 릭빠에 대한 개념화가 장애물이 된다. 이렇게 되면 실제로는 그 어떤 개념과의 관계만을 경험한 것일 뿐이면서 자신이 마음의 본성을 안다고 착각할 수 있다.

이는 직접적인 감각 경험 그 자체가 마음의 본성이라고 말하는 것이 아니다. 아주 원초적인 인식으로도 우리는 인식 주체와 자신을 미묘하게 동일시하는 경향이 있으며, 이로 인해 경험은 이원적으로 남아 있게 된다. 그러나 알아차림과 감각 대상 사이의 접촉이 맨 처음 이루어진 순간, 바로 그곳에 마음의 본성이 그대로 드러나 있다. 예를 들어, 우리가 깜짝 놀랐을 때를 잘 살펴보면 우리의 감각이 모두 열린 순간이 있다. 그 순간 우리 자신은 경험하는 자 혹은 경험과 동일시되어 있지 않다. 보통 이런 순간은 일종의 무의식이라고 볼 수 있다. 우리가 동일시해온, 움직이는 마음은 그 순간 충격을 받아 정지했기 때문이다. 그러나 만약 우리가 그 순간 알아차림에 남아 있다면, 인식의 주체와 대상은 없고 오직 순수한 인식만 있을 것이다. 그러면 생각, 정신적 과정, 대상의 자극에 대한 반응은 없다. 여기에는 오로지 열려 있는 비이원적 알아차림만이 있다. 이것이 바로 마음의 본성이다. 그리고 이것이 바로 릭빠이다.

명료함과 공 인식하기

릭빠의 비이원적 알아차림을 경험하는 것은 꽤나 경이로운 일이다. 이 경험은 쉬지 않고 분투하는, 윤회하는 마음으로부터 자유로워지는 경험이다. 이는 우둔한 상태에서 느끼는 평화와는 정반대다. 이것은 순수한 각성이자 빛, 열림, 찬란함, 지복이다. 우리가 환상에 불과한 자아의 불안, 욕망, 혐오에 기반한 자기중심적인 추구를 그만두게 되면, 세상은 본연의 선명한 아름다움, 있는 그대로의 순수성 속에 있게 된다. 릭빠 속에서 안정적으로 머무는 수행자는 모든 경험을 문제 혹은 미혹이 아닌, 마음의 본성을 장식해주는 것으로 인식한다.

그러나 릭빠를 인식하는 것은 마약 복용이나 그로 인해 발생하는 일회성 환희의 경험과는 구별된다. 릭빠의 인식은 어떤 행위를 하거나 자기 자신을 바꿈으로써 발견되는 것이 아니며 트랜스 상태나 심원한 계시, 눈부신 빛도 아니다. 그것은 이미 우리가 지니고 있는 것이자 이미 우리 자신인 것이다. 릭빠가 어떠할 것이라고 추측하고 있다면 릭빠를 찾을 수 없다. 그것은 환상일 뿐이다. 우리는 이미 나타난 것을 과거에서 찾고 있다. 공에서 무엇을 추측할 수 있겠는가? 아무것도 추측할 수 없다. 추측에는 오직 좌절만이 따른다.

공의 경험은 공간을 경험하는 것과 같다. 공간을 직접적으로 인지할 때, 인지 그 자체는 광휘가 된다. 이것이 릭빠다. 이것을 알지 못하는 것이 곧 마릭빠^{ma-rigpa}(릭빠 없음), 무지, 윤회의 마음이다. 공간은 릭빠를 이해할 수 있는 좋은 비유가 된다. 공간에는 가리킬 그 어떠한 것도 없기 때문이다. 비록 공간 속에 아무것도 없긴 해도, 바로 그 공간 속에 사리탑이나 집을 지을 수 있으므로 공간은 가치 있는 것이라 할 수 있다. 우리는 그 어떠한 건물도 지을 수 있다. 그럴 공간만 있다면 말이다. 공간은 순수한 잠재력이다. 공간에는 위아래, 안과 밖, 경계나 한계도 없다. 이것들은 모두 우리가 공간을 개념화하여 생긴 특성들이다. 공간 그 자체에는 그 어떤 특성도 없다. 우리는 공간에 대해 말할 수 있는 것이 거의 없으므로, 공간을 묘사할 때는 대개 공간이 아닌 것들에 대해 설명한다. 공에 대해 설명하는 것도 이와 같다. 공이 모든 존재의 본질이기는 하지만, 공을 규정할 수 있는 것은 아무것도 없다. 공은 모든 특성, 속성, 관계를 초월한 것이기 때문이다.

우리가 어디에 있든, 무엇을 하든, 바로 지금 여기보다 더 중요한 것은 없다. 위를 보라. 공의 본질이 바로 거기에 있다. 왼쪽, 오른쪽, 앞과 뒤, 안과 밖을 살펴보라. 거기에도 공의 본질이 있다. 마음의 본성인 릭빠는 본질을 알고 있으며 본질 그 자체이다. 가끔 우리는 영적 경험에 대한 강한 열망을 느낀다. 그것은 좋은 일이다. 우리는 연민의 마음을 내고, 심상화를 하고, 너그러운 마음을 내며 다른 많은 수행들을 할 수도 있다. 우리는 수행의 개념적인 측면을 연구해보거나 우리 자신이 지닌 특정 자질들을 계발할 수도 있다. 그러나 릭빠는 연구할 수 없는 것이다. 만일 우리가 지금 있는 자리인 근본 바탕을 모른다면 찾음을 멈출 때까지는 릭빠를 찾을 수 없을 것이다.

어떤 면에서, 망상은 존재하지 않으며 존재한 적도 없다. 모든 것의 근본 바탕은 언제나 그래왔듯이 순수하다. 이 직접적인 깨달음은 언제나 얻을 수 있는 것이지만, 우리가 지식으로써 접근할 수 있는 것은 아니다. 수행의 길에 들어선 우리는 깨달음을 얻으려 한다. 그리고 이는 생각, 노력, 시도로 이어진다. 그러나 어떤 면에서 생각, 노력, 시도는 릭빠의 깨달음과 멀어지게 만든다. 릭빠는 아무 노력을 하지 않았을 때, 심지어 자기 자신이 되려는 노력조차도 하지 않을 때 찾아진다. 릭빠는 조작되지 않은 것이며 그 자체로 완전한 것이다. 릭빠는 활동이 생겨나는 정적의 자리, 소리가 생겨나는 침묵의 자리, 생각이 생겨나는 생각 없는 공간이다. 노력은 무지의 업이 미치는 영향이다. 우리는 무언가 이해하기 위해 노력함으로써 습관적인 무지의 업을 쌓는다. 그러나 릭빠는 업 외부에 있는 것이다. 릭빠는 근본 바탕에 대한 알아차림이고, 업은 근본 바탕 속에서 일어나는 현상이다. 릭빠를 인지하고 깨닫게 되면 더 이상 자기 자신을 업의 마음과 동일시하지 않게 된다.

우리가 찾는 것은 우리의 생각과 경험보다도 더 가까이에 있다. 청정한 빛은 모든 경험의 바탕이기 때문이다. 그렇다면 '청정한 빛의 경험'은 무엇을 의미하는 걸까? 사실 이것은 경험이라기보다는 주관성, 잠, 꿈, 깨어 있는 상태의 경험이 나타나는 공간이다. 그러니까 우리는 우리 안의 쿤지를 경험하는 것이 아니라, 각성의 본질인 쿤지의 광휘 속에서 잠을 자고 꿈을 꾸는 것이다. 이러한 오해는 자신이 쿤지를 경험한다고 생각하는 우리의 제한된 관점에서 비롯된다.

움직이는 마음이 릭빠의 순수한 알아차림 속으로 용해되면 우리는 언제나 있었던 빛을 보게 되며, 우리 자신이 이미 무엇인지 깨닫게 된다. 우리는 그것이 수행을 통해 이루어낸 '자신의 경험'이라고 생각할 수 있다. 그러나 그것은 공간 그 자체이며, 공간이 그 자신을 스스로 인식하는 경험이다. 이것은 아들 릭빠가 어머니 릭빠를 알게 되는 것, 순수한 알아차림이 그 자신을 알게 되는 것이다.

균형

대개 청정한 빛은 공과 명료함 또는 열려 있음과 광휘 같은 긍정적인 용어를 말할 때 쓰인다. 비록 이러한 두 측면들이 한 번도 분리된 적 없는 일체라 하더라도, 수행을 진전시키기 위해서는 이들을 반드시 균형 잡아야 하는 두 가지 특성으로서 생각해볼 수 있다.

알아차림이 없는 공은 무지의 잠과 같다. 경험이 부재하고, 모든 분별과 실체가 비어 있고, 의식 또한 비어 있다. 공이 없는 명료함은 신체적, 정신적 경험의 현상을 견고한 실체들로 간주하여 느끼게 되는 극도의 불안과 같다. 이 실체들은 집요한 악몽을 통해 우리의 의식에 영향을 준다. 이런 상태는 불면증을 유발한다. 어느 쪽이든 극단으로 치우치는 것은 좋지 않다. 우리는 반드시 이것들의 균형을 맞춰야 한다. 그러면 우리는 알아차림을 잃지도 않을 것이고 의식 속에서 발생하는 것이 독자적으로 견고하게 존재한다는 환상 속에 갇히지도 않을 것이다.

분별

릭빠는 잃어버릴 수도, 릭빠가 아니게 될 수도 없다. 우리 존재의 바탕이 되는 것은 만연한 것이자 스스로 존재하는 것이며 비어 있음이자 태초의 의식이라고 할 수 있다. 그러나 우리 각자는 반드시 스스로 다음의 질문을 해야 한다. 나는 이 태초의 의식을 직접적으로 알고 있는가? 나는 현세적인 마음의 움직임에 의해 산란해져 있는가? 우리 각자는 반드시 자기 자신에게 이에 대한 답을 해야 한다. 아무도 우리에게 답을 말해주지 않을 것이기 때문이다.

우리가 내적인 과정에 연관되어 있을 때, 우리는 릭빠에 있지 않다. 릭빠는 과정을 갖고 있지 않다. 과정은 움직이는 마음, 개념적인 마음의 작용이다. 릭빠에는 노력이 들어가지 않는다.

릭빠는 이른 아침의 하늘과 같다. 순수하고, 광활하고, 널찍하고, 맑고, 깨어 있고, 생생하고, 조용하다. 비록 릭빠가 실제로 어떤 특성이나 속성을 지니고 있진 않지만, 가르침에서는 이러한 특성들을 수행자가 자신의 경험을 점검할 기준으로 제시하고 있다.

자아

자아(self)라는 단어는 고대부터 현재까지 다양한 종교와 철학에 의해 각기 다르게 정의되어왔다. 뷘 불교에서는 무아 또는 모든 현상의 궁극적 진리인 공(수냐타)의 신조를 대단히 강조한다. 공에 대한 이해가 없으면 에고의 뿌리를 뽑아내고 그것의 경계로부터 자유로워지기가 힘들다.

하지만 영적 여정에 관한 공부를 하다 보면 자기 해방(self liberation)이나 자기 완성(self realization) 등을 접하게 된다. 그리고 분명 우리는 어떤 실체(a self) 같아 보인다. 우리는 스스로 자아가 없다고 남들을 설득하기 위해 논쟁을 벌일 수도 있다. 그러나 우리의 삶이 위태로워지거나 무언가를 빼앗기게 되면, 우리가 존재하지 않는다고 주장했던 바로 그 자아가 상당한 두려움이나 분노를 느낄 것이다.

뵌 불교에 따르면 인습적인 자아가 존재한다. 인습적인 자아가 존재하지 않았다면 아무도 업과 고통을 만들지 않았을 것이며 해탈을 구하지도 않았을 것이다. 그러나 고유한 자아는 존재하지 않는다. 고유의 자아가 없다는 말은 별도로 존재하는 핵심적인 실체, 시간이 흘러도 변치 않는 실체가 없다는 말이다. 마음의 본성은 불변하지만 이를 별개의 실체, 절대 파괴되지 않는 알아차림 중에서 '나'라고 하는 아주 작은 조각, 즉 자아와 혼동하지 말아야 한다. 마음의 본성은 하나의 개체도 아니고 한 개체의 소유물도 아니다. 그것은 지각력의 본성 그 자체이며 지각력을 지닌 모든 존재와 같다.

거울의 반사로 다시 예를 들어보자. 만약 우리가 반사된 사물들에 집중한다면 우리는 두 가지 다른 이미지들을 가리키면서 여기에는 이 반영물이 있고 저것은 다른 반영물이라고 말할 것이다. 그것들은 더 커지기도 하고 더 작아지기도 하며 나타났다 사라진다. 우리는 거울 속 그것들이 마치 분리된 것들인 양 따라다닌다. 그것들은 인습적인 자아와 같다. 하지만 반영물들은 별개의 실체가 아닌, 빛의 움직임이다. 비어 있는 거울의 광휘 속 비본질적인 환상인 것이다. 이들은 오직 개념화를 통해서만 그러한 분리된 실체로 존재한다. 반영물들은 거울이 지닌 본성의 현현이다. 인습적인 자아가 쿤지에서 생겨나 쿤지에 머물다가 존재의 근본 바탕이 지닌 공한 투명함, 즉 쿤지 속으로 다시 용해되는 현현인 것처럼 말이다.

당신이 평소 동일시하는 인습적인 자아와 인습적인 자아가 떠오르게 하는 움직이는 마음은 둘 다 유동적이고, 역동적이고, 일시적이고, 비실체적이고, 가변적이고, 순간적이며 존재의 고유함도 없다. 거울의 반영처럼 말이다. 이를 시험해보고 싶다면 자신의 삶을 살펴보라. 당신에 대한 정보로 어떤 양식을 작성한다고 상상해보라. 당신은 자신의 이름, 성, 나이, 주소, 직업, 기혼 여부, 신체 정보를 적을 것이다. 성격 특성 검사와 IQ 검사를 받는 당신은 자신의 목표와 꿈, 신념, 생각, 가치관, 두려워하는 것을 적는다.

이제 이 모든 것이 사라진다고 상상해보라. 무엇이 남았는가? 당신의 친구, 집, 국가, 옷도 없애보자. 당신은 말하는 능력도 없고 언어로 생각하는 능력을 잃었다. 기억도 감각도 잃어버렸다. 당신 자신은 어디에 있는가? 당신의 몸에? 만약 당신이 팔이나 다리를 잃게 되고, 심장과 폐를 기계로 대체하고, 뇌 손상을 입어 정신적 기능을 잃게 된다면 어떤가. 어느 시점에서 자기로 존재하기를 멈추게 되는가? 당신의 정체성 및 속성 체계들을 한 꺼풀씩 벗겨나가다 보면 어느 시점에서는 더 이상 남는 것이 없을 것이다.

당신은 한 살 때의 당신, 혹은 열 살 때의 당신이 아니다. 당신은 심지어 몇 시간 전의 당신도 아니다. 바뀌지 않는 것은 아무것도 없다. 죽을 때는 불변하는 나 자신처럼 보이던, 마지막으로 남은 부분마저도 사라진다. 다시 태어나면 당신은 다른 몸, 다른 성별, 다른 정신적 능력을 지닌 완전히 다른 존재가 되어 있을 수 있다. 당신이 개인이 아니라는 말은 아니다. 분명 당신은 개인이다. 그러나 모든 개인은 고유한, 독립적인 존재감이 결여되어 있다. 인습적인 자아는 본래 조건부적인 것이며 순간순간마다 구성되어 존재한다. 마음의 명료함 속에서 끝없이 떠오르는 생각의 흐름 혹은 거울 속에서 끊임없이 나타나는 이미지들처럼 말이다. 생각은 생각으로서 존재한다. 그러나 명상 중에 생각들을 살펴보다 보면 그것들이 생겨난 곳이기도 한 공 속으로 다시 용해되어 사라진다. 인습적인 자아도 똑같다. 깊게 탐구해보면, 인습적인 자아는 오로지 끊임없이 변화하는 사건들로 막연하게 정의된 집합에서 기인하는 개념으로만 증명된다. 생각이 끊임없이 생겨나는 것과 같이, 우리의 일시적인 정체성도 끊임없이 생겨난다. 인습적인 자아와의 잘못된 동일시, 그리고 대상들에 둘러싸인 주체로 자신을 상정하는 것은 이원적인 시야의 기초가 되며 끝없는 윤회의 고통을 겪게 하는 이분법의 근간이 된다.

실체 없는 자아의 역설

개인의 근본 바탕이 순수하고 공한 의식이라면, 어떻게 인습적인 자아와 움직이는 마음이 존재할 수 있을까? 우리 모두의 경험을 바탕으로 한 예를 들어보겠다. 우리가 꿈을 꿀 때 나타나는 세상에서는 그 어떤 종류의 경험도 가능하다. 꿈을 꾸는 동안 우리는 자신을 주체로 상정한다. 꿈속에는 우리와 분리된 존재처럼 보이는 다른 존재들도 있는데, 그들도 그들 자신만의 경험을 한다. 우리가 우리 자신이라고 여기는 그 자아만큼 그들도 실재하는 듯이 보인다. 꿈속에는 물질 세계처럼 보이는 것도 존재한다. 꿈속에는 우리를 지탱해주는 바닥도 있고, 우리 몸의 감각도 있으며, 우리는 무언가를 먹고 만질 수도 있다.

잠에서 깨어난 우리는 그것이 그저 우리 마음의 반영인 꿈이었다는 사실을 깨닫는다. 꿈은 우리 마음속에서 일어나며 우리 마음의 에너지로 만들어져 있다. 그러나 우리는 꿈속에서 헤매며 마음이 창조해낸 이미지들에 마치 그것들이 진짜인 양, 그것들이 우리 외부에 있는 것인 양 반응한다. 우리의 마음은 꿈을 만들어낼 능력이 있다. 또, 꿈속의 다른 존재들과는 동일시하지 않으면서, 어떤 존재와는 자기 자신을 동일시할 능력도 있다. 우리는 심지어 일상적인 자기 자신과는 너무나 다른 주체와 동일시될 수도 있다.

이와 같이, 평범한 존재로서의 우리는 지금 이 순간 마음의 투사에 불과한 인습적인 자아와 동일시되어 있다. 우리는 대상, 실체처럼 보이는 것들과 관계를 맺는다. 이것들 역시 마음의 투사다. 존재(쿤지)의 근본 바탕은 존재하는 모든 것을 현현시킬 능력이 있다. 그것이 자신의 진정한 본성으로부터 멀어져 산란해진 존재일지라도 말이다. 이는 꿈속에서 우리 마음이 우리와 분리되어 보이는 어떤 존재를 투사할 수 있는 것과 비슷하다. 우리가 잠에서 깨어나면, 인습적인 자아인 꿈은 순수한 공과 빛나는 명료함으로 용해된다.

맺음말

꿈과 잠 수행은 티베트인들에게 있어 일반적인 수행은 아니다. 꿈과 잠 수행은 보통 젊은 수행자에게는 전승되지 않으며 일반대중들에게 가르쳐주는 수행도 아니다. 그러나 이제 상황이 바뀌었으므로 나는 이런 것들을 여러분에게 가르치고 있다. 수많은 서양인들이 꿈과 꿈 작업에 관심을 가지고 있기 때문이다. 보통 이러한 관심은 심리학적인 접근에서 생겨난다. 나는 내가 이러한 가르침들을 알림으로써 꿈 작업이 그보다 좀더 깊은 측면에서 진행될 수 있지 않을까 하는 희망을 품고 있다. 심리학적인 꿈 작업은 윤회하는 삶 속에서 더 많은 행복을 만들어낼 수도 있다. 그것도 좋다. 그러나 완전한 깨달음이 당신의 목표라면 그보다 더 많은 것들을 해야만 할 것이다. 특히, 잠 요가가 중요하다. 잠 요가는 위대한 완성이라 불리는 족첸 수행의 핵심이다. 족첸 수행은 다음과 같이 요약할 수 있다. '깨어나고, 꿈꾸고, 잠자는 삶의 모든 순간은 순수한 비이원적 의식에 머물러 있다.' 이것은 깨달음으로 가는 확실한 길이자 모든 깨달은 대사들이 걸어갔던 길이다. 이것이 잠 요가의 정수다.

어떻게 청정한 빛을 경험할 수 있을까? 내 생각에는 이 질문을 깊이 숙고하는 것이 중요한 것 같다. 이 질문은 가르침을 향한 당신의 태도에 관한 것이기 때문이다. 모든 가르침은 하나의 본질을 지니고 있다. 그것은 릭빠, 즉 청정한 빛이다. 당신이 얼마나 많은 것을 배웠든, 얼마나 많은 책을 읽었든, 얼마나 많은 가르침을 받았든 이 하나의 본질을 알지 못한다면 당신은 핵심을 이해할 수 없을 것이다. 티베트에는 이런 말이 있다. "당신은 관정 꽃병에 머리가 눌려 머리가 납작해질 때까지 수없이 많은 관정을 받을 수 있다. 그러나 본질을 알지 못하면 아무것도 바뀌지 않을 것이다."

마음의 본성을 직접 경험하여 알지 못하면 가르침을 이해하기 어려울 수 있으며, 그것을 불가능한 일로 보게 될 수도 있다. 마음의 본성은 개념적인 마음을 초월해 있기 때문이며, 개념적인 마음으로 이해할 수 없기 때문이다. 개념을 통해 마음의 본성을 얻으려는 시도는 그림자를 연구함으로써 태양의 본질을 이해하려는 시도와 같다. 이렇게 하면 무언가를 배울 수는 있겠지만 본질은 여전히 알 수 없는 것으로 남아 있을 것이다. 움직이는 마음을 초월하고 마음의 본성을 직접 알기 위해서는 수행이 필요하다.

어떤 사람들은 자신이 축적해온 모든 가르침들이 짐스럽다는 느낌을 받기도 한다. 이런 느낌은 수행의 길에 대한 오해에서 비롯된다. 가르침을 받고 끊임없이 배우라. 그러나 그것들을 충분히, 깊이 이해하여 그것들로부터 실질적인 도움을 받아야 한다. 일단 한번 당신이 이해하고 적용할 수 있게 된 가르침은 더 이상 의무가 아니게 된다. 가르침은 자유를 향한 길이고, 그 길을 따라가다 보면 기쁨도 느낄 수 있다. 가르침의 목적에 대한 이해 없이 가르침의 형식이라는 수렁에 빠진 이는 그것을 짐스럽게 느낀다. 가르침과 어떻게 헤어져야 할지를 배워야 한다. 가르침과의 이별은 말이나 개념이 아니라 경험을 통해서 일어난다.

다른 한편으로는, 수행에 발목이 잡히지 않도록 해야 한다. 이것이 무슨 말일까? 만약 성과 없는 수행을 계속하고 있다면, 그리고 삶에 긍정적인 변화가 아무것도 없었다면 수행이 제대로 되지 않고 있는 것이다. 이해도 하지 못한 채로 단순히 어떤 동작을 한다고 해서 당신이 수행을 하고 있다고 생각하지 말라. 공허한 의례에는 성취가 따르지 않는다. 당신은 무엇이 본질이며 그것을 어떻게 적용하는지 알아내고 이해함으로써 수행을 꿰뚫어 보아야 한다.

다르마는 진정 유연하다. 그러나 이 말이 곧 전통적인 수행법들을 내던져버리고 당신 자신만의 수행을 만들어내야 한다는 말은 아니다. 전통적인 수행법들은 강력하며 효과적이다. 전통적인 수행법들은 수없이 많은 이들이 자유를 깨달을 수 있었던 수단이 되어 왔다. 만약 수행이 제대로 되고 있지 않다면 수행의 목적이 무엇인지 알아내는 작업을 해야 한다. 당신의 스승과 상의해보는 것이 가장 좋다. 수행을 이해하게 되면 당신은 수행의 형식이 문제가 아님을 알게 될 것이다. 문제는 수행의 형식을 완벽하게 똑같이 적용해야 한다는 생각이다. 수행은 당신을 위해 있는 것이지, 당신이 수행을 위해 있는 것이 아니다. 형식을 배우고, 그 형식의 목적을 이해하고, 그것을 수행에 적용하라. 그리고 결과를 얻으라.

당신이 궁극적으로 수행을 마칠 곳은 어디일까? 죽음의 과정,

중음 상태, 바르도에서다. 죽음 후의 바르도는 모든 이들이 여행 중에 거쳐 가야만 하는 주요 공항과 같다. 윤회와 열반의 경계선인 것이다. 비이원적 현존에 머물 수 있는 능력은 열반에 들 수 있는 여권과 같다. 만약 당신이 자는 중에 한 번도 청정한 빛의 경험을 해보지 못했다면 바르도에서 윤회를 면하기 어렵다. 짙은 잠이 청정한 빛을 가리고 있는 것, 두꺼운 생각의 담요가 릭빠를 가리고 있는 것과 같다. 만약 당신이 잠의 청정한 빛과 통합되었다면 죽음의 청정한 빛과 통합될 수도 있다. 잠의 청정한 빛과 통합되는 것은 중간 시험을 통과하는 것과 같다. 당신은 아마 바르도에서 주어지는 마지막 시험을 통과하게 될 것이다. 죽음의 청정한 빛과 통합되는 것은 당신 자신 안에 있는 부처님을 찾았다는 의미이자, 일어나는 것은 실체 없는 나타남이라는 것을 직접적으로 깨달을 수 있는 존재라는 의미이다.

릭빠의 현존은 이 세상에서 다음 세상으로 이어지므로 지금 그것을 경험할 수 있도록, 그리고 그것이 되도록, 그것에 머물 수 있도록 수행하라. 이것이 바로 수행의 길이자 지속되는 명료함과 끊임없는 지혜이다. 깨달음을 얻고 부처가 된 모든 존재는 경계를 넘어 청정한 빛으로 들어갔다. 이것을 유념하여 당신이 무엇을 대비하고 있는 것인지를 알라. 가르침 전체를 이해함으로써 당신이 어디에 있으며 어디로 가고 있는지 이해하려 노력하라. 그러면 당신은 가르침을 어떻게 적용할지 알게 될 것이며 무엇을 언제 활용해야 할지, 그리고 어떤 결과를 맞게 될지 알게 될 것이다. 가르침은 어디로 가야 할지, 당신이 찾는 것을 어디서 찾을 수 있을지 말해주는 지도와 같다. 지도는 모든 것을 명확히 해준다. 지도가 없으면 당신은 길을 잃게 된다.

죽음을 겪을 때 청정한 빛과 연결될 수 있기를 기도하라. 모든 이들이 죽음을 겪을 때 마음의 본성과 연결되기를 기도하라. 기도의 힘은 아주 위대하다. 기도를 하면 의도가 강화될 뿐만 아니라 실제로 기도한 바에 가까워질 것이다.

모든 사람은 평화와 기쁨의 순간을 경험한다. 청정한 빛이 너무나 먼 목표같이 느껴진다면, 평화와 기쁨의 긍정적인 경험을 유지하려는 노력을 계속하라. 대사나 다키니를 떠올릴 때 기쁨을 느낄 수도 있고, 자연계의 아름다움과 함께할 때 행복할 수도 있다. 이런 것들을 수행으로 삼으라. 모든 순간을 소중히 여기며 감사하라. 청정한 빛은 신비주의적 경험의 정점이자 최상의 기쁨, 최고의 평화이다. 그러니 기쁨과 평화를 유지해야 할 자질들로, 알아차림을 지속시켜주는 데에 도움이 되는 것들로 받아들이라. 이런 자질들을 몸속에서부터 느껴보고, 세상 속에서 바라보고, 다른 사람들에게도 이러한 자질들이 가닿기를 소망하라. 이렇게 하면 자비심과 긍정적인 특성들이 생겨나 알아차림이 계발된다.

지속성이 삶과 수행을 통합하는 열쇠가 된다. 지속성은 알아차림과 의도로써 계발될 수 있다. 지속성이 계발되면 당신의 삶은 달라질 것이며 당신의 주변인들에게도 긍정적인 영향을 미치게 될 것이다.

꿈과 잠 요가는 깨어 있을 때, 명상할 때, 꿈꿀 때, 죽을 때와 같은 삶의 모든 순간에 청정한 빛을 인식하고 그 속에 거하는 방법이다. 근본적으로, 가르침은 우리가 마음의 본성을 인식하도록, 수행 중의 장애물들을 이해하여 극복하도록, 완전히 릭빠 속에 거하도록 돕게끔 고안되었다. 우리는 기쁨 속에 거하는 방법, 세상 속의 혼란 한가운데서도 평화를 찾는 방법, 잘 사는 방법, 인간으로 존재하며 경험하는 각각의 생생한 순간들에 감사하는 방법으로도 이 방법을 똑같이 활용할 수 있다.

위대한 대사들도 잠 요가의 성취를 위한 꾸준한 수행을 하는데 긴 시간이 걸렸다고 기록되어 있다. 그러니 한 번, 혹은 백 번 시도했는데도 아무런 경험을 하지 못했다고 실망하지 말라. 수행을 시도하는 것만으로도 유익이 따른다. 당신의 삶 속에 더 많은 알아차림을 가져다주는 것이라면 그것이 무엇이든 유익한 것이다. 목표를 실현하려면 길고 꾸준한 의도와 수행이 따라야 한다. 스스로를 낙담하게끔 놔두지 말라. 당신의 온 존재를 수행으로 끌어오라. 강한 의도와 기꺼운 노력이 따른다면 당신은 분명히 자신의 삶이 긍정적으로 바뀐 것을 확인할 수 있을 것이며 틀림없이 수행을 성취할 수 있을 것이다.

나는 이 책을 읽은 사람들이 꿈과 잠에 대한 새로운 지식을 발견하기를 기원한다. 그리하여 그러한 지식이 그들의 일상적 삶을 개선하는 데 도움이 되기를, 궁극적으로는 그러한 지식이 그들을 깨달음으로 이끌기를 기원한다.

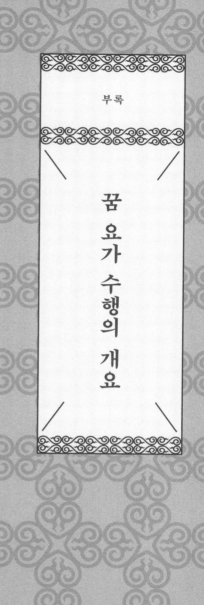

부록

꿈 요가 수행의 개요

꿈 요가의 네 가지 기본수행

업의 흔적 바꾸기

종일 계속해서 모든 경험이 꿈이라는 알아차림 속에 남아 있으라. 모든 것들을 꿈속의 대상들로, 모든 사건들을 꿈속의 사건들로, 모든 사람들을 꿈속의 사람들로 여기라. 자신의 몸을 투명한 환영의 몸으로 마음속에 그려보라. 종일 당신이 자각몽을 꾸고 있다고 상상하라. 이것들이 단지 공허한 반복이 되지 않도록 유의하라. 당신이 스스로 "이건 꿈이다"라고 되뇔 때마다 자각은 더 강해진다. 당신의 몸과 감각은 더 현존하게 된다.

집착과 혐오 없애기

욕망과 애착을 불러일으키는 모든 것을 꿈의 현상으로, 즉 생생하지만 환영에 불과하여 텅 비어 있는 것으로 여기라. 현상에 대한 당신의 반응을 꿈으로 인식하라. 모든 감정, 판단, 선호는 꿈꾸어지는 것들이다. 당신의 반응이 꿈이라는 것을 즉시 기억하여 욕망과 애착이 줄어들었다면 올바르게 하고 있는 것이다.

의도 강화하기

잠에 들기 전 하루를 돌아보고 수행이 어땠는지 점검해보라. 하루의 기억이 떠오르도록 놔두고 그것들을 꿈의 기억으로 인식하라. 다가올 밤의 꿈들을 알아차릴 수 있도록 의도를 강화하라. 당신의 온 가슴으로 이러한 의도를 세우고 성공을 위해 열심히 기도하라.

기억력 증진과 기꺼운 노력

수행을 지속하겠다는 강한 의도와 함께 하루를 시작하라. 지난밤을 돌아보라. 꿈이 기억나거나 꿈을 자각했다면 그 행복을 만끽하라. 만약 꿈을 자각하지 못했다면 꿈을 자각하겠다는 의도를 세우고, 꿈을 자각했다면 이 자각을 더 증진하겠다는 의도를 세워 다시 수행에 정진하라. 수행의 성공을 위한 기도는 아무 때나 해도 좋다. 가능한 한 강한 의도를 세우라. 이것이 수행의 핵심이다.

잠들기 전 준비수행

아홉 번의 정화 호흡

잠자리에 눕기 전 명상 자세로 앉아 아홉 번의 정화호흡을 하라.

구루 요가

구루 요가를 수행하라. 강한 헌신을 불러일으킨 후 당신의 마음을 대사의 순수한 의식과 하나되게 하라. 궁극의 대사는 태초의 의식이자 우리의 본성이다.

보호

당신을 둘러싼 다키니들이 당신을 보호해준다고 심상화하라. 당신의 침실이 보호받고 있는 신성한 장소라고 상상하라. 부드럽게 호흡하여 마음을 고요히 하라. 이완되어 현존하게 될 때까지 마음을 관찰하라. 이야기와 공상에 빠지지 말라. 선명하고 명료한 꿈을 꾸겠다는, 꿈을 기억하겠다는, 그리고 꿈을 꾸는 동안 그것을 꿈으로 인식하겠다는 강한 의도를 세우라.

주요수행

중앙 채널로 의식 가져오기

잠들기 전에 하는 첫 번째 주요수행이다. 올바른 자세로 누우라. 남성은 오른쪽, 여성은 왼쪽 방향이다. 목 차크라에 있는 순수하고 반투명한, 크리스털 같은 '아'에 집중하라. '아'는 네 개의 빨간 꽃잎 위에 놓여 있는데, 꽃잎의 색이 비추어져 붉은 기를 띠고 있다. 빨간 빛과 하나되라.

명료함 증진시키기

대략 두 시간이 지난 후 잠에서 깨어나라. 똑같이 사자 자세를 취한 다음 일곱 번의 호흡 수행을 하라. 잠들 때는 이마 차크라의 하얀 티글레에 집중하라. 당신과 빛이 하나될 때까지 하얀 빛이 모든 것을 용해시키도록 하라.

현존 강화하기

두 시간쯤 후에 다시 일어나라. 높은 베개를 뒤에 받친 후 다리를 가볍고 편안하게 교차시키라. 가슴 차크라에 있는 검정색 '훙'에 집중하라. 깊고, 부드럽고, 충만한 호흡을 스물한 번 반복하라. 검정색 '훙'과 하나되라. 그리고 잠에 들라.

용맹함 계발하기

두 시간쯤 후에 다시 일어나라. 특정 자세나 호흡을 할 필요는 없다. 생식기 뒤쪽의 비밀 차크라에서 빛을 발하는 검정 티글레에 집중하라. 검은 빛과 하나되어 잠에 들라.

매번 깨어날 때마다 현존할 수 있도록, 수행할 수 있도록 노력하라. 아침에 마지막으로 깨어나면 즉시 현존하라. 지난밤을 돌아보고 의도를 세우라. 그리고 낮 동안에도 지속적으로 수행하라.

또, 낮 동안에 고요함에 머무는 시녜 수행을 하는 것도 도움이 된다. 시녜 수행은 마음을 침묵하게 하고 집중하게 만들며, 다른 수행에 유익함을 줄 것이다.

준비수행과 주요수행 모두에 있어 가장 중요한 점은, 낮과 밤을 통틀어 가능한 한 지속적으로 현존을 유지하는 것이다. 이것이 바로 꿈 요가와 잠 요가의 정수다.